GUIDE DES
ZOOS

et autres parcs animaliers
en France

Photo page 1 : Panthère du Safari de Peaugres, 07340 Peaugres.

Valérie Abad

Guide des Zoos

et autres parcs animaliers en France

Collection « Guides »

le cherche midi éditeur
23, rue du Cherche-Midi, 75006 Paris

La passion qu'éprouvent la plupart des enfants et des adultes pour les animaux expliquent le succès grandissant des parcs animaliers et autres lieux où sont présentés des animaux.

Le guide des Zoos et autres parcs animaliers répertorie près de six cents adresses de zoos, aquariums, insectariums, papillonneraies, reptilariums, parcs ornithologiques mais aussi de réserves naturelles, élevages insolites, haras nationaux, musées d'histoire naturelle,

À gauche : Zooparc de Beauval – 41110 Saint-Aignan
À droite : Zoo de Mulhouse.

fêtes et manifestations concernant les animaux. C'est le guide de la France des animaux, des lieux où l'on peut les voir vivants, naturalisés, fossilisés, représentés.

Des encadrés vous donnent des informations culturelles sur les animaux et vous font découvrir poèmes, extraits de textes littéraires, mythologie, expressions, proverbes...

Vous ne pourrez plus ignorer qui sont Pégase, les moutons de Panurge, le minotaure, l'éléphant de la Bastille ou encore Buffon et Cuvier...

Nous avons procédé à un classement par départements et à l'intérieur de chaque département, à un classement alphabétique des localités.

Pour chaque adresse une présentation du lieu et des informations pratiques sont là pour guider votre choix.

Vous y trouverez les tarifs, les horaires et les jours d'ouverture qui peuvent toujours subir des modifications. C'est pourquoi, il est toujours préférable de les vérifier à l'avance.

La présence d'aire de jeux, aire de pique-nique, buvette, restaurant, boutique et autres activités sont également mentionnés.

Pour vous aider à vous déplacer dans le guide, un index répertorie les lieux en fonction de leurs thèmes : aquariums, parcs animaliers, musées, élevages, fêtes...Vous trouverez également un index des animaux citées, des encadrés et des communes.

Puisse ce guide susciter l'envie d'aller plus loin dans cette découverte du monde animal et permettre aux adultes et aux enfants d'échanger sur ce qu'ils visitent.

À gauche : Zoo de Mulhouse.
À droite : Zoorama européen de la forêt de Chizé,79360 Villiers-en-Bois.

Nous tenons à remercier :
- les Offices de tourisme et Syndicats d'initiative ;
- les Comités départementaux du tourisme ;
- les Comités régionaux du tourisme ;
- les responsables et propriétaires des parcs animaliers, élevages, réserves naturelles.

Ci-dessous : Zooparc
de Beauval,
41110 Saint-Aignan.
Ci-contre :Branféré,
Le Guerno-56190 Muzillac.

Dim.	Dimanche
Janv.	Janvier
Fév.	Février
Juil.	Juillet
Sept.	Septembre
Oct.	Octobre
Nov.	Novembre
Déc.	Décembre
Mat.	Matin
Ouv.	Ouvert
Ferm.	Fermé ou fermeture
TLA	Toute l'année
Hiv.	Hiver
TLJ	Tous les jours
WE	Week-end
JF	Jours fériés
TLH	Toutes les heures
Vac. scol.	Vacances scolaires
HS	Hors saison
Vis. grat.	Visite gratuite
Vis. guid.	Visites guidées
Vis. person.	Visite personnalisé
Vis. comm.	Visite commentée
Démons.	Démonstration
Rés. Tél.	Réservation téléphonique
s/RD	Sur rendez-vous
Person.	Personne
Rens.	Renseignements
OT	Office du Tourisme
LPO	Ligue pour la Protection des Oiseaux
SI	Syndicat d'initiative
CDT	Comité départemental du Tourisme

GLOSSAIRE

Abrivado : en Camargue, les gardians à cheval accompagnent les taureaux à travers la ville. Le terme est féminin, une abrivade, on ne pronnonce pas le o.
Amphibiens : animaux vertébrés comprenant les batraciens.
Apiculture : élevage des abeilles pour recueillir leur miel et leur cire.
Apoïda : dans l'ordre des Hyménoptères l'abeille appartient à la famille des Apoïda qui regroupe 20 000 espèces se nourrissant toutes de nectar et de pollen.
Aquaterrarium : aquarium spécialement conçu pour l'élevage d'animaux terrestres ou amphibies.
Astaciculture : élevage des écrevisses.
Avifaune : ensemble des oiseaux d'un lieu, d'une région ou d'une période déterminée.
Bassin tactile ou de contact : bassin permettant de toucher les animaux.
Batraciens : classe des vertébrés amphibies à quatre pattes (grenouilles, crapauds, tritons...).
Cabinet de curiosités : lieu d'étude et de présentation des collections de toute nature jusqu'au XIXe siècle.
Cétacés : mammifères marins (baleine, dauphin...)
Coléoptères : ordres d'insectes à ailes dures et cornées et à antennes (hannetons, scarabés...).
Conchyalogie : sciences qui étudie les coquillages.
Diaporama : montage de diapositives, parfois accompagné d'un commentaire.
Diorama : reconstitution des milieux naturels.
Ecomusée : musée qui met l'accent sur le patrimoine naturel d'une région et sur les savoir-faire locaux.
Encierro : lâcher de taureaux dans les rues.
Entomologie : science qui étudie les insectes.
Faune : ensemble des animaux.
Héliciculture : élevage des escargots.
Hyménoptères : ordre d'insectes qui ont quatre ailes membraneuses et nues. Les abeilles sont des Hyménoptères.
Ichtyologie : science qui étudie les poissons.
Interactif : qui entraîne une action du visiteur (ex : borne interactive).
Invertébrés : animaux sans colonne vertébrale.
Lépidoptères : ordre d'insectes dont les ailes sont recouvertes de fines écailles. Les papillons sont des lépidoptères.
Malacologie : science qui étudie les mollusques.
Mythiculture : culture des moules.
Ornithologie : science qui étudie les oiseaux.
Orthoptères : ordre d'insectes dont les ailes postèrieures se replient dans le sens de la longueur (sauterelle, blatte, grillon...).
Ostréiculture : culture des huîtres.
Paléontologie : science qui étudie les fossiles.
Pisciculture : élevage des poissons.
Rucher : terme désignant un regroupement de ruches ou l'emplacement sur lequel elles sont situées.
Vertébrés : animaux possédant une colonne vertébrée osseuse ou cartilagineuse.
Zoologie : science qui étudie les animaux.

Musée vivant de la basse-cour, 14100 Norolles.

CEYSÉRIEU

❢ Accès libre. Point d'accueil. Ouv. du 15 avril au 15 oct. du mar. au dim. de 14 h 30 à 18 h 30.

❢ Gratuit.

❢ Possibilités de vis. guid. par un animateur naturaliste de l'association des amis de la réserve. Durée 2 h 30. Adultes 40 F, enfants de 7 à 16 ans 25 F. Découverte du marais ou vis. à thèmes (les oiseaux du marais, la flore du marais...).

❢ Calendrier disponible au point d'accueil ou sur demande.

Réserve naturelle du marais de Lavours

Aignoz
01350 Ceyzérieu
Tél. 04 79 87 90 39

C'est le dernier grand marais continental médio-européen. Il couvre 1 300 ha, dont 474 ont été aménagés en réserve naturelle. Un sentier pédagogique, installé sur pilotis, traverse le marais de Lavours et permet de visiter la réserve (avec ses 2,5 km, il est le plus long d'Europe). Il est possible d'apercevoir une bécassine, un butor étoilé, un chevreuil, un castor, une fouine et un troupeau de Highland Cattle à long poil.
Les scientifiques ont répertorié plus de 1 000 espèces d'insectes, 189 espèces d'araignées dont une nouvelle espèce découverte, 12 d'amphibiens, plus d'une centaine d'oiseaux, 78 nicheurs dont des espèces rares dans la région : courlis cendré, locustelle tachetée, gorge bleue.

CONFRANÇON

❢ Ouv. TLJ d'avril à nov. de 10 h à 18 h.

❢ Adultes 50 F, enfants 40 F.

❢ Aire de jeux. Aire de pique-nique. Restaurant. Boutique.

Eurofarm

Les Mazettes
01310 Confrançon
Tél. 04 74 25 26 15

Eurofarm est une ferme animalière, de 45 ha, située en bordure d'un lac. Y évoluent les principales races bovines européennes. Le parc rassemble 45 races bovines des plus archaïques : zébus nains, aurochs, highlands, vaches de la steppe, camarguaises, angus, galloway, yacks, aux plus menacées : villars-de-lans, armoricaine, ferrandaise, bretonne pie noire, sans oublier les plus communes : charolaise, limousine... Vous pourrez également découvrir des moutons dont le superbe Valachy de Pologne aux cornes striées, des chèvres et des porcs. Vous avez le choix entre deux circuits : le premier est consacré aux espèces françaises présentées selon leur région de provenance, le second fait le tour de l'Europe à travers la découverte des espèces de chaque pays, de la Suisse au Royaume-Uni. La visite se fait par des sentiers piétonniers, en barques ou en pédalos.

Vaches noires, vaches rouges

Décidé à venger un de ses compagnons, Arthur, héros de la mythologie celtique, poursuivit le meurtrier, Ligessawc, jusqu'au monastère où il s'était réfugié, avec l'autorisation de l'abbé Cattawg, pour une durée de sept années. Ne pouvant pénétrer dans ce lieu sacré, Arthur demanda à l'abbé de lui livrer l'assassin ou une compensation. Cattawg, refusant de revenir sur la promesse faite, accéda à sa seconde requête et lui offrit un troupeau de vaches dont Arthur réclama qu'elles soient à moitié rouges et à moitié noires. Quand les compagnons d'Arthur voulurent s'en saisir, elles se transformèrent en fougères. Arthur comprit la leçon et renonça à punir Ligessawc.

ÉCHALLON, LA PALLUD

❢ Vis. guid. TLJ en juil. et août à 17 h. HS sam., dim. et JF à 15 h.

Élevage de Cerfs

Le Daguet-des-Combelles
01130 Échallon, La Pallud
Tél. 04 74 76 48 15

Dans un domaine de 14 ha, au pied des monts du Jura, des cerfs et des biches sont élevés. Vous apprendrez que les

❢ Adultes 15 F, enfants 7 F.

❢ Goûter avec des produits de l'élevage : charcuterie de cerf et coupe de fruits du jardin, arrosés de beaujolais pour les parents, de sirop maison pour les enfants (Adultes 60 F, enfants 30 F). Ces prix comprenant la visite de l'élevage. Sur réservation uniquement.

❢ Vente des produits issus de l'élevage.

mâles brament pendant le rut, généralement en septembre-octobre, et se constituent un harem de biches qu'ils défendent contre leur rivaux. C'est dans une remorque que vous visiterez le domaine.

Une punition terrible : la transformation en cerf

Actéon, chasseur de la mythologie grecque réputé pour son habileté, surprit Artémis, déesse de la chasteté et de la chasse, nue, se baignant dans une source. Celle-ci, offensée, l'aspergea de quelques gouttes d'eau et il se transforma aussitôt en cerf. Il prit la fuite mais sa meute de chiens, ne reconnaissant pas leur maître, le dévora.

Parc des Oiseaux – 01330 Villars-Les-Dombes

HAUTEVILLE

❢ Sentier de découverte ouv. du 1er juil. au 15 sept. Tour complet (4,5 km) : TLA. Interdit au VTT.

❢ Gratuit.

Marais de Vaux (étangs des Lésines)

01110 Hauteville

Tél. 04 74 35 33 78 (Mairie) ou 04 78 93 33 82 (Conservatoire Rhône-Alpes des Espaces Naturels)

Situé à 760 m d'altitude, ce marais est une des plus grandes zones naturelles de l'Ain. Il abrite de nombreux oiseaux : pie-grièche grise, bécasse des marais, milan royal. Des petits chevaux polonais, les Konik Polski, ont été récemment introduits par le conservatoire régional du patrimoine, pour faire office de débroussailleuse naturelle. Un sentier de découverte au cœur du marais relié à un circuit de 4,5 km permet de découvrir les différents aspects de ce patrimoine naturel remarquable.

LHUIS

❢ Ouv. TLJ en juil. et août de 14 h à 18 h. Du dim. des Rameaux au 1er nov., WE et JF.

❢ Adultes 15 F, enfants de 7 à 18 ans 8 F.

Musée paléo-écologique de la Carrière de Cérin

Marchamp

01680 Lhuis

Tél. 04 74 39 81 16

Situé sur le site archéologique de Cérin, ce musée raconte la vie des animaux de la protohistoire. Des dizaines de fossiles sont exposés, parmi eux des empreintes de tortues et de dinosaures.

Plans d'Hotonnes (Les)

❢ Ouv. TLJ du 1er mai au 15 sept. de 10 h à 12 h et de 14 h à 18 h. En avril et du 15 au 30 sept., WE et JF de 10 h à 12 h et de 14 h à 18 h.

❢ Gratuit.

❢ Vente de produits artisanaux.

Exposition Faune et Flore du Haut-Bugey

Les Narcisses
01260 Hotonnes
Tél. 04 79 87 68 20

Ce musée propose une exposition d'animaux naturalisés : marcassin, chat sauvage, hermine, grand duc, gélinotte ainsi qu'une exposition d'herbiers reconstituant la flore des prairies et des forêts du Haut-Bugey. La présentation se fait en costume d'autrefois.

Pont-de-Vaux

❢ Ouv. TLJ, sauf le mar., de Pâques au 1er nov. de 14 h à 18 h.

❢ Adultes 15 F, enfants à partir de 10 ans 10 F.

Musée de Chintreuil

Hôtel de ville
66, rue du Maréchal-de-Lattre
01190 Pont-de-Vaux
Tél. 04 85 30 31 01

Le musée de Chintreuil présente les collections précieuses du cabinet d'histoire naturelle d'Édouard Berthet, des coquillages exotiques, oiseaux empaillés, serpents et poissons en tout genre et même une hermine à six pattes et un veau à deux têtes.

Villars-les-Dombes

❢ Ouv. TLJ de 9 h à 19 h (17 h 30 en hiv.).

❢ Adultes 35 F, enfants 17 F.

❢ Aire de jeux. Aires de pique-nique. Snack-bar. Boutique. Prêt de poussettes. Petit train (d'avril à oct.).

Parc des Oiseaux

RN 83
01330 Villars-les-Dombes
Tél. 04 74 98 05 54

C'est le plus grand parc d'oiseaux de France : 23 ha dont 10 en pièces d'eau, 400 espèces, 2 000 oiseaux venus des 5 continents. Tout a été prévu pour pouvoir les observer de très près : des prairies (grues, paons...), des volières en plein air (échassiers, hérons, rapaces diurnes et nocturnes, faisans...), des enclos adaptés à une vie en liberté ou en semi-liberté (vautours, flamants roses, ibis, pélicans, nandous, émeus et autruches...). La visite permet aussi de découvrir la maison des oiseaux exotiques au climat de serre tropicale où s'ébattent des tangaras d'Amérique du Sud, des toucans, des gouras de Nouvelle-Guinée et la maison des manchots et sa piscine polaire. Un grand aquarium recrée un étang de la Dombes avec ses carpes, tanches et brochets. Une immense volière accessible aux visiteurs permet d'être en contact direct avec les oiseaux. Et la dernière nouveauté est la Maison des Oisillons qui permet de suivre la reproduction d'espèces rares de l'incubation des œufs à l'élevage des jeunes.

Parc des Oiseaux – 01330 Villars-Les-Dombes

LES OISEAUX

…

Ils remplissent le ciel de musique et de joie :
La jeune fille embaume et verdit leur prison,
L'enfant passe la main sur leur duvet de soie,
Le vieillard les nourrit au seuil de sa maison.

Mais, dans les mois d'hiver, quand la neige et le givre
Ont remplacé la feuille et le fruit, où vont-ils ?
Ont-ils cessé d'aimer ? Ont-ils cessé de vivre ?
Nul ne sait le secret de leurs lointains exils.

Alphonse de Lamartine (1790-1869).

VILLARS-LES-DOMBES

D'oct. à mars. Rens. pour dates et lieux des pêches à l'OT de Villars-les-Dombes.

Pêches d'étang

01330 Villars-les-Dombes
Tél. 04 74 98 06 29 (OT)

La pêche d'un étang, c'est la récolte d'une année de production. Elle se prépare longtemps à l'avance et c'est l'occasion de découvrir un véritable rituel. Il faut d'abord, quelques semaines avant la date fixée, vidanger l'étang, ouvrir le « thou » qui est une sorte de vanne permettant la fermeture, le remplissage ou la vidange de l'étang. Il est équipé d'une grille empêchant les poissons de s'enfuir lorsque l'eau s'écoule : la daraise. Quand il ne reste de l'eau que dans le « bief » (fossé tracé dans la ligne la plus basse de l'étang qui draine l'eau de la queue de l'étang jusqu'au « thou »), les pêcheurs tirent successivement trois filets à mailles de différentes grosseurs pour laisser partir les plus petits poissons et séparer les carpes des poissons blancs (gardons et rotengles). Le filet est ensuite sorti de l'eau et le poisson trié. Cette méthode de pêche spécifique aux étangs est très intéressante à observer.

02 - AISNE

CORBENY

Ouv. TLJ de 8 h 30 à 12 h et de 13 h 30 à 19 h 30. Ferm. les 25/12 et 1/01.

Gratuit.

Vente de produits issus de la ruche.

Musée vivant de l'Abeille

19, route de Laon
RN 44
02820 Corbeny
Tél. 03 23 22 40 14 – Fax 03 23 22 41 99

« C'est du séjour des Dieux que nous viennent les abeilles ! » écrivait La Fontaine. Le musée vivant de l'abeille décrit le comportement, l'activité et les produits de l'abeille ainsi que le travail de l'apiculteur. Il propose également la visite des installations d'extraction. En saison, l'extraction du miel se fait en public.

Un trésor d'abeilles d'or

On a retrouvé un fabuleux trésor en 1653, à Tournai, dans le tombeau de Childéric, le père de Clovis. Il comprenait des armes, des pièces d'or et aussi de nombreuses abeilles d'or rehaussées de grenat dont on pense qu'elles embellissaient le manteau royal.

MERLIEUX-ET-FOUQUEROLLES

Ouv. merc., sam. et dim., de mars à oct. de 14 h à 18 h.

Adultes 17 F, enfants 10 F.

Ferme pour enfants.

Aquarium

02000 Merlieux-et-Fouquerolles
Tél. 03 23 80 03 03 – Fax 03 23 80 13 63

Cet aquarium présente de nombreuses espèces de poissons de rivières, étangs et fleuves dont l'esturgeon, le plus grand poisson d'eau douce, celui qui vit le plus longtemps, qui fournit le caviar et l'anguille qui voit le jour dans la mer des Sargasses puis qui est entraînée par les courants du Gulf Stream pour atteindre trois ans plus tard les eaux littorales européennes. Un itinéraire pédagogique permet, autour d'un vaste étang, de découvrir les variétés de plantes poussant dans les zones humides.

NEUVILLE

Ouv. du merc. au dim. de 14 h à 18 h. Ferm. en janv.

Adultes 20 F. Enfants à partir de 5 ans 10 F.

Musée de l'Oiseau

6, rue de la Vallée
02860 Neuville
Tél. 03 23 24 72 64

Plus de 300 espèces d'oiseaux naturalisés, héron cendré, héron crabier, butor étoilé, hibou des marais, sarcelle d'hiver, sont présentées dans un milieu semi-naturel. Un diaporama sur l'incidence du plan d'eau sur la vie de la faune de la région et des jeux sonores consistant à reconnaître les différents cris d'oiseaux complètent la visite.

SAINT-QUENTIN

Ouv. TLJ de 14 h à 18 h. Dim. de 14 h à 17 h. Ferm. le mar.

9 F par personne.

Musée d'Entomologie

02100 Saint-Quentin
Tél. 03 23 67 05 00 (OT)

Le musée d'entomologie de Saint-Quentin présente la collection la plus importante de France avec 600 000 insectes dont 500 000 papillons, ces lépidoptères qui constituent l'un des plus grands groupes d'insectes après celui des coléoptères.

SAINT-QUENTIN

Ouv. TLJ en été de 8 h à 20 h. En hiv. de 8 h à 17 h.

Gratuit.

Le 1er dim. de chaque mois, vis. com. gratuite à 10 h à l'entrée de la réserve (av. Léo-Lagrange).

Réserve naturelle du marais d'Isle

02100 Saint-Quentin

Tél. 03 23 67 05 00 ou 03 23 67 03 00 (OT)

Le marais d'Isle est une zone humide de plus de 100 ha. L'avifaune est remarquable et diversifiée puisque la réserve est située sur une voie importante de migration pour les oiseaux originaires du nord et de l'est de l'Europe. On y rencontre plus de 160 espèces comme le héron cendré, le grèbe huppé et le canard milouin. Trois zones sont aménagées pour la promenade, l'approche et l'observation des oiseaux.

Parc Le Pal – 03290 Dompierre-sur-Besbre

03 - ALLIER

ABREST

Ouv. TLJ d'avril à oct. de 10 h à 12 h et de 14 h à 18 h.

Vis. guid. Adultes 30 F, enfants à partir de 4 ans 15 F.

Pagode aux Papillons

75, avenue des Graviers
03200 Abrest
Tél. 04 70 32 81 78

La Pagode aux Papillons est l'une des plus grandes papillonneraies de France. Sur 1 000 m², 600 papillons s'ébattent librement. Ils proviennent d'élevages de Madagascar, des Philippines, du Kenya ou du Brésil. Les papillons se délectent du nectar des fleurs. Les chenilles se nourrissent des feuilles de plantes rigoureusement sélectionnées. Des naissances ont lieu chaque jour dans l'écloserie. Habillez-vous de couleurs vives, les papillons adorent cela. Vous verrez également une collection de papillons naturalisés.

BRESSOLLES

Ouv. dim. et JF de mai à sept. de 14 h à 17 h. En juil. et août, de 15 h à 18 h sauf sam. et lun. Accueil à l'observatoire de Lys-Bressolles par des animateurs nature. Juil., mar. de 10 h à 12 h, merc. et vend. de 18 h 30 à 20 h. Août, mar. et vend. de 8 h à 10 h.

Maison des Oiseaux : adultes 15 F, enfants 10 F. Observatoire : animation gratuite.

Maison des Oiseaux du val d'Allier

8, rue des Écoles
03000 Bressolles
Tél. 04 70 44 46 29 (LPO Moulins)

Le val d'Allier est un des hauts lieux ornithologiques européens. Il accueille près de 80 % de l'avifaune observée en Auvergne. Près de 110 espèces d'oiseaux nichent en permanence sur les berges de l'Allier : sternes naines, fauvettes, hérons et l'œdicnème criard appelé turlu par les gens du pays ; d'autres y font escale, comme le balbuzard pêcheur. La maison des oiseaux est un lieu de découverte des oiseaux de la région. Expositions, audiovisuels restituent la vie de l'avifaune du val d'Allier. L'observatoire de Lys-Bressolles et le sentier du castor de 12 km permettent de les découvrir dans leur milieu naturel.

Parc Le Pal – 03290 Dompierre-sur-Besbre

CHÂTEAU-SUR-ALLIER

❢ Ouv. TLJ du 1er juin au 15 sept. de 14 h à 19 h. HS, merc., sam., dim., JF et vac. scol.

❢ Adultes 40 F, enfants 20 F.

Parc naturel de Saint-Augustin

03320 Château-sur-Allier

Tél. 04 70 66 42 01

Dans un cadre magnifique, le parc naturel de Saint-Augustin accueille daims, cerfs, buffles, faisans, zèbres et dromadaires qui vivent en semi-liberté. Dans de vastes enclos, vous verrez des ours, tigres, loups et panthères. Une réserve de lions a pris possession de la cour du château que vous parcourrez en voiture, vitres fermées.

Une tête humaine, un corps de lion : le Sphinx

Monstre fabuleux d'origine égyptienne, le Sphinx est un gardien. Il est souvent représenté accroupi, puissant et serein. Dans les légendes grecques, cet animal va peu à peu se féminiser, se doter d'ailes d'aigle et acquérir une dimension mythique. Installé sur une montagne proche de la ville de Thèbes, il posait des énigmes aux passants et dévorait ceux qui ne pouvaient les résoudre. Œdipe, le fils du roi de Thèbes, Laïos, y parvint. Le Sphinx se jeta alors du haut des rochers et périt.

DOMPIERRE-SUR-BESBRE

❢ Ouv. TLJ en juil. et août de 10 h à 19 h. Sept. TLJ jusqu'au 7 sept. de 10 h à 18 h et merc., sam. et dim. de 10 h à 18 h le reste du mois. Avril, mai, juin, téléphonez pour connaître les horaires.

❢ Adultes 85 F, enfants de 3 à 10 ans 70 F.

Le Pal

03290 Saint-Pourçain-sur-Besbre

Tél. 04 70 42 03 60 - Fax 04 70 42 01 52

Sur 23 ha, le Pal est un parc d'attractions et un parc animalier où vivent 500 animaux du monde entier : lions, tigres, antilopes, ours bruns, lamas, émeus, autruches, zèbres... Il accueille également quelques espèces de singes très rares comme le gélada et le mandrill. Une mini-ferme permet aux enfants de caresser des animaux.

GANNAT

❢ Ouv. du mar. au vend. de 10 h à 12 h et de 14 h à 18 h. Lun. de 14 h à 18 h.

❢ Adultes 25 F, enfants à partir de 7 ans 15 F.

Rhinopolis

2, route de Moulins

03800 Gannat

Tél. 04 70 90 16 00

En juin 1993, un immense squelette fossilisé de 3,50 m de longueur et âgé de 23 millions d'années a été retrouvé à Gannat, le diaccratherium lemanense. Ce rhinocéros était herbivore, son mode de vie devait ressembler à celui de l'hippopotame actuel, mammifère amphibie. Lorsqu'on l'a découvert, il reposait sur le côté gauche. L'assèchement de son point d'eau est certainement la cause de sa mort. Des visites sur le site sont organisées.

04 - ALPES-DE-HAUTE-PROVENCE

SEYNE

• Ouv. TLJ de 9 h à 12 h et de 15 h à 18 h. Sam. et dim. de 9 h à 12 h.

• Adultes 10 F. Gratuit jusqu'à 10 ans.

Musée du mulet

04140 Seyne
Tél. 04 92 35 11 00 (OT)
Cette exposition présente les diverses utilisations du mulet à partir de photos, d'outils et d'objets.

VALENSOLE

• Ouv. du lun. au sam. de juin à sept. de 8 h à 12 h et de 13 h 30 à 17 h 30 (sam. 16 h). D'oct. à mai, du mar. au sam. de 8 h à 12 h et de 13 h 30 à 17 h (sam. 16 h).

• Gratuit.

• Vente des produits issus de la ruche.

Musée vivant de l'abeille

Route de Manosque
04210 Valensole
Tél. 04 92 74 85 28
A Valensole, vous visiterez le musée vivant de l'abeille et vous observerez le monde organisé de ces insectes.

(...) Les abeilles sont très irascibles et, eu égard à leur petitesse, très ardentes aux combats. Toujours elles laissent leur aiguillon dans la plaie ; le roi, au contraire, est sans aiguillon. La nature n'a pas voulu qu'il fût cruel, ni qu'il exerçât une vengeance qui eût coûté trop cher. Elle lui a donc refusé un dard et laissé sa colère désarmée.

Sénèque.

05 - HAUTES-ALPES

CHÂTEAUROUX

• Ouv. TLJ sauf dim. de 9 h à 12 h et de 15 h à 19 h.

• Gratuit.

Maison du Parc national des Écrins

05380 Châteauroux
Tél. 04 92 43 23 31
A la Maison du Parc national des Écrins, vous verrez une exposition sur la faune et la flore de la région.

ANTIBES

❢ Ouv. TLJ à partir de 10 h. Spectacles de dauphins à 11 h 30 et 15 h 30. Spectacles d'orques à 14 h 30 et 16 h 30.

❢ Marineland : adultes 111 F, enfants de 3 à 12 ans 74 F. Jungle des papillons : adultes 36 F, enfants de 3 à 12 ans 24 F. La petite ferme provençale : adultes 49 F, enfants de 3 à 12 ans 39 F. Possibilités de tickets groupés.

❢ Aire de jeux. Bar. Restaurant. Boutique.

Marineland

RN7 – La Brague, 306, avenue Mozart
06600 Antibes
Tél. 04 93 33 49 49 – Fax 04 93 33 38 65

Marineland est célèbre pour ses spectacles de dauphins, d'orques et d'otaries et pour la reproduction en milieu artificiel d'orques.

Marineland – 06600 Antibes

Mais vous y verrez également une manchotière dotée d'un microclimat qui accueille des manchots ainsi que des aquariums où évoluent des poissons variés. Un tunnel transparent permet de voir tout autour de vous et même au-dessus de votre tête des requins, raies, tortues et poissons.
La jungle des papillons rassemble des centaines de papillons, des insectes tropicaux, mygales, scorpions, une fourmilière et une ruche transparente.
Une mini-ferme abrite des canards, oies, poules, dindons et paons. Ils y vivent en toute liberté et les enfants peuvent caresser des chèvres et bien d'autres animaux.

Le dauphin : un animal tutélaire

Nombreuses sont les légendes où le dauphin protège l'homme, le transporte, le sauve de la noyade. Ainsi, un poète grec, Arion, se rendit en Sicile pour participer à un concours musical qu'il remporta. Au retour, les marins envieux décidèrent de le tuer pour s'emparer du prix. Quand ceux-ci l'attaquèrent, Arion leur demanda comme ultime faveur l'autorisation de jouer et chanter une dernière fois. Puis il se jeta à la mer où les dauphins, charmés par sa mélodie, le recueillirent et l'escortèrent jusqu'à la terre.

Marineland – 06600 Antibes

SAINT-JEAN-CAP-FERRAT

❢ Ouv. TLJ en été de 9 h 30 à 19 h. En hiv., de 9 h 30 à 18 h.

❢ Adultes 50 F, enfants de 3 à 10 ans 40 F.

❢ Aire de jeux. Snack-bar.

Zoo du Cap-Ferrat

117, boulevard du Général-de-Gaulle
06230 Saint-Jean-Cap-Ferrat
Tél. 04 93 76 04 98 – Fax 04 93 76 07 36

250 animaux sont réunis au zoo du Cap-Ferrat. Vous y verrez des panthères, kangourous, singes, porcs-épics, makis, flamants roses, lamas, daims, yacks et bien d'autres encore.

Marineland – 06600 Antibes

07 - ARDÈCHE

ACCONS

• Ouv. TLJ sauf lun. du 15 juin au 15 sept. Extraction du miel : juil. Rés. tél. conseillée.

• Gratuit.

• Vente de produits.

Miellerie

07160 Accons
Tél. 04 75 29 30 66

Nous savons tous que le miel est produit par les abeilles, mais il y a tellement d'autres choses à découvrir sur ces insectes passionnants. Par exemple, qu'il existe trois types d'abeilles : la reine, une seule par colonie, les ouvrières et les mâles qu'on appelle aussi les faux bourdons. A travers une ruche vitrée, vous pourrez observer ce monde organisé.

GRAS

• Ouv. TLJ de Pâques au 30 sept. de 10 h à 18 h. Juil.-août jusqu'à 19 h.

• Adultes 30 F, enfants 17 F.

• Aire de pique-nique. Bar.

Fauniscope

Hameau Saint-Vincent
07700 Gras
Tél. 04 75 04 22 64

Le fauniscope présente 16 000 insectes grâce à des boîtes de collection, des diaporamas ainsi que des insectes vivants dans un terrarium. Dans des milieux reconstitués de mer, marais, garrigue, bois et montagne, vous retrouverez des mammifères et oiseaux naturalisés de notre pays. Une mini-ferme fait la joie des enfants. Ils peuvent nourrir à la main des chèvres naines, cobayes, lapins, pintades, poules et dindons.

LA CIGALE

L'air est si chaud que la cigale,
La pauvre cigale frugale
Qui se régale de chansons
Ne fait plus entendre les sons
De sa chansonnette inégale.
...

Paul Arène (1843-1896).

PEAUGRES

• Ouv. TLJ en été de 9 h 30 à 18 h. En hiv., de 11 h à 17 h.

• Parc à pied : adultes 60 F, enfants de 3 à 12 ans 39 F. Parc à pied + parc voiture : adultes 82 F, enfants de 3 à 12 ans 52 F.

• Aire de jeux. Aire de pique-nique. Restauration.

Safari de Peaugres

RN82 – Château Montanet
07340 Peaugres
Tél. 04 75 33 00 32

Situé à quelques kilomètres d'Annonay, le safari de Peaugres s'étend sur 80 ha. Plusieurs centaines d'animaux

Safari de Peaugres – 07340 Peaugres

originaires des quatre coins du monde y vivent en semi-liberté. Deux itinéraires vous sont proposés : l'un en voiture, fenêtres fermées, où vous pouvez admirer les animaux en liberté. Sept enclos abritent des zèbres, 22 lions (la plus grande harde de France), ours, éléphants, hippopotames, bisons, yacks, buffles et des singes qui prendront un malin plaisir à grimper sur votre voiture. Le second à pied, où des cerfs, loutres, autruches, kangourous, girafes sont à portée de la main. Du haut d'une passerelle vous observerez la vallée des loups et le parc des tigres. On peut faire les deux circuits ensemble ou séparément. Des rapaces, faucons, milans noirs et vautours et les cigognes font une démonstration de vols libres. Pour terminer la visite, une aventure mystérieuse vous attend dans le labyrinthe aux dragons, un dédale peuplé d'une faune insolite, chauves-souris et reptiles. Le safari de Peaugres est également un centre d'élevage d'espèces en voie de disparition. Chaque année, il est le lieu de nombreuses naissances.

SAINT-FORTUNAT

- Avril, mai, pour voir les étapes de la reproduction. Juin à sept. pour les dégustations. Prendre RV.
- Vis. grat. Dégustation payante.
- Vente de produits issus de l'élevage.

Élevage d'Escargots

Lieu-dit Pont-Pierre
07800 Saint-Fortunat
Tél. 04 75 65 21 80

Pour mieux connaître l'héliciculture et ce mollusque gastéropode, de la reproduction jusqu'à la transformation finale en délicieux petits plats, la visite de ces escargotières s'impose.

SAINT-PIERREVILLE

- Vis. guid.: merc., dim., JF et vac. scol., à 15 h. Pendant les vac. d'été, visites TLJ à 10 h 30, 14 h, 15 h, 16 h, 17 h.
- Adultes 25 F, enfants de 5 à 16 ans 18 F.
- Vente de vêtements et d'accessoires.

Ardelaine

Pirausson
07190 Saint-Pierreville
Tél. 04 75 66 63 08

Ardelaine, entreprise artisanale située sur le site d'une filature centenaire, tond les moutons, lave, carde, tricote les laines et réalise des fils à tricoter, tricots, matelas, couettes, couvertures. Son musée de la laine permet de découvrir tous les secrets des techniques du travail de la laine, du néolithique à nos jours. Il comprend aussi un enclos avec des moutons et brebis de diverses espèces.

Des moutons dociles : Les moutons de Panurge

Dans Pantagruel *de Rabelais, Panurge est insulté par un marchand de moutons. Pour se venger, il lui achète alors son plus beau mouton et le jette à la mer. Tous les autres suivent le premier et le marchand et ses aides tentant de les retenir périssent eux aussi dans les flots.*
On utilise cette expression à propos des gens qui suivent aveuglément les autres.

SAINT-PIERREVILLE

- Ouv. TLJ du 15 juin au 15 sept. de 10 h à 12 h et de 14 h à 19 h. HS, rés. tél. obligatoire.
- Gratuit.
- Expo-vente de laines, pulls et bonneterie angora. Gamme complète de produits à la châtaigne.

Élevage de Lapins angora

Tauzuc
07190 Saint-Pierreville
Tél. 04 75 66 63 20

Dans la montagne d'Ardèche, en pleine nature, vous êtes invités à découvrir, à la ferme, le travail de l'angora, de l'élevage au tricotage.

SAINT-REMÈZE

• Ouv. TLJ d'avril à oct. de 10 h à 17 h. Mars et nov. se renseigner.

• Adultes 38 F, enfants 24 F.

• Aven-grotte de Marzal.

Zoo préhistorique de l'aven-grotte de Marzal

Route touristique des Gorges
07700 Saint-Remèze
Tél. 04 75 04 12 45

Dans un parc entièrement sonorisé, ce zoo présente sur 3 ha des reproductions scientifiques de taille réelle de la faune qui a foulé notre planète des origines à nos jours.

SOYONS

• Ouv. TLJ en juil. et août de 10 h à 12 h et de 14 h à 18 h. En mai, juin et sept., du merc. au dim. de 10 h à 12 h et de 14 h à 18 h. D'oct. à avril, du merc. au dim. de 14 h à 17 h.

• Musée : adultes 25 F, enfants à partir de 7 ans 20 F.

• Site archéologique de Soyons. Grottes préhistoriques.

Musée archéologique de Soyons

Rue de l'Église
07130 Soyons
Tél. 04 75 60 88 86

Le musée du site archéologique de Soyons présente, dans quatre salles d'exposition, l'histoire de l'occupation de la moyenne vallée du Rhône sur 150 000 ans. La salle 1, du premier étage, retrace la vie de l'homme prédateur et son environnement au paléolithique et au mésolithique. Un échantillonnage de la faune (lions, ours, hyènes des cavernes, mammouths, rhinocéros...) est présenté. Bientôt, l'un des deux mammouths découverts à Soyons sera exposé.

THUEYTS

• Ouv. TLJ de 9 h à 19 h.

• Vis. guid.: adultes 14 F, enfants 8 F.

Élevage de Castors du Chili

Quartier Géorgie
Le Rochas
07330 Thueyts
Tél. 04 75 36 44 64

Dans un cadre magnifique, situé en bordure du vieux village de Thueyts, vous êtes invités à découvrir un élevage de castors du Chili, ce proche cousin du castor, seule la forme de sa queue est différente. C'est un herbivore, granivore. Il mange avec ses pattes avant dont il se sert comme des mains. La toilette est aussi un spectacle : assis sur ses pattes arrière palmées, il se lave d'abord les dents, puis les moustaches, les oreilles et, à l'aide de ses griffes, peigne soigneusement sa fourrure (environ cent fois par jour). Au cours de la visite, vous pourrez observer ces comportements caractéristiques. Les produits obtenus à partir du myocastor vous seront également présentés.

Le mouvement des « Castors »

Ce mouvement fut créé en Suède en 1927, puis il s'étendit en Europe. Il réunissait des personnes souhaitant construire en commun leurs maisons sans recourir à des entrepreneurs. Le nom de ce mouvement évoque l'habileté reconnue des castors dans la construction.

VALLON-PONT-D'ARC

• Ouv. TLJ d'avril à sept. de 10 h à 18 h.

• Adultes 32 F, enfants 16 F.

• Aven-grotte de la Forestière.

Zoo cavernicole

Aven-grotte de la Forestière
07150 Vallon-Pont-d'Arc
Tél. 04 75 38 63 08 ou 04 75 04 08 79

Dans des aquariums et vivariums, des poissons, crustacés, batraciens, insectes aveugles et décolorés vivant uniquement dans les grottes sont exposés.

VALLON-PONT-D'ARC

❢ Ouv. TLJ sauf le dim. du 20 avril au 30 sept. de 9 h à 12 h et de 14 h à 18 h.

❢ Vis. guid.: adultes 25 F, enfants à partir de 5 ans 12 F.

La Magnanerie

Les Mazes
07150 Vallon-Pont-d'Arc
Tél. 04 75 88 01 27

Depuis quatre siècles, on pratique la sériculture dans cette authentique magnanerie. On y découvrira un élevage-témoin de vers à soie, de la graine jusqu'au cocon enroulé de ce précieux fil de soie. Des panneaux explicatifs retracent les étapes successives du travail de la soie en Ardèche, la culture du mûrier et les travaux de Pasteur sur les maladies du ver à soie ainsi que tous les outils utilisés pour sa culture.

VILLENEUVE-DE-BERG

❢ Ouv. TLJ sauf sam. en juil. et août de 10 h à 12 h et de 16 h à 19 h. Avril, mai, juin et sept., de 14 h à 17 h.

❢ Adultes 20 F, enfants à partir de 6 ans 14 F.

Le Monde des Abeilles

L'Enclos de la Plaine
07170 Villeneuve-de-Berg
Tél. 04 75 94 71 37

Des panneaux, des photos, un montage audiovisuel permettent de découvrir la société des abeilles, ses relations avec le monde des fleurs et son utilité écologique dans notre environnement. Une visite de ruche dans un enclos fermé est possible. Vous pourrez ainsi voir travailler un apiculteur. Vous terminerez par la miellerie et ses productions (miel, gelée royale, propolis et pollen).

L'abeille : Un symbole d'éloquence

Illustrant leur dimension symbolique d'intelligence et de poésie, une légende raconte que des abeilles venues de l'Hymette, une montagne de Grèce réputée pour son excellent miel, se seraient posées sur les lèvres du poète Pindare et du philosophe Platon, alors qu'ils étaient encore au berceau, ce qui expliquerait ainsi la douceur de leur style.

VOULTE-SUR-RHÔNE (LA)

❢ Ouv. TLJ sauf mar. en juil. et août de 9 h à 12 h 30 et de 14 h à 19 h 30. D'avril à juin et de sept. à oct., merc., sam. et dim., de 9 h à 12 h 30 et de 14 h à 19 h 30.

❢ Vis. guid.: adultes 22 F, enfants à partir de 7 ans 12 F.

Musée des Fossiles

4, quai Anatole-France
07800 La Voulte-sur-Rhône
Tél. 04 75 62 44 94

Ce musée, issu d'une collection privée, présente près de 1 000 fossiles dans deux salles d'expositions permanentes. La première retrace l'histoire de la vie terrestre et les grandes périodes géologiques et présente des fossiles du jurassique moyen de La Voulte : langoustes, crustacés, étoiles de mer et la plus ancienne pieuvre actuellement connue au monde, elle aurait 155 millions d'années. Dans la seconde salle sont exposés, parmi d'autres merveilleux fossiles, un hipparion (ancêtre du cheval) de 1,50 m de longueur momifié avec son fœtus sur une dalle de pierre de plus de 3 m et une cigale rouge géante de 8 millions d'années. Deux ancêtres des sangliers font aussi partie des spécimens entreposés.

Safari de Peaugres
07340 Peaugres

08 - ARDENNES

CHARLEVILLE-MÉZIÈRES

❢ Ouv. du lun. au vend. d'avril à sept. de 14 h à 18 h, WE et JF de 13 h 30 à 19 h. D'oct. à mars, de 13 h 30 à 17 h 30. Ferm. le jeu.

❢ Gratuit.

Parc animalier de Saint-Laurent

Route Saint-Laurent
08000 Charleville-Mézières
Tél. 03 24 57 39 84

Sur 45 ha, le parc animalier de Charleville-Mézières permet de découvrir la forêt des Ardennes peuplée de cerfs, daims, sangliers, mouflons et chevreuils. De nombreux oiseaux peuvent également être observés. Des sentiers balisés traversent le parc d'une durée de une heure à trois heures. L'observation des grands mammifères est possible grâce à des miradors d'observation.

BELVAL-BOIS-DES-DAMES

❢ Ouv. TLJ sauf mar. et merc. du 1er mai au 8 sept. de 12 h 30 à 19 h et dim. de 10 h 30 à 19 h.

❢ Adultes 30 F, enfants de 6 à 12 ans 20 F. Possibilité de vis. pers. sur rés. (minimum deux adultes) Adultes 100 F, moins de 12 ans 60 F. Soirée brame (sur rés.) du 15 sept. au 15 oct. de 19 h à 22 h, 100 F par pers.

❢ Brasserie ouverte les mêmes jours que le parc à partir de 11 h.

Parc de vision de Belval

RD4
08240 Belval-Bois-des-Dames
Tél. 03 24 30 01 86

Créée en 1947, la réserve de Belval présente la faune sauvage d'Europe en liberté dans son milieu naturel. Dans ce domaine de 350 ha, près de 1 000 animaux évoluent en semi-liberté, le bison d'Europe, un animal qui peuplait les Ardennes jusqu'au IXe siècle, l'ours brun mais aussi des cerfs, daims, biches, chevreuils, sangliers, mouflons, élans. Le parc se visite uniquement en voiture ou en petit train, excepté aux endroits du parcours où il est permis de faire le tour de quelques enclos. Pour visiter le parc, les meilleures heures sont surtout le soir et le matin, où l'on peut voir les bêtes s'ébattre.

Un nom dérivé de l'ours : Arthur ?

Selon certaines hypothèses, le nom du roi Arthur, héros mythique de la société celtique, serait un surnom dérivé de « Arth », mot celtique signifiant « ours ». Beaucoup d'aspects de la légende d'Arthur montrent un lien entre ce personnage mythique et l'ours. Ainsi, de nombreux contes populaires évoquent l'état de dormition d'Arthur dans une caverne, attendant le moment propice pour revenir, tels les ours, dormant l'hiver au fond des cavernes et réapparaissant au printemps.

BOUAN

Fin août.

Concours national du Mérens

09310 Bouan

Tél. 05 61 64 59 05 ou 05 61 64 60 60 (OT)

Le Mérens est un cheval originaire de la haute vallée de l'Ariège. Sa rusticité, sa gentillesse et son côté montagnard en font le cheval idéal des randonnées. Un concours lui est consacré. Vous y verrez des numéros de voltige, des descentes d'éboulis et des baptêmes d'attelage.

ORLU

Ouv. TLJ en juil. et août et pendant les vac. scol. de 10 h à 19 h. Du 20 mars au 10 nov., de 10 h à 12 h 30 et de 14 h à 17 h.

Adultes 32 F, enfants de 4 à 12 ans 25 F.

Aire de jeux. Aire de pique-nique. Buvette. Boutique centrée sur le loup.

Maison des Loups

Route des Forges
Les Forges d'Orlu
09110 Orlu

Tél./Fax 05 61 64 02 66

Ce parc a pour vocation de réhabiliter le loup, animal persécuté jusqu'à l'extermination, qui revient sur notre territoire. Ce retour doit être accompagné dans l'esprit du public afin qu'il ne soit pas qu'un feu de paille vite éteint par des peurs archaïques. Dans un parc de 5 ha, depuis des tours d'affût, vous pourrez observer une meute de 15 loups. Des panneaux explicatifs abordent le loup sous différents points de vue tout au long du circuit. Vous poursuivrez votre visite par un espace pédagogique consacré au loup et un diaporama original de 20 mn.

Un loup ridicule et méprisable : Isengrin

Dans Le Roman de Renart, *on oppose à l'astuce du renard la grossièreté du loup. Isengrin est un loup lâche, brutal, goinfre à tel point qu'il ne peut plus repasser dans le trou par lequel il est entré. Il ne respecte aucune de ses promesses, pas même celle de ne pas dévorer une petite chèvre le Vendredi saint. Chacun de ses forfaits est néanmoins puni : sa queue est coupée, il souffre de maux d'estomac, se fait rouer de coups...*

PINEY

• De Troyes prendre la D960 jusqu'à Piney.

• Parc de vision : Se renseigner à la Maison du Parc.

• De nov. à fév. la Ligue pour la Protection des Oiseaux propose des sorties ornithologiques.

Maison du Parc naturel régional de la forêt d'Orient

10220 Piney
Tél. 03 25 43 81 90

Parc de vision animalier

10140 Mesnil-Saint-Père
Tél. 03 25 92 86 64 (OT)

La forêt d'Orient entoure 3 lacs artificiels qui régularisent les eaux de la Seine et de l'Aube. Le parc naturel régional de la forêt d'Orient offre des activités de découverte de la nature. Sur plus de 10 000 ha, les forêts de chênes et de charmes de la forêt d'Orient abritent des cerfs, chevreuils, sangliers, renards, belettes, chats sauvages. La richesse de son avifaune est incontestable. Des milliers d'oies des moussons et de grues cendrées s'y arrêtent chaque année. On peut également apercevoir l'aigle pygargue à queue blanche. La Maison du Parc a installé un panneau qui présente la liste des espèces observables et les meilleurs sites du moment. Il est réactualisé chaque mois par la Ligue de Protection des Oiseaux de Champagne-Ardenne.
Dans la partie nord-est du lac (vers la D79 entre le lac d'Orient et le lac du Temple), une réserve ornithologique avec un observatoire a été aménagée. Sur la rive est du lac d'Orient, sur une presqu'île de 89 ha, un parc de vision animalier avec deux observatoires permet d'observer les cerfs, chevreuils, sangliers, renards vivant en semi-liberté. Un sentier d'interprétation de 2,5 km fait découvrir les batraciens, les empreintes d'animaux et les mares forestières. La Maison du Parc propose un livret pour se repérer sur le sentier.

TROYES

• Ouv. TLJ sauf mar. et JF de 10 h à 12 h et de 14 h à 18 h.

• Gratuit.

• Collection de géologie. Boutique.

Musée d'Histoire naturelle

1, rue Chrétien-de-Troyes
10000 Troyes
Tél. 03 25 73 49 49

Dans l'abbaye de Saint-Loup, le musée d'histoire naturelle de Troyes occupe plusieurs salles et deux cloîtres. La salle de zoologie réunit les mammifères, la basse-cour et de nombreux oiseaux dans des décors reconstituant leur milieu naturel. Des spécimens de la faune aquatique des eaux douces et du milieu marin sont présentés. Il propose aussi une vitrine sur les techniques de la taxidermie.

11 - AUDE

CARCASSONNE

Démons. perm. en juil. et août de 15 h à 18 h 30. D'avril à la Toussaint, en semaine, démons. à 15 h. Dim., JF et vac. scol. à 15 h et 16 h 30.

Adultes 35 F, enfants de 3 à 12 ans 20 F.

Les Aigles de la Cité

11000 Carcassonne

Tél. 04 68 47 88 99 – Fax 04 68 47 87 05

Les Aigles de la Cité présentent, sur l'esplanade de Pech-Mary, les quatre grandes familles de rapaces : faucons, aigles, milans et vautours. Ils volent en toute liberté. Des commentaires sur le comportement de chaque oiseau sont effectués.

Vous assisterez à une démonstration de vol en plein air selon les principes traditionnels venant du Moyen Âge.

LA MORT DE L'AIGLE

Quand l'aigle a dépassé les neiges éternelles,
A sa vaste envergure il veut chercher plus d'air
Et le soleil plus proche en un azur plus clair
Pour échauffer l'éclat de ses mornes prunelles.

Il s'enlève. Il aspire un torrent d'étincelles.
Toujours plus haut, enflant son vol tranquille et fier,
Il monte vers l'orage où l'attire l'éclair ;
mais la foudre d'un coup a rompu ses deux ailes.
...

José Maria de Heredia (1842-1905).

CAPENDU

Ouv. TLJ de juin à sept. de 14 h à 18 h. Du 15 mars au 31 mai, dim. et JF de 14 h à 18 h.

Adultes 25 F, enfants 10 F.

Musée des Oiseaux

11700 Capendu

Tél. 04 68 79 09 27

Le Musée des Oiseaux rassemble une collection d'oiseaux naturalisés de 2 500 pièces. Vous y verrez également des coquillages ainsi que des papillons.

ESPÉRAZA

Ouv. TLJ en juil. et août de 10 h à 19 h. Autres vac. scol., de 10 h à 18 h. Hors vac., de 10 h à 12 h et de 14 h à 18 h et dim. de 10 h à 18 h.

Adultes 25 F, enfants de 6 à 12 ans 20 F.

Vis. du chantier de fouilles du plus grand gisement de dinosaures d'Europe à Campagne-sur-Aude.

Musée des Dinosaures

Avenue de la Gare

11260 Espéraza

Tél. 04 68 74 02 08/04 68 74 26 88 – Fax 04 68 74 05 75

En 1982, un chasseur découvrit des restes de dinosaures qui vivaient il y a 70 millions d'années. Depuis les paléontologues ont découvert la plus grande aire de ponte du

Musée des Dinosaures – 11260 Espéraza

monde. Le Musée des Dinosaures expose plus de 40 œufs. Les collections du musée s'enrichissent tous les jours de nouveaux spécimens dont les plus spectaculaires sont rapidement exposés.

Des dinosaures ont été reconstitués, on observe les squelettes du tyrannosaurus, de l'iguanodon, du psittacosaurus ainsi que les bébés phuwiangosaurus de Thaïlande présentés pour la première fois au monde. Les ossements des dinosaures découverts dans la haute vallée de l'Aude sont présentés avec, en particulier, un squelette d'ampelosaurus de 12 m de long et des restes de rhabdodon, telmatosaurus, struthiosaurus.

Une vidéo présente les travaux des paléontologues et les hypothèses les plus actuelles sur la disparition des dinosaures. A travers une baie vitrée, vous pourrez assister aux travaux de préparation des fossiles effectués dans le laboratoire du centre de recherches.

Voyage au centre de la terre

... Cependant mon imagination m'emporte dans les merveilleuses hypothèses de la paléontologie. (...) Sur les grèves assombries passent les grands mammifères des premiers jours, le leptotherium, trouvé dans les cavernes du Brésil, le mericotherium, venu des régions glacées de la Sibérie. Plus loin, le pachyderme lophiodon, ce tapir gigantesque, se cache derrière les rocs, prêt à disputer sa proie à l'anoplotherium, animal étrange qui tient du rhinocéros, du cheval, de l'hippopotame et du chameau, comme si le créateur, trop pressé aux premières heures du monde, eût réuni plusieurs animaux en un seul...

Jules Verne (1828-1905).

Réserve africaine de Sigean – 11130 Sigean

PORT-LA-NOUVELLE

Ouv. TLJ de mars à oct. de 10 h à 12 h et de 14 h à 18 h.

Gratuit.

La Baleine et le Vigneron

Domaine de Jugne
11210 Port-la-Nouvelle
Tél. 04 68 48 00 39

A l'âge de 8 ans, Jean-Louis Fabre avait ramassé une vertèbre de baleine à Port-la-Nouvelle. En novembre 1989, une baleine de 40 tonnes échoue au même endroit. Il s'agit d'un balaenoptera physalus ou rorqual commun qui vit en Méditerranée. Entièrement nettoyée, reconstituée, elle est désormais exposée dans la cave à vins de M. et Mme Fabre.

La chasse à la baleine :
Moby Dick *de Herman Melville*

Ce livre est l'histoire d'une expédition de chasse à la baleine. Le capitaine Achab veut retrouver Moby Dick, la baleine blanche. Il perdit une jambe dans un premier affrontement avec le monstre. De péripéties en péripéties, Achab et son équipage engageront contre Moby Dick un ultime combat, lequel se terminera par un désastre. Une adaptation cinématographique a été réalisée en 1956 par John Huston avec, dans le rôle principal, Gregory Peck.

ROQUEFÈRE

Ouv. TLJ de juin à sept. et pendant les vac. scol. de 10 h à 19 h. Mer., sam., dim. et JF de 10 h à 18 h.

Adultes 15 F, enfants de 3 à 12 ans 10 F.

La Chèvrerie de la Cascade

Hameau de Saint-Julien
11380 Roquefère
Tél. 04 68 26 36 36

La Chèvrerie de la Cascade est un parc consacré uniquement à la chèvre. Elle rassemble 60 chèvres de 13 races différentes : rove, saanen, alpine... dont certaines en voie de disparition. Un parcours en sous-bois agrémenté de panneaux explicatifs vous les fera découvrir.
Une vidéo retraçant les différents moments de la vie caprine, mise bas, fabrication fromagère, tonte de la laine mohair, complète la visite.

SAISSAC

Ouv. TLJ en juil. et août de 16 h à 19 h. Autres vac. scol., à partir de 14 h. Hors vac., dim. et JF à partir de 14 h.

Adultes 15 F, gratuit jusqu'à 11 ans.

Élevage de Cerfs

Picarel-le-Haut
11310 Saissac
Tél. 04 68 24 44 08

Dès le paléolithique, les chasseurs ont représenté des cerfs sur les parois des grottes. Leur élevage s'est développé en France dans les années 80.
L'élevage de Picarel-le-Haut vous propose d'observer ces magnifiques animaux dans leur cadre naturel (visite des parcs), puis de découvrir dans l'ancienne étable restaurée quelques animaux naturalisés.

Réserve africaine de Sigean – 11130 Sigean

SIGEAN

Ouv. TLJ de 9 h à 18 h 30 (16 h l'hiv.). Attention ! le parc des lions et des ours n'ouvre qu'à 10 h 30.

Adultes 95 F, enfants de 4 à 14 ans 75 F.

Aire de pique-nique. Bar. Restaurant.

Réserve africaine

RN9
11130 Sigean
Tél. 04 68 48 20 20 – Fax 04 68 48 80 85

Sur 185 ha, la réserve africaine de Sigean rassemble 3 000 animaux de 160 espèces différentes.
Un parcours de 5 km en voiture vous fait découvrir la savane africaine où vivent rhinocéros, zèbres, autruches, lions, ours, élans du Cap...
Sur le parcours à pied, ce sont les girafes, éléphants et

Une tête d'éléphant sur un corps d'homme : Ganesha

Ganesha est une figure vénérée en Inde. On la représente souvent par une statuette qui insiste sur son aspect dissymétrique. Elle est l'assemblage d'une tête d'éléphant coiffée d'une tiare avec une grande trompe et d'un corps ventripotent assis sur une souris ou une fleur de lotus. Elle revêt un aspect à la fois solennel et grotesque qui évoque la variété des possibilités de la vie et elle est aussi le symbole de la connaissance.

chimpanzés... que vous observerez. Le long d'un étang, vous verrez des pélicans, marabouts, ibis sacrés... Entre 12 h et 14 h, il y a beaucoup d'agitation chez les oiseaux qui attendent leur supplément de poissons, ils survolent les étangs en attendant la distribution par les soigneurs du parc.

Vous visiterez le vivarium avec ses anacondas, iguanes, pythons... et la maison solaire des alligators.

En 20 ans près de 6 000 naissances ont eu lieu à la réserve africaine de Sigean, preuve de la bonne adaptation des animaux à leur environnement.

Réserve africaine de Sigean – 11130 Sigean

12 - AVEYRON

AUBRAC

❢ Le WE le plus proche du 25 mai.

Fête de la Transhumance

12470 Aubrac
Tél. 05 65 44 33 77

Avec l'arrivée de l'été, les troupeaux de vaches de l'Aubrac montent vers les pâturages d'altitude. Une dizaine de grands troupeaux portant rubans, fleurs, feuillages et cloches défilent sur la place du village. La reine décorée d'un grand rameau est en tête de cortège. Des repas typiques sont servis tout au long du week-end. Une grande tombola permet de gagner une vache parmi d'autres nombreux lots. Près de 20 000 personnes viennent assister à cette fête de la transhumance.

Les bovins : une force inestimable

En Mésopotamie, vers 3000 avant J.-C., la maîtrise des capacités motrices des bovins a considérablement transformé l'agriculture. L'utilisation de la force des bovins a permis de substituer à la houe l'araire, cela entraînant une hausse de la production agricole et le développement d'une civilisation urbaine. La culture du blé est, elle aussi, totalement liée à la domestication du bœuf.

GAGES

❢ Ouv. TLJ d'avril à oct. de 14 h à 20 h. En juil. et août, de 10 h à 20 h.

❢ Adultes 35 F, enfants 15 F.

❢ Aires de jeux pour enfants. Buvettes. Vente de produits de la ferme.

Jardin des Bêtes

Les Barthes
12630 Gages
Tél. 05 65 42 66 40

Dans un parc de 2 ha, 250 animaux, dont la plupart en voie de disparition, sont rassemblés. Vous pourrez y voir, en plus des canards d'ornement, cygnes, bernaches, sarcelles ainsi qu'un village d'animaux en liberté avec des moutons de Jacob à quatre cornes, des cochons nains...

PRADINAS

❢ Ouv. TLJ en juil. et août de 10 h à 20 h. En avril, mai, juin, sept. et oct., TLJ de 14 h à 19 h. WE et JF de 11 h à 19 h. De sept. au 15 nov., de 14 h à 19 h. Du 16 nov. au 31 mars, dim. et vac. scol. de 14 h à 18 h.

❢ Adultes 40 F, enfants de 5 à 14 ans 25 F.

❢ Aire de pique-nique. Restauration rapide. Boutique.

Parc animalier

La Riale
12240 Pradinas
Tél. 05 65 69 96 41 – Fax 05 65 69 91 66

Le parc animalier de Pradinas rassemble des bisons d'Europe, antilopes, mouflons, sangliers, chamois, chevreuils, droma-

Parc de Pradinas – 12240 Pradinas

Parc de Pradinas – 12240 Pradinas

daires, aurochs, lynx, gnous, watussis, springboks et de nombreux cerfs : cerf blanc, unique en France ; cerf axis, originaire d'Inde et l'un des plus beaux cervidés : le cerf du père David. En voie de disparition (on n'en trouve plus que 20 en France), cette espèce doit son nom au père Armand David qui l'observa en 1865.
Chaque espèce dispose d'enclos boisés permettant aux animaux d'évoluer en toute quiétude.
Dans le hall d'entrée, vous pourrez voir une exposition de ramures de cervidés d'Europe et du monde entier et notamment la série complète de bois du même cerf perdus chaque année depuis 17 ans. Ce cerf, toujours vivant, règne sur la harde du parc.
Un audiovisuel présente les animaux du parc en expliquant les caractéristiques principales et les particularités de chacun. Et pour terminer la visite, la ferme miniature fera la joie des enfants.

RODEZ

Ouv. TLJ de juil. à sept. de 14 h à 17 h.

Gratuit.

Haras

Rue Eugène-Loup
12000 Rodez
Tél. 05 65 68 42 41 – Fax 05 65 68 29 07

Créé en 1806, le haras de Rodez élève 75 étalons. Beaucoup de chevaux anglo-arabes, mais aussi des chevaux de trait qui, de par leur rusticité, sont bien adaptés aux conditions régionales.

Des expressions

Un remède de cheval : *Un remède énergique.*
Être à cheval sur... : *Être pointilleux et strict sur...*
Monter sur ses grand chevaux : *S'emporter.*
Cheval de bataille : *Revendication toujours répétée, sujet qui tient à cœur.*
Manger avec les chevaux de bois : *Sauter un repas.*

ROUQUETTE (LA)

Ouv. TLJ d'avril à sept. de 10 h à 19 h. D'oct. à décembre, dim. et JF de 12 h à 19 h. Démons. de pigeons à 11 h, 15 h et 16 h 30.

Adultes 30 F, enfants 10 F.

Aire de pique-nique.

Parc aux Oiseaux « Les Bastidols »

La Bastide-Capdenac
12200 La Rouquette
Tél. 05 65 29 44 07

Le parc aux oiseaux des Bastidols rassemble plus de 600 oiseaux de 150 espèces : canards mandarin et carolin, faisans lophophore et faisans hoki bleu, autruches provenant de divers pays ainsi que des animaux de la ferme. Des démonstrations de pigeons culbutant en vol et au sol ont lieu tous les jours.

SAINT-LÉONS

Ouv. TLJ de mi-juin à mi-sept. sauf le mar. de 14 h 30 à 18 h 30.

Adultes 20 F, enfants 10 F.

Musée Jean-Henri-Fabre

12780 Saint-Léons

Tél. 05 65 61 86 03 (Mairie) ou 05 65 58 80 54

Né à Saint-Léons, Jean-Henri Fabre (1823-1915) est l'un des plus célèbres entomologistes mondiaux. Ses recherches sur l'anatomie et le comportement des insectes l'ont conduit à récuser les théories évolutionnistes et à privilégier l'explication des conduites des insectes par l'instinct. Il publia de nombreux ouvrages de vulgarisation et notamment ses *Souvenirs entomologiques* qui eurent un très grand retentissement.

Sa maison natale est devenue un musée témoignage qui présente sa vie et son œuvre. Des expositions temporaires et des élevages d'insectes complètent la visite.

Parc de Pradinas – 12240 Pradinas

13 - BOUCHES-DU-RHÔNE

AIX-EN-PROVENCE

❢ Ouv. TLJ sauf dim. mat. de 10 h à 12 h et de 14 h à 18 h.

❢ Adultes 10 F, gratuit jusqu'à 16 ans.

Musée d'Histoire naturelle

6, rue Espariat
13100 Aix-en-Provence
Tél. 04 42 26 23 67

Le musée d'Histoire naturelle d'Aix-en-Provence est célèbre pour ses collections d'œufs de dinosaures et d'empreintes de pas de mammifères éocènes de la région. La reconstitution grandeur nature de plusieurs dinosaures et d'un nid au moment de l'éclosion des œufs fascinera petits et grands.
Une collection d'oiseaux est également présentée dans des dioramas et un cabinet d'histoire naturelle de 1830 a été reconstitué.

ARLES

❢ Sam., dim. et lun. de Pâques.

Feria de Pâques

13200 Arles
Tél. 04 90 96 29 35

La feria d'Arles est l'une des plus importante de France, même si elle attire moins de touristes que celle de Nîmes. Une corrida a lieu chaque jour. Des taureaux sont lâchés dans la rue le matin et le soir après la corrida.

ARLES

❢ Le dernier dim. d'avril.

Fêtes des Gardians

13200 Arles
Tél. 04 90 96 29 35

Le matin sur le boulevard, les gardians à cheval défilent jusqu'à l'église de la Major. L'après-midi, il faut assister aux jeux des gardians qui se déroulent dans les arènes. Les jeux du bouquet, de l'aiguillette, de l'orange permettent d'évaluer leur habileté et leur précision.

Un monstre à corps d'homme et à tête de taureau : Le Minotaure

Astérion, véritable nom du Minotaure, est le fils de Pasiphaé, femme du roi de Crète Minos, et d'un magnifique taureau blanc donné à Minos par Poséidon, dieu de la mer, et que Héraclès dut dompter dans sa septième épreuve. Horrifié à la vue de ce monstre hybride, Minos fit construire par son architecte Dédale un labyrinthe dans lequel il enferma le Minotaure. Celui-ci recevait en pâture annuellement sept jeunes garçons et sept jeunes filles. Le prince athénien Thésée parvint à le tuer. Le Minotaure est parfois utilisé comme une métaphore pour désigner la part monstrueuse que chacun a en soi.

BARBEN (LA)

❢ Ouv. TLJ de 10 h à 18 h.

❢ Adultes 55 F, enfants de 3 à 12 ans 25 F.

❢ Aire de jeux. Aire de pique-nique. Petit train.

Parc zoologique

Route du Château
13330 La Barben
Tél. 04 90 55 19 12

600 animaux de 120 espèces différentes sont réunis au parc zoologique de La Barben. 9 km de sentiers vous permettront de découvrir éléphants, hippopotames, girafes, lions, tigres, bisons, singes, rhinocéros, zèbres, autruches... mais aussi des reptiles dans le vivarium. Des panneaux vous informent sur leurs modes de vie.

Des naissances ont lieu chaque année : girafon, wallaby, tapir, zèbre, alpaga... Le parc accueille le premier centre européen de reproduction de rhinocéros blancs.

MARSEILLE

Ouv. TLJ sauf lun. et les JF de 10 h à 17 h.

10 F.

Bibliothèque.

Musée d'Histoire naturelle

Palais Longchamp
13000 Marseille
Tél. 04 91 14 59 50 – Fax 04 91 50 72 02

Les collections du musée de Marseille, qui représentent l'ensemble des domaines de l'histoire naturelle, sont d'une exceptionnelle richesse : paléontologie (50 000 échantillons), minéralogie (6 000 échantillons). La section zoologie rassemble plus de 15 000 oiseaux mais aussi des mammifères et des mollusques.

Vous pourrez voir dans la salle de géologie des œufs de dinosaures et des reptiles fossilisés. Les collections de la salle de Provence présentent la faune et la flore actuelles et fossiles dans des vitrines qui restituent l'ambiance des muséums du XIXe siècle.

Les aquariums reconstituent les différents milieux aquatiques : eaux courantes, eaux saumâtres, milieux marins avec les espèces régionales correspondantes.

SAINTES-MARIES-DE-LA-MER (LES)

2e semaine de juil.

Feria du Cheval

13460 Les Saintes-Maries-de-la-Mer
Tél. 04 90 97 82 55 (OT)

La feria du cheval se déroule en deux temps : les deux premiers jours, des professionnels, mais aussi de nombreux touristes, viennent admirer 600 chevaux de toutes races exposés au château d'Avignon, à une dizaine de kilomètres au nord des Saintes-Maries. Un concours de dressage est organisé au cours duquel les bêtes peuvent montrer leurs qualités. Le soir, vous pouvez assister à des spectacles équestres.

Puis, c'est la feria. Lors de l'abrivado, les gardians à cheval galopent à travers la ville avec les taureaux. C'est la fête du cheval au pays du cheval.

Proverbes

Il n'est si bon cheval qui ne devienne rosse : *Personne n'est à l'abri des vicissitudes de la vieillesse.*

Les maladies viennent à cheval et s'en retournent à pied : *Nous tombons vite malades et par surprise mais la guérison est lente.*

Qui veut aller loin doit ménager sa monture : *Il faut économiser ses forces et ses ressources pour durer.*

SAINTES-MARIES-DE-LA-MER (LES)

• Ouv. TLJ d'avril à sept. de 9 h au coucher du soleil. D'oct. à mars de 10 h au coucher du soleil.

• Adultes 33 F, enfants de 4 à 10 ans 18 F.

• Bar.

Parc ornithologique du Pont-de-Gau

13460 Les Saintes-Marie-de-la-Mer

Tél. 04 90 97 82 62

Le parc ornithologique du Pont-de-Gau permet la découverte dans leur milieu naturel de la plupart des espèces d'oiseaux vivant en Camargue ou y transitant. De nombreux animaux sont présents à l'état naturel sur le site : ragondins, insectes, batraciens... A la belle saison, vous verrez même une manade de taureaux pâturer dans le marais de Ginès.

Trois circuits sont possibles selon le temps dont vous disposez.

• Le parc André-Lamouroux qui rassemble la plupart des oiseaux de Camargue et présente dans de vastes volières les espèces les plus difficiles à observer dans la nature. Des panneaux explicatifs, des fiches d'identification apportent des informations sur la vie des oiseaux.

Chaque année, le parc accueille bénévolement environ 250 oiseaux blessés ou malades qui, après les soins, sont rendus à la vie sauvage. Les plus atteints, dont l'état ne permet pas un retour à la nature, sont intégrés à un programme de reproduction et sont visibles dans les volières.

• Le marais de Pont-de-Gau permet l'approche de la plupart des anatidés d'Europe : flamants, cygnes, oies, canards...

• Le marais de Ginès offre des possibilités d'observations de nombreuses espèces d'oiseaux à partir d'un observatoire et d'un sentier fléché.

SALIN-DE-GIRAUD

• Ouv. TLJ du 16 juin au 31 août de 9 h à 17 h. HS, s/RV. Ferm. les JF.

• Adultes 15 F, enfants de 12 à 15 ans 10 F.

Domaine de La Palissade

13129 Salin-de-Giraud

Tél. 04 42 86 81 28 – Fax 04 42 48 82 18

Cet espace est l'un des derniers témoins de la Camargue originelle. Idéalement placé sur les voies de migrations, les oiseaux utilisent le domaine aussi bien lors de leurs passages qu'en hivernage ou pendant la nidification. Une faune plus discrète : mammifères, poissons, reptiles, batraciens et insectes, est présente sur le site. Un observatoire aux abords du marais du Clos-d'Argent et un sentier de découverte spécialement aménagé vont vous permettre de découvrir la faune et la flore de ce cadre naturel.

Dans le bâtiment d'accueil, un aquarium rassemble la faune aquatique du Rhône et des marais. Des diaporamas et des expositions complètent la visite.

SAINT-RÉMY-DE-PROVENCE

❢ Lundi de Pentecôte.

Fête de la Transhumance

13210 Saint-Rémy-de-Provence

Tél. 04 90 92 05 22 (OT)

A Saint-Rémy-de-Provence, le lundi de Pentecôte, 3 000 moutons avec ânes bâtés, béliers, chèvres et boucs simulent, comme autrefois, le départ en transhumance vers les alpages. Ils partent du plateau de la Crau et font le tour de la ville, accompagnés par les bergers et leurs chiens.

SAINT-RÉMY-DE-PROVENCE

❢ 13, 14 et 15 août, le Carretto Ramado a lieu le mat. du 15 août.

Feria et Carretto Ramado

13210 Saint-Rémy-de-Provence

Tél. 04 90 92 05 22 (OT)

La feria de Saint-Rémy-de-Provence offre des spectacles taurins variés. Un concours d'abrivado voit s'opposer plusieurs manades. Il ne faut surtout pas manquer les Olympiades camarguaises où les gardians se livrent à des épreuves particulièrement spectaculaires : le saut de cheval à cheval, la capture et l'immobilisation de taureaux, à cheval ou à pied, et bien d'autres encore. Des bandidos, encierros, corridas portugaises, matches de horse-ball sont également organisés.

Le Carretto Ramado a lieu le 15 août au matin. Une grande charrette tirée par 50 chevaux richement décorés et harnachés à la mode sarrasine, chargée de produits du terroir, traverse Saint-Rémy.

MES BREBIS

(...)
L'injuste Fortune
Me les a ravis.
En vain j'importune
Le Ciel par mes cris.

Puissiez-vous, contentes
Et sans mon secours,
Passer d'heureux jours,
Brebis innocentes,

Brebis, mes amours !

Mme Deshoulières (1633-1694).

14 - CALVADOS

CAEN

- Ouv. du lun. au vend. de Pâques à sept. de 14 h à 18 h et pendant les vac. scol.
- Gratuit.

Musée d'Initiation à la Nature

Enceinte de l'hôtel-de-ville
14000 Caen
Tél. 02 31 30 43 27 – Fax 02 31 30 43 45

Réaménagé en 1995, le musée rassemble une partie des collections de zoologie du muséum d'histoire naturelle de Caen et du muséum de Dieppe, détruits pendant la Seconde Guerre mondiale. C'est un lieu de découverte de la faune et de la flore de Normandie. Vous y verrez notamment une salle consacrée aux « nuisibles ». Des dioramas sonorisés, des jeux d'observation interactifs animent cet espace.

COURSEULLES-SUR-MER

- Ouv. TLJ en juil. et août de 9 à 19 h. En mai, juin et sept. de 9 h à 13 h et de 14 h à 19 h. D'oct. à avril, TLJ sauf lun. de 10 h à 12 h et de 14 h à 18 h.
- Adultes 35 F, enfants à partir de 5 ans 25 F.

Maison de la Mer

Place Charles-de-Gaulle
14470 Courseulles-sur-Mer
Tél. 02 31 37 92 58 – Fax 02 31 37 34 84

La maison de la mer comprend un aquarium tunnel de 100 000 l qui présente de multiples espèces de poissons, crustacés, tortues géantes et une importante collection de coquillages issue des mers du monde entier dont le célèbre coquillage bénitier géant de la grande barrière d'Australie (120 kg) mais aussi des huîtres à charnières, tarets de la mer Rouge et bien d'autres encore. Un diorama de l'huître complète la visite.

HERMIVAL-LES-VAUX

- Ouv. TLJ en juil. et août de 9 h 30 à 19 h (caisses ferm. 2 h avant). En mai, juin et sept. de 9 h 30 à 18 h 30. En oct. de 10 h à 18 h. En nov. de 10 h à 17 h. En fév. de 10 h à 16 h. En mars de 10 h à 17 h 30. En avril de 9 h 30 à 18 h.
- Adultes 50 F, enfants de 4 à 9 ans 25 F.
- Aire de pique-nique abritée. Restaurant. Boutique. Cinéma : projections sur la vie du parc zoologique ou sur les problèmes écologiques de la planète (en saison).

CERZA (Centre d'Étude et de Recherche Zoologique Augeron)

Le Manoir Saint-Laurent
14100 Hermival-les-Vaux
Tél. 02 31 62 17 22 – Fax 02 31 62 33 40

Le parc zoologique CERZA est un centre de reproduction d'espèces rares. Face aux menaces qui pèsent sur la faune sauvage : pollution, déforestation, urbanisation, braconnage, CERZA offre à 300 animaux sauvages des aires d'évolution et des conditions d'existence qui préservent leur désir de vivre et de se reproduire. Deux parcours pédestres, de nombreux observatoires permettent de contempler bisons, ours, panthères, tigres, lynx, cochons vietnamiens, zèbres, émeus, girafes, watussis, rhinocéros, lions, jaguars. CERZA est aussi impliqué dans de nombreux programmes d'élevage notamment l'EEP (Programme européen pour la Préservation des Espèces menacées) qui regroupe 200 parcs naturels répartis dans 25 pays européens.

Un lion reconnaissant : Le lion d'Androclès

Androclès était un esclave romain qui se serait enfui en Afrique. Là, il aurait pansé les blessures d'un lion blessé à la patte. Repris, l'esclave fut jeté dans la fosse aux bêtes dans le Colisée. Mais le lion se coucha à ses pieds, reconnaissant son ancien ami qui l'avait soigné. L'esclave fut gracié et on lui donna le lion, qui le suivit dès lors comme un chien.

JURQUES

• Ouv. TLJ de mai à août de 10 h à 19 h. Avril et sept. de 10 h à 18 h. HS TLJ de 13 h 30 à 17 h 30. Ferm. du 1er décembre au 15 janv.

• Adultes 45 F, enfants de 3 à 12 ans 25 F.

• Aire de jeux. Abri pique-nique. Self-service (de Pâques à la rentrée de sept.). Boutique.

Zoo de Jurques

La Cahosse
14260 Jurques
Tél. 02 31 77 80 58 – Fax 02 31 77 77 64

Dans un parc boisé de plus de 10 ha, le zoo de Jurques accueille de nombreux animaux sauvages. Plus de 3 km de promenade permettent de découvrir 500 animaux des 5 continents. Chaque année, de nombreux bébés naissent à Jurques. Ce zoo participe également à des programmes européens d'élevage (EEP) pour des espèces rares.

LUC-SUR-MER

• Ouv. TLJ du 1er juin au 5 sept. de 10 h à 12 h et de 14 h à 19 h. HS, WE, JF et vac. scol. de 14 h 30 à 18 h.

• Adultes 15 F, enfants 8 F.

Maison de la Baleine

45, rue de la Mer
14530 Luc-sur-Mer
Tél. 02 31 97 55 93

En 1885, à Luc-sur-Mer, une baleine de 40 t s'est échouée sur le rivage. Le squelette a été installé dans le parc municipal. En 1992, en témoignage de l'événement, la Maison de la Baleine a été créée. C'est un lieu de découverte de leur mode de vie. L'histoire de l'échouage de la baleine de Luc-sur-Mer est également rappelée.

La Baleine de Jonas

Un épisode biblique relate comment le prophète Jonas séjourna dans le ventre d'une baleine. Yahvé lui avait ordonné d'aller convertir la ville de Ninive. Effrayé par l'ampleur de la tâche, il choisit d'embarquer dans la direction opposée. Surpris par une violente tempête, Jonas, conscient de sa responsabilité, se fit alors jeter par son équipage à la mer. Aussitôt, le temps se calma tandis que Jonas était englouti par une baleine. Au bout de trois jours et trois nuits, Jonas fut rejeté par le cétacé et il accomplit sa mission.

NOROLLES

• Ouv. TLJ du dim. des Rameaux à la fin des vac. de la Toussaint de 9 h 30 à 18 h.

• Adultes 50 F, enfants de 3 à 9 ans 30 F, enfants de plus de 9 ans 40 F.

• Buvette. Boutique.

Musée vivant de la Basse-Cour et Conservatoire des Races

Ferme de la Vallée
14100 Norolles
Tél. 02 31 62 78 78

Jusqu'au XVIIIe siècle, la basse-cour était la cour du château opposée à la cour d'honneur et elle comprenait l'écurie,

Musée vivant de la basse-cour – 14100 Norolles

l'étable, la bergerie et la porcherie. Aujourd'hui, ce mot ne désigne plus que la partie de la ferme où l'on élève la volaille et les lapins. Le musée vivant de la Basse-Cour présente plus de 900 espèces d'animaux de basse-cour sélectionnées, soit plus de 2 500 animaux : 182 variétés de poules, 620 de pigeons, 75 de lapins, 8 de dindons, 10 d'oies, et 4 de pintades. Un circuit de 2,5 km permet de les découvrir dans des pigeonniers, clapiers et parquets (enclos réservés aux volailles) dissimulés dans le paysage. Au détour du sentier, vous croiserez peut-être des daims et des chevaux vivant en liberté sur le reste de la propriété. Un parc permettant aux enfants d'approcher et de caresser les animaux et une exposition sur l'histoire de la basse-cour, ses races et ses méthodes d'élevage complètent la visite.

LA DINDE

Elle se pavane au milieu de la cour, comme si elle vivait sous l'Ancien Régime.
Les autres volailles ne font que manger toujours, n'importe quoi. Elle, entre ses repas réguliers, ne se préoccupe que d'avoir bel air. Toutes ses plumes sont empesées et les pointes de ses ailes raient le sol, comme pour tracer la route qu'elle suit : c'est là qu'elle avance et non ailleurs.
...

Jules Renard (1864-1910).

SAINT-JULIEN-DE-MAILLOC

Ouv. TLJ sauf le lun. de 10 h à 19 h.

Adultes 20 F, enfants 15 F.

Sentier botanique. Aire de pique-nique.

Ferme Nature

La Dame blanche
14290 Saint-Julien-de-Mailloc
Tél. 02 31 63 91 70

Sur plus de 2 ha, la Ferme Nature héberge 35 races d'animaux domestiques, rares ou en voie de disparition, dans leur milieu naturel. Des poulaillers à l'architecture de leur pays d'origine sont également présentés.

Le Coq gaulois : Un emblème national

Symbole de fierté, le coq gaulois vient d'un jeu de mots entre « gallus » (coq) et « Gallus » (Gaulois). Emblème de la France, le coq apparaît déjà sur des monnaies gauloises. Il figura aussi sur les drapeaux de la Révolution.

TROUVILLE

Ouv. TLJ en juil. et août de 10 h à 19 h 30.
De sept. à oct. et de Pâques au 30 juin de 10 h à 12 h et de 14 h à 18 h 30.
De nov. à Pâques de 14 h à 18 h 30.

Adultes 20 F, enfants 12 F.

Aquarium

17, rue de Paris
14360 Trouville
Tél. 02 31 88 46 04 – Fax 02 31 81 20 70

Connu pour l'extrême diversité et l'enrichissement permanent de sa collection, l'aquarium de Trouville présente chaque animal dans un décor reproduisant aussi fidèlement que possible son milieu naturel. Dans 70 aquariums et vivariums, vous verrez plus de 150 espèces évoluant dans différents milieux naturels : des poissons de la Manche, les mysis, gobies, jeunes plies, solettes, turbots et bars, mais aussi des poissons tropicaux et d'eau douce et pour finir quelques serpents, crocodiles, mygales...

Une créature à la chevelure de serpents : Méduse

Méduse est une des trois Gorgones, sœurs et monstres terrifiants avec une tête hérissée de serpents et des ailes d'or. Quiconque la regardait était pétrifié et changé en pierre. Persée, un des fils de Zeus, lui trancha le cou duquel jaillit Pégase, le cheval ailé. Le verbe « méduser » qui signifie frappé de stupeur rappelle ce mythe.

VILLERVILLE

❢ Ouv. TLJ de Pâques au 15 oct. de 14 h à 18 h.

❢ Adultes 20 F, enfants de 5 à 16 ans 15 F.

Mer et Désert

Route de Honfleur
14113 Villerville
Tél. 02 31 81 13 81 – Fax 02 31 81 20 70

Dans une vaste serre de 800 m², une collection exceptionnelle d'environ 5 000 coquillages raconte l'histoire des mollusques depuis leur origine jusqu'à nos jours. Cet espace est une suite de reconstitutions des milieux naturels. Des animaux vivants issus des déserts des différents continents du monde animent l'ensemble de l'exposition.

Ce musée retrace également l'évolution des plantes grasses en milieu désertique et la façon dont elles ont modifié les sols et les climats.

Mer et Désert est un complément indispensable à la visite de l'aquarium de Trouville.

Musée vivant de la basse-cour – 14100 Norolles

15 - CANTAL

AURILLAC

❢ Ouv. TLJ de 9 h à 12 h et de 14 h à 17 h.
Du 15 juil. au 15 sept. vis. guid. TLJ à 10 h, 11 h, 14 h, 15 h, 16 h et 17 h.

❢ Adultes 20 F, enfants 15 F.

Haras national

Avenue de Julien
15000 Aurillac
Tél. 04 71 46 87 00 - Fax 04 71 64 54 12

C'est en 1806 que le dépôt d'étalons d'Aurillac est installé dans le couvent de la Visitation de la rue des Carmes. Les installations s'avérant vétustes et exiguës, un haras neuf est construit en 1983. Le principal rôle des Haras nationaux est de fournir des étalons aux éleveurs pour servir leurs juments. L'effectif du haras d'Aurillac est de 82 étalons de trait et 20 étalons de sang. C'est le premier haras pour le nombre de chevaux lourds. Vous visiterez la sellerie, la forge et, en saison (de mars à juillet), vous aurez peut-être la chance de voir les juments et leurs poulains. Vous verrez également les écuries et les chevaux de différentes races qu'elles hébergent, comtois, bretons, percherons, ardenais, baudets du Poitou et d'autres encore.

Le cheval : Une force de trait précieuse

C'est l'apparition d'un collier rigide (inventé en Chine au Ve siècle) s'appuyant sur les épaules du cheval qui a permis de maîtriser sa force de trait. Grâce à cela, on a pu procéder au défrichement de l'Europe au Xe siècle et intensifier l'agriculture.

JUNHAC

❢ Ouv. TLJ en juil. et août de 10 h à 19 h.

❢ Adultes 20 F, enfants de 3 à 16 ans 15 F.
En train, 5 F de plus.

❢ Ferme-auberge.

Vallée des Daims (Parc animalier de Cols)

15120 Junhac
Tél. 04 71 49 28 52 - Fax 04 71 49 23 55

Des peintures préhistoriques à Bambi (Walt Disney), les hommes ont toujours porté un vif intérêt aux cervidés. Le parc animalier de Cols permet de côtoyer des daims, cerfs, biches. C'est à pied ou en petit train que vous visiterez le domaine.

Le peintre du cheval : Théodore Géricault (1791-1824)

Ce peintre romantique, dont l'une des œuvres majeures Le Radeau de la Méduse *est présente dans tous les manuels scolaires, s'illustre également dans la peinture du cheval. Il saisit ses particularités et représente sa force à laquelle l'homme se mesure. Il joue un rôle essentiel dans certaines de ses compositions, mais est exceptionnellement traité comme un portrait. Géricault a aussi dessiné et peint à l'aquarelle des chats et des chiens ainsi que des animaux observés à la ménagerie du Jardin des plantes.*

MURAT

❢ Ouv. TLJ pendant les vac. scol. de 10 h à 12 h et de 14 h à 17 h et dim. de 14 h à 18 h. En juil. et août de 10 h à 12 h et de 15 h à 19 h et dim. de 15 h à 19 h.

❢ Adultes 25 F, enfants de 6 à 12 ans 15 F.

Maison de la Faune

Place de l'Hôtel-de-Ville
15300 Murat
Tél. 04 71 20 00 52

Dans des paysages reconstitués, la Maison de la Faune présente un panorama d'animaux naturalisés de France, du minuscule moucheron au cerf majestueux.

SAINT-SATURNIN

• Ouv. TLJ en juil. et août de 14 h à 19 h. HS, il est préférable de tél.

• Gratuit.

• Vente de produits issus de la miellerie.

Le Monde des Abeilles

La Paillée
15190 Saint-Saturnin
Tél. 04 71 20 71 20

Une ruche vitrée et un film vidéo de 30 mn permettent de découvrir la vie des abeilles et leur organisation sociale. La miellerie et son fonctionnement sont également présentés.

16 - CHARENTE

AUBETERRE-SUR-DRONNE

• Ouv. de Pâques à sept. de 9 h à 20 h. D'oct. à Pâques, s/RV et sam. et dim. après-midi de 14 h à 20 h.

• Adultes 10 F, enfants 5 F.

• Plus de 600 objets d'art africain.

Musée du Papillon

Place Trarieux
16390 Aubeterre-sur-Dronne
Tél. 05 45 98 64 58/05 45 98 53 91

Le musée du Papillon d'Aubeterrre rassemble une collection de 12 000 papillons et 6 000 insectes naturalisés. La plupart des spécimens ont été ramenés d'Afrique par le créateur de ce musée, M. Petit. Des espèces très rares sont présentées. On peut ainsi voir le papillon qui sert à colorer le dollar ou encore un sphinx de Scandinavie dont on se serait inspiré pour construire le concorde.

BALZAC

• Ouv. TLJ du 12 juil. au 20 août de 12 h à 18 h.

• Vis. guid.: adultes 25 F, enfants 10 F.

• Visite du château.

Élevage de Chevaux fjords

Château de Balzac
16430 Balzac
Tél. 05 45 68 15 16

Au château de Balzac, vous pourrez visiter un élevage de chevaux fjords. Les Vikings montaient déjà ces chevaux originaires de Norvège.

Proverbes

A cheval donné, on ne regarde pas à la bouche : *On n'a pas à critiquer les défauts de ce qui nous a été offert.*
A chevaux maigres vont les mouches : *On s'attaque plus facilement aux plus faibles.*
Il ne faut pas changer de cheval au milieu de la rivière : *Il ne faut pas changer de méthode ou de responsable quand quelque chose est commencé.*

ESSE

• Ouv. TLJ de juil. à sept. de 10 h à 20 h. D'oct. à déc., dim. de 14 h à 18 h. De mars à juin de 14 h à 18 h. Ferm. en janv. et fév. Vis. guid. sur des « chariots à banquette » dim. et TLJ en juil. et août.

• Vis. libre : Adultes 15 F, enfants de 5 à 12 ans 10 F. Vis. guid.: Adultes 20 F, enfants de 5 à 12 ans 12 F.

• Aires de jeux. Poneys. Crêperie. Boutique.

Élevage de Cerfs

Domaine de Longeville
16500 Esse
Tél. 05 45 85 36 17

Une harde de plus de 250 cervidés, des sangliers, des daims, des mouflons, tels sont les animaux que vous pourrez découvrir au domaine de Longeville. Un film vidéo sur la vie du cerf d'élevage complète la visite.

JURIGNAC

• Ouv. TLJ du 17 juil. au 30 sept. de 14 h à 19 h. HS, merc. de 14 h à 19 h.

• 30 F par personne.

Ferme pédagogique

16250 Jurignac
Tél. 05 45 66 37 21 – Fax 05 45 66 37 21

A la ferme pédagogique de Jurignac vous découvrirez les animaux de la ferme et de la basse-cour : chèvres naines, cochons, chevaux, canards, dindons, oies, poules, coqs... Un élevage de fourmis et de grillons est également présenté ainsi qu'une collection de papillons de la région.

PUYMOYEN

❢ Vis. guid.: dim., JF et vac. scol. de Pâques à la Toussaint à 17 h.

❢ Adultes 15 F, enfants de 6 à 12 ans 10 F.

Les Cerfs des Eaux claires

Mont Riant
16400 Puymoyen
Tél. 05 45 61 35 52

La visite se déroule en deux parties. Tout d'abord, vous observerez les animaux et leur mode de vie, puis, dans une salle, le phénomène de chute et de croissance des bois vous sera expliqué.

Aquarium de La Rochelle – 17000 La Rochelle

BROUAGE

Accès libre aux abords de la réserve et sur la partie maritime oléronnaise. Accueil sur le site en juil. et août, lun. et jeu. de 9 h à 17 h. Hors cette période, vis. guid. sur rés.

Réserve naturelle de Moëze

17320 Brouage
Tél. 05 46 82 12 44

Cette réserve est l'un des sites les plus importants pour le stationnement d'oiseaux d'eau.
230 espèces d'oiseaux ont été observés dont 34 s'y reproduisent. Les espèces les plus répandues sont les migrateurs et hivernants : bernaches cravant et tadornes de Belon représentent à eux seuls près de 50 % des effectifs hivernant sur la réserve.
Les bécasseaux variables, huîtriers-pies, courlis cendrés, barges rousses, bécasseaux-maubèches et avocettes élégantes sont aussi présents sur le site. Vous pourrez observer cette avifaune grâce à plusieurs observatoires. Des poneys highland et des moutons de la race scottish black face entretiennent les prairies humides.

CLION

Sept.

Adultes 25 F.

Fête de l'Oiseau et de la Nature

Amicale des Oiseaux et de la Nature
17240 Clion
Tél. 05 46 70 47 03 (Mairie)/05 46 48 28 55 (M. Gaudry)

La Fête de l'Oiseau et de la Nature a pour devise « faire découvrir pour mieux comprendre, comprendre pour mieux protéger ». Une présentation d'oiseaux à but pédagogique accompagne chaque spécimen d'une fiche signalétique détaillée (localisation de l'espèce sauvage d'origine, mœurs, alimentation...). Animations et conférences complètent la manifestation.

COTINIÈRE (LA)

Ouv. TLJ en juil. et août de 11 h à 23 h. HS de 11 h à 12 h 30 et de 14 h à 19 h.

Adultes 30 F, enfants de 4 à 12 ans 22 F.

Aquarium d'Oléron

Port de La Cotinière
17310 La Cotinière
Tél. 05 46 47 31 90

L'aquarium d'Oléron rassemble plus de 500 poissons et invertébrés de la côte atlantique. Vous pourrez assister au repas des raies et des chiens de mer.

DAMPIERRE-SUR-BOUTONNE

Ouv. TLJ de mai à sept. de 10 h à 19 h. HS de 10 h à 12 h et de 14 h à 19 h. Ferm. du 15 déc. au 5 janv.

Adultes 18 F, enfants de 6 à 12 ans 10 F.

Maison de l'Âne du Poitou

La Tillaudière
17470 Dampierre-sur-Boutonne
Tél. 05 46 24 07 72

Le baudet du Poitou est la plus ancienne race asine. Animal rustique, il fut sur le point de disparaître avant la création à Dampierre-sur-Boutonne de ce lieu qui lui est consacré. Situé dans une ferme charentaise, il permet de découvrir, à travers une exposition, l'histoire de l'élevage, l'organisation de la production et les actions de sauvegarde de l'âne du Poitou. Un atelier de bourrellerie, une forge et des vidéos complètent l'exposition. La visite se poursuit à travers les écuries et les prairies pour découvrir des baudets du Poitou, des ânes de croisement et des chevaux mulassiers.

Un âne indécis : L'âne de Buridan

Une fable, attribuée au philosophe Jean Buridan, raconte comment un âne s'est laissé mourir de faim et de soif, faute de n'avoir pu choisir entre un boisseau d'avoine et un seau d'eau. On utilise souvent cette histoire pour caractériser un homme hésitant et ne pouvant se résoudre à choisir.

DOLUS-D'OLÉRON

Ouv. TLJ en juil. et août de 10 h à 20 h. HS de 10 h à 13 h et de 14 h à 19 h. De nov. à fév., dim. et pendant les vac. scol. de 14 h à 18 h.

Adultes 23 F, enfants 13 F.

Le Marais aux Oiseaux

Les Grissotières
17550 Dolus-d'Oléron
Tél. 05 46 75 37 54 – Fax 05 46 75 66 25

Le Marais aux Oiseaux est un parc ornithologique et un centre de soins pour les oiseaux blessés. Plus de 600 spécimens représentant 60 espèces d'oiseaux différentes viennent dans ce marais avec quelques mammifères dont des chevreuils et des ragondins.
Vous y verrez des tadornes de Belon, aigrette-garzette, héron-bihoreau, faucon-crécerelle, hibou des marais, goéland brun, cormoran huppé... et quelques espèces exotiques issues de saisies.
Un sentier de découverte de 1,5 km agrémenté de panneaux explicatifs et un observatoire de 9 m facilitent l'observation des oiseaux.
Le centre de soins, qui accueille 300 oiseaux blessés par an, n'est pas accessible au public.

DOLUS-D'OLÉRON

Ouv. TLJ de mi-juin à mi-sept. de 10 h 30 à 19 h 30. Pendant les vac. de Pâques de 10 h 30 à 19 h 30.

Adultes 18 F, enfants de 4 à 12 ans 15 F.

Le Parc aux Myocastors

5, pré de la Morinière
17550 Dolus-d'Oléron
Tél. 05 46 75 60 46/05 46 84 45 31 (HS)

Le Parc aux Myocastors est un lieu de découverte de cet animal attachant. Une exposition photo et une visite commentée de l'élevage vous informent sur son comportement, ses mœurs, sa reproduction. Puis chaque visiteur reçoit une poignée de carottes coupées en frites qu'il pourra donner aux animaux, ce qui fera la joie des enfants.

ESNANDES

Ouv. TLJ de mi-juin à mi-sept. de 10 h à 19 h. De mi-sept. à oct. et de fév. à mars, jeu., vend. et sam. de 14 h à 18 h. D'avril à mi-juin, TLJ sauf le lun. de 14 h à 19 h. De nov. à janv., le sam. de 14 h à 17 h.

Adultes 18 F, enfants 10 F.

Musée de la Mytiliculture

Rue de l'Océan
17137 Esnandes
Tél. 05 46 01 34 64 - Fax 05 46 01 21 93

La mytiliculture est le nom donné à l'élevage des moules. Cette technique remonte au Moyen Âge. À l'origine, les pieux plantés en V dans la vase servaient à piéger les poissons mais étaient naturellement couverts de moules. Aujourd'hui, les bouchots servent uniquement à la production de moules. La maison de la mytiliculture présente une exposition sur l'histoire des techniques de cueillette et de captage des moules. La visite est complétée par la projection d'un film sur le travail des « boucholeurs », nom donné à ceux qui cultivent les moules. Vous pouvez également observer une maquette hydraulique reconstituant le cycle des marées.

PALMYRE-LES MATHES (LA)

Ouv. TLJ d'avril à sept. de 9 h à 19 h. D'oct. à mars de 9 h à 12 h et de 14 h à 18 h.

Adultes 60 F, enfants de 3 à 12 ans 40 F.

Spectacles de perroquets et d'otaries : TLJ de Pâques à mi-oct. à 11 h 10, 15 h et 16 h 45 (suivant l'affluence). Bar. Restauration rapide. Boutique.

Zoo La Palmyre

6, avenue de Royan
17570 La Palmyre-Les Mathes
Tél. 05 46 22 46 06 - Fax 05 46 23 62 97

En 1966, Claude Caillé, ancien vendeur de journaux à Rochefort, ouvrait aux visiteurs la porte de son petit zoo qui allait devenir le plus grand jardin zoologique de France et un des plus beaux aussi. Il rassemble aujourd'hui 1 600 animaux sur 14 ha, il faut compter 3 à 4 heures pour parcourir les 4 km de circuit. Vous y verrez des makis, grands koudous, flamants rouges de Cuba, panthères des neiges, ouistitis pygmées, éléphants, mandrills, hippopotames et tant d'autres animaux encore. Preuve de la bonne adaptation des animaux à leur environnement, de nombreuses naissances ont lieu chaque année, certaines très rares comme la naissance d'un girafon ou d'un éléphanteau.

Zoo de la Palmyre – 17570 La Palmyre-les-Mathes

Plusieurs espèces présentes dans le parc font l'objet de programme d'élevage et de réintroduction, notamment les guépards, gorilles, orangs-outans et les pandas roux.
Les ours disposent maintenant d'un immense bassin vitré et évoluent dans l'eau avec élégance. Vous pourrez voir leur gros museau contre votre nez tout juste séparé de vous par une vitre de 4,5 cm.
Une grotte à chauves-souris accueille des roussettes d'origine tropicale. Un vivarium avec des crocodiles du Nil, des tortues de Seychelles et des pythons complète la visite.

Un monstre infernal : Python

Ce serpent redoutable dévorait les hommes et les bêtes dans la mythologie grecque. Apollon, dieu de la beauté et de la lumière, parvint à le tuer en le transperçant de ses flèches. Il fonda les jeux pythiques pour célébrer sa victoire. C'était là que se trouvait le trépied sur lequel s'asseyait la Pythie pour rendre ses oracles.

PORTES-EN-RÉ (LES)

- Ouv. TLJ du 15 juin au 15 sept. de 10 h à 12 h 30 et de 15 h à 19 h.
- Gratuit.
- Sorties découverte du milieu. Ateliers enfants.

Maison de la Nature

17880 Les Portes-en-Ré
Tél. 05 46 29 50 74

La Maison de la Nature propose une exposition sur les oiseaux de Ré au fil des saisons avec des superbes photos de l'Association des Photographes animaliers bretons. Vous y verrez également une exposition sur les chouettes et les hiboux de Charente-Maritime. On vous aidera à répondre à la question : comment aider les oiseaux en réalisant des nichoirs et des mangeoires ? Une vidéo-nature complète la visite.

ROCHELLE (LA)

- Ouv. TLJ en juil. et août de 19 h à 23 h. Avril, mai, juin et sept. de 9 h à 19 h. D'oct. à mars de 10 h à 12 h et de 14 h à 19 h.
- Adultes 42 F, enfants de 4 à 11 ans 25 F.

Aquarium de La Rochelle

Port des Minimes
17000 La Rochelle
Tél. 05 46 34 00 00 – Fax 05 46 45 35 71

Ouvert en 1988, l'aquarium de La Rochelle est l'un des plus beaux d'Europe tant par la conception des bassins que par les hôtes qu'il abrite. Il présente 2 000 spécimens de 350 espèces différentes provenant de la Méditerranée, de l'Atlantique et des mers tropicales. Dans un bassin de 250 000 l évoluent une vingtaine de sélaciens (requin nourrice, requin citron, requin pointe noire, requin pointe blanche) ainsi que des tortues géantes, des balistes et deux magnifiques poissons-scies.
Les visites sont très bien organisées. Des vidéos expliquent ce qui se passe dans les salles.

ROCHELLE (LA)

- Ouv. TLJ sauf lun. et dim. mat. de 10 h à 12 h et de 14 h à 17 h (18 h du 15 juin au 15 sept.).
- Adultes 17 F. Gratuit jusqu'à 18 ans.

Muséum d'Histoire naturelle

28, rue Albert-Ier
17000 La Rochelle
Tél. 05 46 41 18 25 – Fax 05 46 50 63 65

En 1770, Clément Lafaille, naturaliste, lègue à sa ville natale les collections de son cabinet de curiosité. Elles constituent la base du plus ancien muséum de France. La reconstitution du mobilier d'origine (meubles-vitrines et coquillier) recrée l'ambiance de ces cabinets d'histoire naturelle du XVIIIe siècle.
La richesse des collections regroupées dans le muséum d'Histoire naturelle de La Rochelle place cet établissement

parmi les six musées de première catégorie, satellites du muséum national de Paris. Vous y verrez des collections zoologiques d'une qualité remarquable, notamment la girafe offerte à Charles X, en 1827, par le Pacha d'Égypte et de très beaux spécimens de mammifères en voie de disparition dont un couple de genettes.

SAINT-CLÉMENT-LES-BALEINES

Ouv. TLJ d'avril à sept. de 14 h à 18 h. En juin et pendant les vac. scol. d'été de 10 h 30 à 18 h. Oct., dim. de 14 h à 18 h. Vac. de la Toussaint de 14 h à 18 h.

Adultes 40 F, enfants de 3 à 10 ans 25 F.

Musée océanographique.

L'Arche de Noé

645, rue du Phare
17590 Saint-Clément-les-Baleines
Tél. 05 46 29 23 23 – Fax 05 46 29 58 09

A 500 m du phare des Baleines, l'arche de Noé rassemble plusieurs musées et un parc zoologique. Vous y verrez des émeus, lémuriens, maras, singes (atèle, mangabey, babouin). Mais aussi la jungle des perroquets où plus de 400 perroquets : cacatoès, loris, aras, amazones, s'ébattent en totale liberté. Caractérisés par un bec puissant et tranchant, les perroquets vivent en groupes au sein desquels les couples restent unis pour la vie. Suivant la période de visite, vous pourrez apercevoir des bébés perroquets élevés par leurs propres parents.
Le musée des papillons rassemble une collection de 5 000 insectes et papillons.
Celui des coquillages présente 8 000 spécimens en parfait état provenant de toutes les mers du monde avec une classification par famille et de nombreux panneaux explicatifs.
Le naturama propose une importante collection d'animaux naturalisés dans des dioramas reconstituant leurs milieux naturels avec entre autres des tigres, antilopes, singes, oiseaux ainsi que des lions, zèbres, gazelles, guépards, panthères, hyènes, vautours, hippopotames. De nombreux oiseaux de l'île de Ré sédentaires ou migrateurs sont aussi présentés. Des panneaux explicatifs vous informent sur la nourriture et les migrations.

SAINT-PIERRE-D'OLÉRON

Ouv. TLJ de 9 h 30 à la tombée de la nuit.

Adultes 32 F, enfants 15 F.

Parc ornithologique des Grands Ponteaux

Maisonneuve
Route de la Cotinière
17310 Saint-Pierre-d'Oléron
Tél. 05 46 47 10 32

Le parc ornithologique des Grands Ponteaux rassemble 240 espèces d'oiseaux d'Europe et du monde entier. Vous y verrez des perroquets, aras, grandes perruches, toucans, calaos, touracos, grands ducs d'Europe, chouette harfang des neiges ainsi que des émeus, nandous, grues, flamants, cigognes, aigrettes, spatules, pélicans, ibis.

LES HIBOUX

Sous les ifs noirs qui les abritent
Les hiboux se tiennent rangés,
Ainsi que des dieux étrangers,
Dardant leur œil rouge. Ils méditent.

Sans remuer ils se tiendront
Jusqu'à l'heure mélancolique
Où, poussant le soleil oblique,
Les ténèbres s'établiront.
...

Charles Baudelaire (1821-1867).

SAINT-TROJAN-LES-BAINS

❢ Ouv. du mar. au sam. du 1er avril au 15 oct. de 10 h à 12 h et de 15 h à 20 h.

❢ Musée : adultes 28 F, enfants 20 F. Vis. des parcs : adultes 30 F, enfants 22 F.

Musée de l'Huître

Port ostréicole
17370 Saint-Trojan-les-Bains
Tél. 05 46 76 08 16/05 46 76 08 16

L'ostréiculture est le nom donné à l'élevage des huîtres. L'huître du bassin de Marennes-Oléron est sans doute la reine de ces délicieux coquillages. Installé dans une cabane de pêcheur, le musée de l'Huître retrace l'histoire de ce mollusque et de sa culture.
Déjà, les Romains en étaient friands. Il prêtaient à l'huître des vertus aphrodisiaques et la transportaient dans des jarres remplies d'eau de mer. Aujourd'hui, l'huître est cultivée dans les claires et la navicule bleue, cette algue microscopique lui donne son goût délicat et sa couleur verte. Suivant les marées, vous pourrez visiter des parcs à huîtres.

YVES

❢ Centre nature : TLJ de juil. à sept. de 10 h à 12 h et de 15 h à 19 h. HS, dim. après-midi et TLJ pendant les vac. scol. de 10 h à 12 h et de 15 h à 19 h. Vis. guid. de 14 h 30 à 16 h.

❢ Visites guidées : adultes 15 F, gratuit pour les -10 ans.

Réserve naturelle du marais d'Yves

Ferme de la Belle Espérance
17340 Yves
Tél. 05 46 56 41 76 ou 05 46 82 12 44 (Rens. Espace-Nature)

A partir du centre-nature du Marouillet vous pourrez découvrir cette réserve et y observer de nombreuses espèces. Limicoles, canards, oies cendrées se disputent les hauts fonds. Au printemps, les échassiers y font escale avant de gagner les lieux de nidification de l'Arctique. C'est l'époque où apparaissent les premiers poussins de tadornes, de colverts et de foulques. En été, aigrettes et hérons harponnent les derniers poissons avant l'assec.
Deux observatoires ont été installés afin de pouvoir observer sans être vu.
Le centre nature propose des expositions et des visites guidées.

Aquarium de La Rochelle – 17000 La Rochelle

18 - CHER

BOURGES

Ouv. TLJ de 14 h à 18 h.

Adultes 18 F, enfants jusqu'à 6 ans gratuit.

Muséum d'Histoire naturelle

Rue René-Ménard
18000 Bourges
Tél. 02 48 65 37 34 - Fax 02 48 69 89 98

Le muséum de Bourges rassemble une collection de mammifères (éléphants, girafes, crocodiles), insectes et oiseaux naturalisés classés par famille, par milieu naturel et en fonction de leur adaptation à leur milieu. Il propose aussi une exposition sur les modes de représentation de la nature

avec notamment les animaux des vitraux de la cathédrale de Bourges, des photographies animalières du début du siècle et des images de la microscopie électronique. Une fourmilière transparente permet d'observer l'organisation de ces animaux sociaux. Des bornes interactives sur les chauves-souris et les rapaces sont à la disposition des visiteurs.
L'approche est volontairement instructive et interactive.

Chauves-souris

...

Le soleil couché, quand nous prenons le frais, elles se décollent des vieilles poutres où, léthargiques, elles pendaient d'une griffe. Leur vol gauche nous inquiète. D'une aile baleinée et sans plumes, elles palpitent autour de nous. Elles se dirigent moins avec d'inutiles yeux blessés qu'avec l'oreille.

...

Jules Renard (1864-1910).

19 - CORRÈZE

AUBAZINE

Le WE le plus proche de la Saint-Georges (23 avril).

Foire aux Chèvres

19190 Aubazine
Tél. 05 55 25 71 26

Cette foire rassemble des chèvres mais aussi des veaux, des chevaux et des poneys. Un jury distribue des prix aux chèvres les plus remarquables.

COLLONGES-LA-ROUGE

Ouv. TLJ sauf merc. pendant les vac. scol. de Pâques à la Toussaint de 10 h à 12 h et de 14 h à 19 h . Vis. comm. avec dégustation de produits lun. et jeu. à 18 h (sur rés.). HS, s/RV.

Gratuit.

Vente de produits régionaux.

Le Musée vivant de l'Oie

Ferme de La Veyrie
19500 Collonges-la-Rouge
Tél. 05 55 25 31 40 - Fax 05 55 84 03 40

A la ferme de La Veyrie, dans une vieille grange restaurée, vous découvrirez des oies domestiques et sauvages, ces oiseaux palmipèdes gris ou blancs, au long cou. Histoire, mythologie, littérature et, bien sûr, tradition culinaire de l'oie n'auront plus de secret pour vous.

Des oies salvatrices : Les oies du Capitole

Lors de l'invasion de Rome par les Gaulois, ceux-ci connurent des difficultés au Capitole. Ils en commencèrent le siège et tentèrent de l'envahir, par surprise, la nuit. Mais les oies sacrées consacrées à Junon, déesse de la lumière et de la femme, effrayées, poussèrent de tels cris qu'elles donnèrent l'alerte, sauvant ainsi le Capitole involontairement.

POMPADOUR

Dépôt des étalons : ouv. TLJ de juil. à sept. à 10 h et 11 h (2 vis.) puis de 14 h à 17 h 30 (vis. toutes les 30 mn). D'oct. à juin à 14 h 30, 15 h 30 et 16 h 30 sauf le 25/12 et le 1/01. Jumenterie : ouv. TLJ de juil. à sept. de 14 h à 17 h 45 (vis. toutes les 45 mn). De mi-fév. au 31 mars de 14 h à 16 h 15. D'avril à juin de 14 h à 17 h.

Dépôt des étalons : adultes 20 F, enfants 15 F. Jumenterie : adultes 15 F, enfants 10 F.

Haras national de Pompadour

Place du Château
19230 Pompadour
Tél. 05 55 73 90 28 - Fax 05 55 73 66 84

A Pompadour, le cheval constitue une tradition presque millénaire. Au Moyen Âge, les seigneurs de Pompadour ramenèrent des croisades des étalons arabes. En 1761, Louis XV créa un haras royal. Supprimé et les biens dispersés pendant la Révolution, Napoléon Ier lui donna un nouvel essor en faisant reconstruire manèges et jumenterie. Ce haras est national depuis 1872.

Actuellement, le domaine de Pompadour comprend plusieurs sites :

- Le dépôt d'étalons face au château dans les écuries du Puy Marmont héberge des étalons de sang : pur-sang, trotteurs français, arabes, anglo-arabes, selles français, poneys, et des étalons de trait : ardennais, bretons, cobs, comtois, percherons, soit près de quatre-vingts étalons.
- L'hippodrome de 25 ha situé tout près du château est l'un des plus beaux et des plus accidentés de France. Il se prête particulièrement bien aux parcours de cross. En juillet, août et septembre des courses sont organisées. Elles sont reconnues nationalement.
- La jumenterie de La Rivière, seule jumenterie nationale, rassemble des juments arabes et anglo-arabes pour les sélectionner.
- Le château des Monts, une station d'élevage de bovins limousins.
- Chignac héberge, pendant deux ans, les poulains nés de la jumenterie de La Rivière.

Une jument blanche à longue corne : La licorne

Cette représentation de la licorne est caractéristique de l'Occident chrétien du Moyen Âge. Cet animal revêtait une symbolique de puissance et de pureté, liée à la conception médiévale de l'amour courtois. Sa corne blanche torsadée lui permettait de déceler toute trace d'impureté, de poison.

POMPADOUR

Le 15 août.

La Grande Journée du Cheval

19230 Pompadour
Tél. 05 55 98 55 47 (OT)

A Pompadour, le 15 août est la Grande Journée du Cheval avec des présentations d'étalons et d'attelages du haras, des courses et, en nocturne, un concours hippique, le Grand Prix de Pompadour de saut d'obstacles.

MOLTIFAO

❢ Ouv. TLJ de mai à sept. de 9 h à 12 h et de 14 h à 19 h. HS, s/RV.

❢ Vis. guid. : adultes 15 F, enfants gratuit.

Village des Tortues

Parc naturel régional de Corse
Route d'Asco
20218 Moltifao
Tél. 04 95 47 85 03

Le village des Tortues de Moltifao protège l'une des dernières tortues terrestres françaises : la tortue Hermann. Vous pourrez voir l'écloserie, la nursery et l'enclos des juvéniles. Une documentation pédagogique est disponible.

LE LIÈVRE ET LA TORTUE

Rien ne sert de courir ; il faut partir à point :
Le Lièvre et la Tortue en sont le témoignage.
« Gageons, dit celle-ci, que vous n'atteindrez point
Sitôt que moi ce but. – Sitôt ? Êtes-vous sage ? »
(...)
D'où vient le vent, il laisse la Tortue
Aller son train de sénateur.
Elle part, elle s'évertue,
Elle se hâte avec lenteur.
Lui cependant méprise une telle victoire,
Tient la gageure à peu de gloire,
Croit qu'il y va de son honneur
De partir plus tard. Il broute, il se repose,
Il s'amuse à toute autre chose
Qu'à la gageure. A la fin, quand il vit
Que l'autre touchait presque au bout de la carrière,
Il partit comme un trait ; mais les élans qu'il fit
Furent vains : la Tortue arriva la première.
(...)

Fables, *Jean de* LA FONTAINE *(1621-1695).*

ÎLE-ROUSSE (L')

❢ Ouv. TLJ d'avril à oct. de 11 h à 18 h.

❢ Adultes 44 F, enfants 34 F.

Musée océanographique

20220 L'Île-Rousse
Tél. 04 95 60 27 81 – Fax 04 95 60 44 20

Le Musée océanographique réunit les habitants du milieu marin local : mérous et tortues, congres et pieuvres, murènes et gorgones. Des films marins et une animation scientifique de grande qualité s'associent ici pour faire découvrir ce milieu.

21 - CÔTE-D'OR

ARNAY-SOUS-VITTEAUX

• Ouv. TLJ de 10 h à 19 h.

• Adultes 47F, enfants 33F.

• Parc de loisirs. Parc botanique. Aire de pique-nique. Bar.

Parc de l'Auxois

RD905
21350 Arnay-sous-Vitteaux
Tél. 03 80 49 64 01 – Fax 03 80 49 68 63

Le parc de l'Auxois présente 3 000 animaux, dont beaucoup d'animaux domestiques : poules naines, lapins, ânes, chèvres, moutons d'Ouessant et de Valachie, mais aussi chameaux, watussis, rennes, kangourous, loups et même des ours.

La chèvre : Un animal imprévisible

La chèvre évoque souvent l'agilité mais aussi la spontanéité et les virevoltes. C'est un animal libre, dont on ne peut prévoir les humeurs et les bonds. C'est peut-être pour cela que son nom, « capra », a été donné au caprice. La Chèvre de Monsieur Seguin, *conte d'Alphonse Daudet, est le récit d'une chèvre éprise de liberté qui s'échappe dans la montagne et dont la fin est tragique.*

DIJON

• Ouv. TLJ sauf le mar. et dim. mat. de 9 h à 12 h et de 14 h à 18 h.

• Adultes 11 F. Gratuit jusqu'à 18 ans.

Musée d'Histoire naturelle

1, avenue Albert-Ier – Jardin de l'Arquebuse
21000 DIJON
Tél. 03 80 76 82 76 – Fax 03 80 76 82 77

Ce musée présente de façon interactive les milieux naturels de la planète et le monde animal. A travers des dioramas et des écrans tactiles, vous découvrirez reptiles, batraciens, oiseaux, rongeurs. Vous y verrez notamment les personnages de La Fontaine : renard (emblème du musée), corbeau, cigogne, lièvre et tortue. Le musée abrite également un fossile spectaculaire de l'ère tertiaire, le glyptodon, et une riche collection d'insectes.
Des expositions temporaires liées à l'actualité scientifique sont également organisées. Des ateliers sont proposés aux enfants.

Une mise en scène allégorique des animaux : Les* Fables *de La Fontaine

« Miracle de la culture », selon André Gide, elles ont été écrites dans la seconde moitié du XVIIe siècle. Jean de La Fontaine (1621-1695) disait d'elles que le corps était la fable, et l'âme la moralité. Se situant dans la tradition des fabulistes anciens (Ésope, Phèdre), son intention est morale, mais un souci du récit et un désir de conter qui modifient le genre se manifestent aussi. Ainsi, les Fables *ressemblent de plus en plus à des comédies, à des contes.*

MONTBARD

• Ouv. TLJ sauf le mar. de 10 h à 12 h et de 14 h à 18 h. Ferm. du 1er déc. au 31 mars.

• 10 F par pers.

Musée Buffon

Anciennes Écuries de Buffon
Rue du Parc-Buffon
21500 Montbard
Tél. 03 80 92 01 34

Créé en 1988, le musée Buffon retrace le parcours du célèbre naturaliste. Né et enterré à Montbard, il y a aussi écrit une partie de son œuvre. Votre attention sera particulièrement attirée par les nombreuses gravures de l'« Histoire naturelle » et par l'arbre généalogique des singes ; mais d'autres domaines scientifiques sont également représentés.

VILLENEUVE-LES-CONVERS (LA)

Ouv. TLJ de Pâques au 15 sept. de 10 h à 12 h et de 14 h à 19 h.
Du 15 sept. à Pâques, sam. et dim. de 14 h à 19 h.
La semaine s/RV.

20 F par personne.

Musée du Chien

21450 La Villeneuve-les-Convers
Tél. 03 80 96 21 32

Ce musée du Chien, unique en son genre, rassemble 1 500 pièces se rapportant à la race canine. Vous y verrez également un élevage. Huit races de chiens sont représentées.

Proverbes

Leurs chiens ne chassent pas ensemble : *Se dit de personnes qui ne s'entendent pas.*
Mauvais chien ne trouve où mordre : *Le maladroit n'a jamais d'occasion.*
Qui se couche avec les chiens se réveille avec les puces : *Les mauvaises fréquentations laissent des traces.*
Qui veut noyer son chien dit qu'il a la rage : *On trouve toujours une bonne raison de nuire quand on l'a décidé.*

Muséum d'histoire naturelle – 21000 Dijon

HILLION

- Ouv. TLJ du lun. au vend. de 9 h à 12 h 30 et de 13 h 30 à 18 h et dim. de 14 h à 18 h.
- Adultes 25 F, enfants de 8 à 14 ans 10 F.

Marinarium de la baie de Saint-Brieuc

Site de l'Étoile
22120 Hillion
Tél. 02 96 32 27 98

La Maison de la Baie est un lieu de découverte de la nature et du milieu marin en baie de Saint-Brieuc. Des expositions, des projections, des animations permettent de mieux comprendre ce milieu. Le marinarium, aquarium marin de conception originale consacré au rivage marin en baie, présente 100 espèces de la faune et de la flore locales.

LAMBALLE

- Ouv. mar. et vend. du 15 juil. au 30 sept. de 14 h à 18 h. HS, s/RV.
- Vis. guid. : adultes 20 F, enfants 15 F.

Haras national

Place du Champ-de-Foire
22400 Lamballe
Tél. 02 96 31 00 40

Créé en 1825, le haras de Lamballe est l'un des plus importants de France. Il a hébergé jusqu'à 390 chevaux : étalons pur-sang, trotteurs arabes, selles français, anglo-arabes, poneys Connemara et surtout postiers et traits bretons. Vous découvrirez les écuries, la salle des voitures, la sellerie d'honneur, le manège et la forge.

Pégase : Le cheval ailé

*Fils de Poséidon, dieu grec de la mer, et de Méduse (l'une des Gorgones, divinité marine monstrueuse), Pégase était un cheval ailé merveilleux qui, d'un coup de sabot, faisait jaillir des sources (*pègè *signifie d'ailleurs en grec « source », « jaillissement »). Il permit à Bellérophon de triompher de la terrible Chimère, cracheuse de flammes et dévoratrice de troupeaux, et des Amazones, chasseresses et guerrières exerçant une fascination forte sur les hommes, mais il refusa de transporter Bellérophon jusqu'aux dieux. Pégase rejoignit ensuite le séjour des dieux, l'Olympe, et devint un coursier de Zeus.*

PLEUMEUR-BODOU

- Départ de la cale de Trestraou, à Perros-Guirec.
- En juil. et août, mar. et sam. à 9 h 30 et jeu. à 18 h.
- Adultes 90 F, enfants de 3 à 12 ans 55 F.
- Vis. de 2 h 30 en juil. 2 h en août.
- Ne pas oublier appareil photo et paire de jumelles. Les « Sept-Îles en vedette » proposent d'autres horaires de vis. Rens.: Gare maritime de Perros-Guirec, tél. 02 96 91 10 00.

Réserve naturelle des Sept-Îles

Station ornithologique de L'Île-Grande
22560 Pleumeur-Bodou
Tél. 02 96 91 91 40

Une des plus belles réserves naturelles de France : Rouzic, Malban, Bono, l'Île-aux-Moines, l'Île-Plate, le Cerf et les Costans forment les Sept-Îles. Elles hébergent une quinzaine d'espèces d'oiseaux marins : macareux moine, fou de Bassan, pingouin torda, guillemot de troïl, boréal fulmar, cormoran huppé... soit plus de 18 000 couples. Dès août, certaines espèces, macareux, pingouins, quittent les Sept-Îles, mais les fous de Bassan sont présents jusqu'en septembre. L'accès à la réserve est réglementé. Le débarquement est interdit sauf sur l'Île-aux-Moines. La station ornithologique organise des visites commentées par un ornithologue autour de la réserve à bord des « Sept-Îles en vedette » au départ de Perros-Guirec.

Pleumeur-Bodou

Ouv. TLJ en juil. et août de 10 h à 13 h et de 14 h 30 à 19 h. En juin et sept. de 10 h à 12 h et de 14 h à 18 h. Ferm. sam. et dim. mat.

A partir de 10 ans 5 F.

Station ornithologique de L'Île-Grande

22560 Pleumeur-Bodou

Tél. 02 96 91 91 40

En 1984, la Ligue pour la protection des oiseaux ouvrait la station ornithologique de L'Île-Grande, sur la commune de Pleumeur-Bodou. Trois missions lui étaient alors attribuées : gestion de la réserve des Sept-Îles, traitement et réhabilitation des oiseaux mazoutés, accueil du public et information sur l'écologie des oiseaux marins. Aujourd'hui, la colonie de fous de Bassan de la réserve a doublé, et compte plus de 11 000 couples. Quelque 5 000 oiseaux blessés ou mazoutés (conséquence du dégazage en haute mer...) ont été recueillis, dont la moitié soignée et relâchée.

La station ornithologique propose une exposition permanente sur les oiseaux de mer et la réserve naturelle des Sept-Îles à partir d'un diaporama, d'une maquette de la réserve et des cartes de migrations. Une liaison vidéo par faisceau hertzien depuis l'île de Rouzic permet d'observer en direct des milliers de fous de Bassan. Projections de films et de diapositives, sorties d'initiation, conférences complètent cette découverte de la vie des oiseaux marins.

Proverbes

A chaque oiseau, son nid est beau : *Chacun admire sa propre maison.*

Petit à petit, l'oiseau fait son nid : *La persévérance est la condition du succès.*

A petit oiseau, petit nid : *Il faut avoir une maison en rapport avec ses moyens.*

La belle cage ne nourrit pas l'oiseau : *On peut avoir une belle demeure et manquer du nécessaire.*

Plouagat

Ouv. merc., sam. et dim. de mai à sept. de 10 h à 12 h et de 14 h à 18 h.

Vis. guid.: adultes 21 F, enfants à partir de 5 ans 16 F.

Terrarium de Kerdanet

RN12

22170 Plouagat

Tél. 02 96 32 64 49

Le terrarium de Kerdanet est un espace d'initiation à la vie des reptiles et des amphibiens. Il vous permet de découvrir le monde des vipères, couleuvres, lézards, tortues, grenouilles, crapauds... Un vivarium présente des boas, pythons, iguanes, cobras et anacondas. C'est un responsable du terrarium qui vous fera visiter ce lieu.

TRAMAIN

Ouv. TLJ de Pâques à sept. de 15 h à 19 h. Vis. guid. à 16 h 30. Hors vac. scol., rés. conseillée.

Vis. guid.: adultes 15 F, enfants de 3 à 16 ans 12 F. Vis. libre : 10 F.

Dégustation grat. Vente de produits.

Les Cerfs de la Cour

22640 Tramain
Tél. 02 96 31 88 13

Habituellement, la vision qu'on a des cerfs est une apparition fugitive. A Tramain, vous pourrez observer en toute tranquillité une harde d'une centaine de cervidés, biches, cerfs et faons.

Le cerf

(...)
Le cerf écoutait et flairait mes paroles. Dès que je me tus, il n'hésita point : ses jambes remuèrent comme des tiges qu'un souffle d'air croise et décroise. Il s'enfuit.
– Quel dommage ! lui criai-je. Je rêvais déjà que nous faisions route ensemble. Moi, je t'offrais, de ma main, les herbes que tu aimes, et toi, d'un pas de promenade, tu portais mon fusil couché sur ta ramure.

Jules RENARD *(1864-1910).*

TRÉBEURDEN

Accès libre.

Marais du Quellen

22560 Trébeurden
Tél. 02 96 23 51 64 (OT)

Le marais du Quellen est un marais d'eau douce formé en arrière d'une dune. On peut y observer fauvettes aquatiques, bécassines des marais, canards. Des chevaux camarguais pâturent les prairies humides, assurant ainsi une gestion écologique du site. Un sentier et trois observatoires ornithologiques permettent d'observer l'avifaune.

TRÉGASTEL

Ouv. TLJ en juil. et août de 9 h à 20 h. Oct. de 14 h à 17 h. Vac. scol. d'hiver TLJ de 14 h à 17 h. Mai, juin et sept. de 10 h à 12 h et de 14 h à 18 h.

Adultes 25 F, enfants de 4 à 6 ans 8 F et de 7 à 14 ans 12 F.

Aquarium de la Côte de Granit rose

22730 Trégastel
Tél. 02 96 23 88 67 - Fax 02 96 23 85 87

Aménagé dans des grottes naturelles, cet aquarium présente une très belle collection de la faune des mers bretonnes dans 28 bacs de 300 à 10 000 litres construits directement dans la roche.

TRÉGOMEUR

Ouv. TLJ d'avril à sept. de 10 h à 18 h. Fév., mars et nov. de 14 h à 17 h. Janv. et déc., merc., sam. et dim. de 14 h à 17 h.

Adultes 45 F, enfants de 2 à 9 ans 30 F.

Aire de jeux. Aire de pique-nique. Restauration rapide. Promenade en barque. Petit train.

Jardin zoologique de Bretagne

Moulin Richard
22590 Trégomeur
Tél. 02 96 79 01 07 - Fax 02 96 79 32 42

300 animaux s'ébattent en semi-liberté dans un jardin de 12 ha. Ce parc accueille lions, tigres, autruches, lamas, zèbres, émeus, kangourous, vautours. Des daims, des chèvres et des moutons en liberté vous accompagnent dans votre promenade. Le jardin est aussi un lieu de recherche pour la reproduction des espèces en voie d'extinction.

Une épreuve périlleuse : La fosse aux lions

Un épisode biblique relate comment, sous le règne de Darius, Daniel, doué de dons de sagesse et de divination, fut jeté dans la fosse aux lions parce qu'il avait prié. Le lendemain, après une nuit dans la fosse soigneusement scellée, Daniel fut retrouvé indemne. Le juste, accusé à tort, a donc eu la vie sauve. Aujourd'hui, la fosse aux lions évoque une situation ou un lieu plein de dangers redoutables.

SAINT-SERVAIS

❢ Vis. guid.: TLJ en juil. et août à 10 h 30 et 14 h 30. HS, rés. tél. conseillée.

❢ Adultes 25 F, enfants de 3 à 16 ans 10 F.

Élevage d'Ânes du Poitou

Asinerie du Crail
22160 Saint-Servais
Tél. 02 96 45 94 78

L'asinerie du Crail est un haras privé. Elle élève des ânes du Poitou, l'une des plus anciennes races asines, qui fut sur le point de disparaître avant la création d'une Maison de l'âne du Poitou, à Dampierre-sur-Dronne.

Un âne philosophe : Patience

Dans un poème de Victor Hugo d'environ trois mille vers, L'âne, Patience fait un réquisitoire contre les savants, les philosophes, et la raison en général, dénonçant leurs bévues et leurs contradictions.

23 - CREUSE

CHÉNÉRAILLES

❢ 2e dim. de mai et 2e dim. d'oct.

Foire aux Chevaux

23130 Chénérailles
Tél. 05 55 62 37 22 (Mairie)

Près de 1 000 chevaux, poneys et ânes sont réunis pour cette foire. De nombreuses animations complètent cette manifestation.

GUÉRET

❢ Ouv. TLJ sauf mar. de 10 h à 12 h et de 14 h à 17 h (18 h 30 en été).

❢ Adultes 15 F, enfants 5 F.

❢ Collection d'etnographie locale.

Musée d'Art et d'Archéologie

22, avenue de la Sénatorie
23000 Guéret
Tél. 05 55 52 07 20

Le musée de Guéret rassemble des animaux naturalisés de la région mais aussi des espèces exotiques (lion, autruche...), une importante collection d'oiseaux ainsi que des papillons et des insectes du Limousin. Vous y verrez également une collection unique de moulages peints de poissons, reptiles et batraciens réalisés au XIXe siècle.

SAINT-SYLVAIN-SOUS-TOULX

❢ Ouv. TLJ pendant les vac. scol. de 9 h à 19 h. Hors vac. scol., il est préférable de tél.

❢ Gratuit.

❢ Vente des produits issus de l'élevage.

Élevage de Chèvres angoras

La Fontaline
23140 Saint-Sylvain-sous-Toulx
Tél. 05 55 81 71 89

Il y a près de 8 000 ans, les chèvres ont été domestiquées au Proche-Orient. Elles étaient élevées pour leur capacité à exploiter des terres peu productives et pour les nombreux produits qu'on pouvait en tirer, viande, lait, laine. A Saint-Sylvain-sous-Toulx, vous découvrirez la chèvre angora élevée pour sa toison.

Un vêtement en poil de chèvre : Le cilicium

Cet habit était porté par des Romains et des Syriens au moment de la prière, comme signe de l'union avec la divinité. Cette coutume renvoie à la dimension divine de la symbolique de la chèvre. Chez les chrétiens, le port du cilice a aussi le sens de la pénitence et de la mortification.

BUGUE (LE)

• Ouv. TLJ de fév. à mars de 14 h à 17 h. D'avril à mai et de sept. au 4 nov. de 10 h à 12 h et de 14 h à 17 h. En juil. et août de 9 h à 19 h.

• Adultes 43 F, enfants de 4 à 16 ans 33 F.

• Bar. Boutique.

Aquarium du Périgord noir

Route du Camping
24260 Le Bugue
Tél. 05 53 07 16 38 - Fax 05 53 07 69 07

L'aquarium du Périgord noir est le plus grand aquarium privé de France. Des poissons de rivière de la région circulent dans des aquariums géants. Des bacs présentent des poissons migrateurs tels que l'anguille qui vit en eau douce et va pondre en mer, ou à l'inverse les saumons et les esturgeons qui vivent en eau de mer et se reproduisent en eau douce. Vous y verrez également des goujons, des truites fario, nom donné à la truite sauvage, et des silures, ces énormes prédateurs qui sont nourris ici avec des truites vivantes issues de l'élevage. Quelques poissons exotiques, des fossiles âgés de plus de 150 millions d'années et un espace pour grenouilles rousses, vertes, tritons et crapauds, complètent l'exposition.
Un plongeur vient nourrir à la main les esturgeons et les carpes tous les matins vers 11 h.
Deux salles et des points vidéo tout au long du parcours vous donnent des compléments d'information sur la vie des poissons.

LA GRENOUILLE

Nous t'estimons une déesse,
Gente grenouille, qui sans cesse
Au fond des ruisselets herbeux
Te désaltères quand tu veux.
...

Pierre de Ronsard (1524-1585).

BUGUE (LE)

• Ouv. TLJ d'avril à sept. de 10 h à 12 h et de 14 h à 18 h. De nov. à déc. et de janv. à mars de 14 h à 18 h. Ferm. les 25/12 et 1/01.

• Adultes 25 F, enfants de 5 à 14 ans 18 F.

Maison de la Vie sauvage

9, rue de la République
24260 Le Bugue
Tél. 05 53 08 28 10

La Maison de la Vie sauvage rassemble plus de 1 000 oiseaux et mammifères d'Europe naturalisés, dont des espèces disparues ou en danger. Vous verrez également un vivarium d'animaux naturalisés.

EYZIES (LES)

• Ouv. TLJ d'avril à sept. de 9 h à 12 h et de 14 h à 18 h. En oct. et mars de 9 h 30 à 12 h et de 14 h à 17 h 30. De nov. à fév. de 10 h à 12 h et de 14 h à 17 h. Ferm. merc. et JF. Accès à la grotte par groupe de 6 pers.

• Adultes 35 F, enfants 23 F. La vente des tickets se fait à la grotte de Font-de-Gaume.

Grotte de Combarelles

24620 Les Eyzies
Tél. 05 53 06 97 72 - Fax 05 53 06 94 56

Dans la grotte de Combarelles, vous verrez quelques dessins souvent recouverts de calcite, à peine lisibles, et 600 gravures qui représentent des chevaux, bisons, aurochs, lions et rhinocéros.

EYZIES (LES)

❢ Ouv. TLJ d'avril à sept. de 9 h à 12 h et de 14 h à 18 h. En oct. et mars de 9 h 30 à 12 h et de 14 h à 17 h 30. De nov. à fév. de 10 h à 12 h et de 14 h à 17 h. Ferm. mar. et JF. En juil. et août les tickets sont délivrés jusqu'à 10 h. Visiteurs limités à 340 par jour et par groupe de 20.

❢ Adultes 35 F, enfants 23 F.

Grotte de Font-de-Gaume

24620 Les Eyzies
Tél. 05 53 06 90 80 – Fax 05 53 06 94 56/05 53 35 26 18

Découverte en 1901, la grotte de Font-de-Gaume abrite 200 figurations animales et signes. Les animaux dominants sont des bisons (84 gravés ou peints) mais on y voit des chevaux, mammouths, cervidés, rennes qui font également partie du bestiaire présenté. Cet ensemble est l'un des plus beaux sanctuaires paléolithiques du monde.

L'art préhistorique : L'animal, un sujet privilégié

L'art préhistorique est apparu 30 ou 40 000 ans avant notre ère. Ce phénomène est lié à l'évolution du cerveau humain qui se cérébralise. Pour la première fois, l'imaginaire est introduit à travers des images visuelles créées sur de l'os ou des pierres. Les deux thèmes majeurs de cet art figuratif sont l'homme et les animaux. Il a pris différentes formes : monumentale (l'art rupestre et l'art pariétal, celui des grottes et des cavernes), mobilière (outils, armes, statuettes...). Cet art est le témoignage de ce long parcours commun entre l'homme et l'animal.

EYZIES (LES)

❢ Ouv. TLJ sauf mar. du 15 mars au 15 nov. de 9 h 30 à 12 h et de 14 h à 18 h. Du 16 nov. au 14 mars de 9 h 30 à 12 h et de 14 h à 17 h.

❢ Adultes 22 F, enfants jusqu'à 18 ans gratuit. Dim. tarif unique 15 F.

❢ Collection d'outils. Salle de sépulture.

Musée national de la Préhistoire

24620 Les Eyzies
Tél. 05 53 06 97 03 – Fax 05 53 06 94 56

L'évolution de l'art préhistorique est présentée grâce à une collection unique de blocs et de plaques calcaires gravés et sculptés entre 30 000 et 12 000 av. J.-C. La faune préhistorique est évoquée par des reconstitutions (aurochs, rennes), des ossements et d'autres restes paléontologiques.

MARQUAY

❢ Ouv. TLJ en juil. et août de 9 h 30 à 19 h. De sept. à oct. et d'avril à juin de 10 h à 12 h et de 14 h à 18 h.

❢ Adultes 29 F, enfants de 5 à 14 ans 15 F.

Sculptures préhistoriques de Cap-Blanc

24620 Marquay
Tél. 05 53 59 21 74 – Fax 05 53 29 89 84

Dans un abri préhistorique, une frise monumentale a été sculptée sur 14 m de paroi en bas et haut-relief parfois de plus de 20 cm d'épaisseur. Des chevaux, bisons, cervidés sont représentés.

MEYRALS

❢ Ouv. TLJ en juil. et août de 9 h 30 à 18 h 30. Sept. et juin de 9 h à 12 h 30 et de 14 h 30 à 18 h 30.

❢ Adultes 25 F, enfants de 6 à 10 ans 15 F.

Grotte de Bernifal

24220 Meyrals
Tél. 05 53 29 66 39

Ouverte au public en 1989, la grotte est présentée en l'état où elle a été découverte, seul l'accès a été facilité. Sur les parois, depuis le sol jusqu'à la voûte, des ours, des bisons, des mammouths et des ânes sont représentés.

Les oreilles d'âne

Cette expression provient d'une légende grecque. Midas, roi de Phrygie, réputé pour ses maladresses, affirma au cours d'une querelle entre Apollon (dieu de la lumière et de la beauté) et Pan (dieu des bergers) préférer la musique du flûtiste. Apollon, exaspéré, changea alors les oreilles de Midas en oreilles d'âne. Celles-ci sont le symbole aujourd'hui d'une préférence pour les plaisirs et l'amusement plutôt que pour le sérieux et la connaissance.

MONTIGNAC

Ouv. TLJ de juil. à août de 9 h 30 à 19 h. De fév. à juin et de sept. à déc., TLJ sauf lun. de 10 h à 12 h et de 14 h à 17 h 30.

En été, c'est au SI de Montignac que vous achèterez vos billets à partir de 9 h. Impossible d'acheter des billets sur le site. Chaque billet comporte l'heure de visite. Lascaux : adultes 48 F, enfants de 6 à 12 ans 20F. Lascaux + le Thot : adultes 55 F, enfants de 6 à 12 ans 20 F.

Lascaux II

24290 Montignac
Tél. 05 53 51 95 03 – Fax 05 53 06 30 94

La vraie grotte de Lascaux est devenue trop vulnérable. On a donc construit un fac-similé Lascaux II à 200 m de la grotte originale. A l'intérieur d'une coque en ferro-ciment restituant les reliefs, les peintures polychromes ont été dessinées comme il y a 17 000 ans, avec des colorants naturels. Vous y verrez la célèbre peinture de taureaux, des chevaux, quelques cerfs et bouquetins.

ROUFFIGNAC-SAINT-CERNIN

Ouv. TLJ en juil. et août de 9 h à 11 h 30 et de 14 h à 18 h. De sept. à oct. et d'avril à juin de 10 h à 11 h 30 et de 14 h à 17 h. (Nombre d'entrées limitées, vente de billets par 1/2 journée.)

Adultes 29 F, enfants de 5 à 7 ans 10 F.

Grotte aux « Cent Mammouths »

24580 Rouffignac-Saint-Cernin
Tél. 05 53 05 41 71 – Fax 05 53 35 44 71

C'est à bord d'un petit train que vous découvrirez la grotte aux « Cent Mammouths », un ensemble de 250 gravures et peintures préhistoriques de la période magdalénienne où les mammouths occupent la plus grande place. Bisons, chevaux, rhinocéros, bouquetins complètent cet important bestiaire.

SARLAT

Ouv. TLJ en juil. et août de 10 h à 19 h. De sept. à nov. et d'avril à juin de 10 h à 12 h et de 14 h à 18 h.

Adultes 27 F, enfants de 6 à 12 ans 10 F.

Musée-aquarium

Rue du Commandant-Maratuel
24200 Sarlat
Tél. 05 53 59 44 58 – Fax 05 53 31 08 04

Créé en 1986, l'aquarium de Sarlat fut l'un des premiers aquariums d'eau douce en France et le premier d'Europe à montrer en captivité des poissons migrateurs. Les saumons présentés sont issus de générations nées en aquarium. Esturgeons, lamproies, perches, brochets, ablettes évoluent et se reproduisent dans des aquariums à ciel ouvert. Des fiches pédagogiques et des jeux sont à la disposition des enfants.

THONAC

Ouv. TLJ en juil. et 31 août de 9 h 30 à 19 h 30. De fév. à juin et de sept. à déc. TLJ sauf lun. de 10 h à 12 h et de 14 h à 17 h 30.

Le Thot : adultes 28 F, enfants de 6 à 12 ans 14 F. Le Thot + Lascaux II : adultes 55 F, enfants de 6 à 12 ans 25 F.

En saison vis. jumelée avec Lascaux II.

Le Thot-Espace Cro-Magnon

24290 Thonac
Tél. 05 53 50 70 44 – Fax 05 53 06 30 94

Le Thot-Espace Cro-Magnon comprend un musée et un parc. Le parc rassemble des animaux vivants comme des aurochs, des chevaux tarpans, des bisons d'Europe, des chevaux de Przevalski et des reproductions grandeur réelle d'espèces disparues : mammouths et rhinocéros laineux.
Le musée permet au public de s'initier à l'art préhistorique et ses multiples expressions grâce à une présentation moderne (montages audiovisuels, diapositives géantes, moulages, fac-similés d'œuvres pariétales).

VARAIGNES

⁝ 11 novembre.

Foire aux Dindons

24360 Varaignes

Tél. 05 53 56 31 05 (Mairie)

Le matin du 11 novembre, un troupeau de dindons noirs est lâché dans les rues de Varaignes. Ils rejoignent ensuite la place du village où ils vont être vendus. A midi, un repas réunit plus d'un millier de personnes. La journée se termine par le concours du cri du dindon.
Environ 10 000 personnes assistent à cette manifestation.

25 - DOUBS

AUBONNE

- Ouv. TLJ du 15 mars au 11 nov. de 9 h à 12 h et de 14 h à 19 h.
- Vis. guid.: adultes 18 F.
- Dégust. grat. Vente des produits issus de la ruche.

L'Abeille du Haut Doubs

La Creuse
25520 Aubonne
Tél. 03 81 69 93 62 - Fax 03 81 69 92 76

Une exposition pédagogique et vivante vous permet de découvrir le monde des abeilles : leur travail, leurs habitudes, la fabrication du miel. Vous pourrez observer le travail de l'apiculteur. Une démonstration d'extraction du miel et une dégustation des produits de la ruche complètent la visite.

BESANÇON

- Ouv. TLJ d'avril à sept. de 9 h à 18 h et d'oct. à mars de 10 h à 17 h sauf les 25/12 et 1/01. Ferm. le mar.
- Adultes de 46 à 52 F, enfants de 4 à 14 ans de 26 à 36 F. Le billet d'entrée donne accès à tous les musées.
- Musée comtois. Musée de la Résistance et de la déportation. Espace Vauban. Restaurant. Boutique.

Musée d'Histoire naturelle

La Citadelle
Rue des Fusillés-de-la-Résistance
25000 Besançon
Tél. 03 81 65 07 50 - Fax 03 81 83 04 66

Installé dans la citadelle construite par Vauban, sa structure originale tient à la présentation de collections naturalisées et vivantes, tels le parc zoologique, l'aquarium d'eau douce, l'insectarium et le noctarium.
Le parc zoologique héberge plus de 50 espèces différentes, soit 350 animaux : zèbres, tigres du Bengale, lémuriens... L'élevage et l'étude d'espèces en danger comme les tigres de Sibérie, gibbons et ouistitis sont deux des vocations du parc.

Aquarium de La Citadelle – 25000 Besançon

L'aquarium rassemble plus de 30 espèces de poissons d'eau douce : vairon, truite, silure... Deux milieux naturels sont présentés, celui de la rivière qui est illustré par une reconstitution du Doubs et celui des eaux des lacs et des étangs avec leur végétation et un bassin de contact qui permet de toucher carpes ou amours blancs. Une ferme aquacole permet d'expliquer le fonctionnement de l'aquarium et d'un élevage de truites.
L'insectarium abrite une trentaine d'espèces : grillons, phasmes, blattes ainsi qu'une ruche d'observation et une fourmilière géante. Un ensemble de vitrines aborde différents thèmes concernant les insectes, comme la vie en société, les régimes alimentaires, le camouflage. Par son originalité, l'insectarium, créé en 1992, est devenu l'un des principaux centres d'intérêt de la Citadelle.
Le noctarium permet de surprendre en plein jour la vie de petits mammifères nocturnes (campagnols, hermines, lérots, souris domestiques, rats noirs, etc.) grâce à une inversion du cycle jour-nuit.

Les salles du muséum présentent un certain nombre de collections d'animaux naturalisés : insectes, oiseaux, mammifères. Six salles ont été entièrement rénovées en 1997.

Le Tigre : Un fleuve de Mésopotamie

Une légende grecque raconte pourquoi le nom de l'animal a été donné à ce fleuve. Dionysos, dieu de la vigne, était tombé amoureux d'une nymphe d'Asie et, pour la séduire, il se transforma en tigre. Au bord du fleuve, il s'unit à elle, puis l'aida à traverser. Le fleuve prit le nom du tigre en souvenir de cette union.

Insectarium de la Citadelle – 25000 Besançon

CHARBONNIÈRES-LES-SAPINS

❢ Ouv. TLJ en juil. et août de 10 h à 19 h. En mai, juin et sept. de 10 h à 18 h. En mars, avril de 14 h à 18 h. En oct. de 13 h 30 à 17 h 30. En nov. de 13 h 30 à 17 h 30 seulement le dim. et TLJ pendant les vac. de la Toussaint.

❢ Adultes 30 F, enfants de 5 à 12 ans 20 F.

❢ Aire de jeux. Aire de pique-nique. Buvette. Boutique.

Dinozoo

Parc animalier préhistorique
16, rue du Château
25620 Charbonnières-les-Sapins
Tél. 03 81 59 27 05 - Fax 03 81 59 28 59

Selon une progression chronologique, Dinozoo retrace l'évolution de la vie animale depuis les premières formes de vie jusqu'à 10 000 ans avant notre ère. Vous allez découvrir des scènes reconstituant aussi fidèlement que possible les spécimens les plus marquants. Représentés en grandeur nature, brontosaures, tricératops, tyrannosaures et autres dinosaures sont réalisés à partir des dernières découvertes scientifiques connues et en étroite collaboration avec le Muséum d'Histoire naturelle de Paris. Vous y verrez entre autres le platéosaure, le plus ancien dinosaure connu en France et le plus grand de son époque, dont les restes fossilisés ont été retrouvés dans la région. Nouveauté 97, les animaux préhistoriques marins vont faire leur apparition à travers 5 reconstitutions.

FOURGS

❢ Dernier WE de fév.

❢ Adultes 25 F, enfants 15 F.

❢ Baptêmes de l'air en montgolfière. Sculptures sur glace.

Course de Chiens de traîneau

25300 Fourgs
Tél. 03 81 69 44 91 5 (OT)

150 attelages venus de toute l'Europe participent à la course. Le spectacle et l'ambiance sont exceptionnels.

Proverbes

Les chiens aboient, la caravane passe : *Celui qui est sûr de son chemin ne s'en laisse pas détourner par les désapprobations les plus virulentes.*
Il ne faut pas se moquer des chiens avant d'être sorti du village : *Il ne faut pas rire tant qu'on n'est pas vraiment à l'abri du danger.*
Il viendra un temps où les chiens auront besoin de leur queue : *Rien n'est définitivement inutile, ni personne.*

HÔPITAUX-NEUFS (LES)

❢ Dernier dim. d'août.

Descente des Troupeaux

25370 Les Hôpitaux-Neufs
Tél. 03 49 13 34 (Mairie)

Au printemps, les troupeaux montent vers les pâturages d'altitude. À la fin du mois d'août, les vaches laitières redescendent vers le village. Elles sont décorées de fleurs et de branches de sapin. Les poils qui ont poussé au cours de l'été entre les cornes sont tondus. Les cloches sont astiquées. Elles défilent ainsi jusqu'aux Hôpitaux-Neufs.

JOUGNE

❢ Ouv. TLJ de 8 h 30 à 12 h et de 17 h à 18 h. Clef à prendre à la mairie pendant les heures d'ouverture, sinon à l'hôtel de la Couronne.

❢ Gratuit.

Musée animalier

25370 Jougne
Tél. 03 81 49 11 25 (Mairie)

Créé en 1926, le musée animalier de Jougne présente une collection d'animaux naturalisés de Franche-Comté, mais aussi des anciennes colonies françaises. Vous y verrez entre autres le premier chamois tué au Mont-d'Or en 1897, une chouette de Tengmalm et une mâchoire de requin de l'océan Indien.

LABERGEMENT-SAINTE-MARIE

❢ Réserve : Accès interdit sauf sur les chemins ouverts à la circulation et sur la base de loisirs. Avant de vous rendre sur le site, un passage à la Maison de la Réserve est impératif. Maison de la Réserve : ouv. TLJ pendant les vac. scol. de 14 h à 18 h sauf les 25/12, 1/01 et le dim. de 14 h à 18 h.

❢ Adultes 20 F, enfants de 5 à 14 ans 10 F.

❢ Sorties de découverte organisées par la Maison de la Réserve. Bibliothèque.

Réserve naturelle du lac de Remoray

Maison de la Réserve
28, rue de la Gare
25160 Labergement-Sainte-Marie
Tél. 03 81 69 35 99 – Fax 03 81 69 34 28

La réserve naturelle du lac du Remoray est l'une des zones les plus intéressantes du Haut-Doubs. Elle est réputée pour son avifaune. Vous y verrez des espèces d'oiseaux protégés comme la bécassine des marais, la chouette de Tengmalm ou le héron cendré ainsi que le cygne tuberculé.
La Maison de la Réserve présente plusieurs expositions, entre autres sur la faune et la flore du Haut-Doubs : des animaux naturalisés sont placés dans des milieux reconstitués, mais aussi sur le grand coq de bruyère et sur les campagnols et autres rongeurs. Une salle d'aquariums abrite les poissons du lac. Vous pourrez également voir une riche collection de fossiles et d'ossements (élan, ours, loup), une ruchette d'observation et une fourmilière géante.

26 - DRÔME

ALLEX

❢ Ouv. TLJ de 14 h 30 à 19 h.

❢ Adultes 20 F, enfants de 5 à 13 ans 12 F.

Aquarium tropical

Impasse de la Mairie
26400 Allex
Tél. 04 75 62 62 11

L'aquarium tropical d'Allex vous propose une exposition permanente créée par des bénévoles passionnés par l'aquariophilie : 70 espèces de poissons exotiques dans 20 000 l d'eau. De gros spécimens, tel le cychlasoma du Mexique, des espèces provenant des plus grands lacs africains, ou les fameux piranhas sont présentés.

Le poisson d'avril : Une coutume tardive

Cette tradition est apparue en France au XVIe siècle, puis s'est étendue à l'Allemagne et à l'Angleterre au XVIIe, ensuite à la Pologne et à la Russie et enfin à l'Italie et à la Sicile. Elle donne lieu aux gags les plus divers.

ALLEX

❢ Maison des Ramières : ouv. TLJ sauf lun. en juil. et août de 15 h à 19 h.

❢ Gratuit.

Réserve naturelle des Ramières

Maison des Ramières
Route de la Gare
26400 Allex
Tél. 04 75 62 65 60

La réserve des Ramières longe sur 9 km les rives de la Drôme. La végétation est particulièrement riche et variée. La faune trouve ici des niches naturelles. La réserve est un refuge pour plus de 175 espèces d'oiseaux : milan noir, faucon hobereau, loriot, balbuzard pêcheur. Quatorze familles de castors ont élu domicile dans les Ramières. Ils installent leur terrier-hutte sur les berges de la Drôme et construisent des barrages sur les affluents. A partir de la Maison des Ramières, deux itinéraires s'offrent aux promeneurs, un parcours découverte de 2 km et un sentier piéton de 15 km le long de la Drôme entre Crest et Livron.

BAUME-CORNILLANE (LA)

❢ Ouv. sam., dim. et JF de 13 h 30 à 20 h. Autres possibilités s/RV.

❢ 20 F par personne.

Ferme animalière

Les Moulins
26120 La Baume-Cornillane
Tél. 04 75 60 31 45

En toute liberté, les enfants peuvent caresser chèvres, ânes, chevaux, lapins. Des baptêmes sur poneys, des parcours et jeux équestres sont également proposés.

BOULC

❢ Début mai.

❢ Gratuit.

Concours national de chiens de berger sur troupeaux

Ravel-et-Ferriers
26410 Boulc
Tél. 04 75 22 03 03

A Ravel-et-Ferriers, un dimanche de mai, en début de matinée, le concours national de chiens de berger sur troupeaux vous propose d'assister à l'obtention du brevet de travail et à la sélection pour le championnat de France. Dans l'après-midi, des démonstrations de dressage de chiens et d'autres manifestations sont organisées.

Un chien monstrueux : Cerbère

Dans la mythologie grecque, Cerbère était le gardien des Enfers qui en interdisait l'entrée aux vivants et la sortie aux morts. Il avait trois têtes, une queue de serpent et le dos hérissé de têtes de vipères. Il fut toutefois vaincu par Héraclès dans sa douzième épreuve, et charmé par la lyre d'Orphée qui délivra Eurydice avant de la perdre définitivement.

DIE

❢ Ouv. TLJ en juil. et août de 10 h à 18 h. En juin de 10 h à 12 h et de 14 h à 18 h.

❢ Adultes 28 F, enfants 20 F.

Jardin des Découvertes

Route de Gap
26150 Die
Tél. 04 75 22 17 90

Un jardin climatisé où papillons et oiseaux évoluent en liberté autour des visiteurs. On peut y suivre tous les stades de croissance du papillon, de l'œuf au premier envol, en passant par la chenille et la chrysalide. C'est aussi une initiation à la culture sans terre : l'hydroculture ou l'art de cultiver les végétaux dans une solution d'eau et d'éléments nutritifs de telle sorte que les racines soient implantées dans un support différent de la terre.

DIE

❢ Fin juin.

Fête de la Transhumance

26150 Die
Tél. 04 75 22 03 03 (OT)

Des bergers, des éleveurs et leurs troupeaux, mais aussi des artistes, des chercheurs et des poètes partagent à Die une fête dont le succès ne se dément pas. Une semaine de festival mêle aux passages des brebis la poésie, la littérature, le théâtre et le cinéma. La Fête de la Transhumance a comme vocation de montrer que la pratique ancestrale de la transhumance est toujours actuelle et nécessaire. Ne pas rater les passages des troupeaux.

PIERRELATTE

❢ Ouv. TLJ de juin à sept. de 9 h 30 à 19 h. D'oct. à mai de 9 h 30 à 17 h.

❢ Adultes 40 F, enfants de 3 à 12 ans 25 F.

❢ Bar. Boutique.

❢ Repas des crocodiles dim. de 15 h à 17 h.

Ferme aux Crocodiles

Les Petites Blaches
26700 Pierrelatte
Tél. 04 75 04 33 73

Site unique en Europe, la Ferme aux Crocodiles de Pierrelatte constitue une bonne initiation au monde des crocodiles, ces terribles prédateurs, proches des dinosaures.

Ferme aux crocodiles – 26700 Pierrelatte

Ferme aux crocodiles – 26700 Pierrelatte

Plus de 300 crocodiles du Nil, importés d'une ferme d'Afrique du Sud, issus d'une quatrième génération de crocodiles d'élevage, évoluent librement. Les plus grands mesurent aujourd'hui près de 3 m. Le projet initial des responsables du site était de rentabiliser leur installation en transformant les reptiles en steaks et en sacs à main, mais l'afflux massif de visiteurs et le bas niveau des cours de la viande et de la peau les ont fait changer d'avis. Une gigantesque serre de 4 000 m² reconstitue un climat tropical, en recyclant l'eau chaude produite par l'usine de retraitement d'uranium, toute proche. On observe les crocodiles à partir de passerelles surplombant les bassins. Une exposition conçue par des scientifiques permet de découvrir leur histoire et leur façon de vivre.

Le crocodile : Un animal trompeur?

Une croyance prétend que le crocodile, caché au milieu des roseaux, pleure et gémit tel un humain pour attirer les personnes. L'expression « pleurer des larmes de crocodile » employée dès l'Antiquité par les Grecs et les Romains se réfère à cela puisqu'elle signifie l'hypocrisie, le fait de chercher à émouvoir pour mieux tromper.

SAILLANS

- Ouv. TLJ de mai à sept. de 10 h à 19 h (dern. vis. à 18 h 15).
- Adultes 23 F, enfants de 6 à 12 ans 14 F.
- Vente d'articles de soie.

Magnanerie

26340 Saillans

Tél. 04 75 21 56 60

Jusqu'en 1968, de nombreuses localités de la Drôme pratiquaient la culture du ver à soie. Aujourd'hui, la production française est tombée à moins de 500 kg.

Créée en 1991, la magnanerie de Saillans a comme vocation de préserver le patrimoine culturel et industriel issu de la sériculture. Un élevage témoin de vers à soie, une visite pédagogique et une démonstration du dévidage de cocons ou l'art de trouver le fil de soie permettent de mieux connaître et comprendre la culture du bombyx mori.

SAINT-MARTIN-EN-VERCORS

❢ Ouv. TLJ en juil. et août de 10 h à 12 h et de 14 h à 19 h. HS, de 14 h à 18 h sauf mar.

❢ Adultes 28 F, enfants 20 F.

La Caverne de l'Ours

26420 Saint-Martin-en-Vercors
Tél. 04 75 45 53 96

Le dernier ours des Alpes a été aperçu à Saint-Martin-en-Vercors. Un musée est consacré à l'univers de cet animal. Sous forme de scènes reconstituées, vous découvrirez : l'ours des cavernes avec l'homme de Néandertal, l'histoire vraie de Louis XI rencontrant un ours dans la forêt d'Ambel, le montreur d'ours, diverses documentations sur la battue aux ours et la faune du Vercors avec des animaux naturalisés.

UPIE

❢ Ouv. TLJ en juil. et août de 10 h à 19 h. En hiv. de 10 h à la tombée de la nuit.

❢ Adultes 45 F, enfants à partir de 4 ans 30 F.

❢ Aire de jeux. Aire de pique-nique. Souvenirs. Spectacles de perroquets et vols de rapaces. Balades à poney.

Jardin aux Oiseaux

Quartier Chabeluc
26120 Upie
Tél. 04 75 84 45 90

Dans un jardin de 6 ha, 1 000 oiseaux appartenant à 200 espèces différentes vivent en quasi-liberté, dans de vastes volières ou dans une serre tropicale de 250 m². On se promène à travers les plantes exotiques et les vols des grives orange ou des jacanas. On y rencontre des pélicans roses, perruches jendaya, calaos bicornes, aigrettes sauvages et des nandous blancs.

LE PERROQUET

...
Enfin aucun oiseau n'avait l'air de lui plaire,
Et, dès qu'ils commençaient leurs joyeuses chansons,
Par des coups de sifflet répondant à leurs sons,
Le perroquet les faisait taire.
Lassés de tant d'affronts, tous les oiseaux du bois
Viennent lui dire un jour : « Mais parlez donc, beau sire,
Vous qui sifflez toujours, faites qu'on vous admire.
Sans doute vous avez une brillante voix ;
Daignez chanter pour nous instruire. »
Le perroquet dans l'embarras
Se gratte un peu la tête et finit par leur dire :
« Messieurs, je siffle bien, mais je ne chante pas. »

Jean-Pierre Claris de Florian (1755-1794).

LOUVIERS

Ouv. du mar. au sam. de 9 h 30 à 12 h et de 14 h 30 à 18 h 30. Dim. de 14 h 30 à 18 h 30.

Adultes 25 F, enfants de 4 à 12 ans 15 F.

Aquarium

17, rue Pierre-Mendès-France
27400 Louviers
Tél. 02 32 40 26 62 – Fax 02 32 40 49 54

L'aquarium tropical de Louviers permet de découvrir des poissons d'eau douce, cichlidés, poissons électriques, piranhas ainsi que des poissons de mer, des requins que vous pouvez nourrir le dimanche à 16 h 30. Dans un terrarium, vous observerez différentes espèces de tortues. Des films vidéo agrémentent cette visite.

MARAIS-VERNIER

Le 1er mai.

Fête de l'Estampage des vaches

27680 Marais-Vernier
Tél. 02 32 57 61 62 (Mairie)

À Marais-Vernier, l'estampage des bêtes est une coutume datant du XIIe siècle. Il permet une bonne application des règlements d'utilisation des immenses pâturages qui appartiennent à cette commune. Les bêtes non marquées n'y ont pas droit de pâture. Une forge est installée près du cimetière. Les bêtes sont marquées des lettres MV (Marais-Vernier) à la corne ou au sabot. La journée se termine par le bal de l'estampage.

Le veau gras

Une parabole évangélique relate le départ d'un fils de famille parti gaspiller l'héritage familial. Quand il revient, le père, heureux qu'il soit toujours en vie, fête l'événement en tuant le veau gras. Le retour du fils prodigue illustre le retour à la raison après une rupture.
L'expression « tuer le veau gras » signifie donner une fête sans se soucier de la dépense.

VAL-DE-REUIL

Accès libre.

Réserve ornithologique de la Grande Noé

27100 Val-de-Reuil
Tél. 02 31 43 52 56 (Rens.: Groupe ornithologique normand)
Fax 02 31 93 27 07

Cette réserve héberge plus de 200 espèces d'oiseaux. L'hiver, la Grande Noé est un site d'hivernage important ; elle accueille plus de 10 000 canards (milouins, morillons, colverts, souchets...). Des oiseaux rares comme le fuligule à bec cerclé nord-américain, l'harelde boréal y ont été aperçus.
Deux observatoires et des sentiers agrémentés de panneaux d'information permettent d'observer les oiseaux sans les déranger.
D'octobre à février, des visites ornithologiques sont organisées par le Groupe ornithologique normand.

VERNEUIL-BALINES

Ouv. TLJ de 13 h 30 à 17 h (19 h en été). D'avril à oct., présentation de rapaces à 16 h.

Adultes 38 F, enfants de 5 à 9 ans 28 F.

Le Bois des Aigles

27130 Verneuil-Balines
Tél. 02 32 32 14 75 – Fax 02 32 32 17 80

Au cours d'une promenade, vous découvrirez, dans des volières, des aigles, milans, grands ducs et buses. Une exposition consacrée aux rapaces et une présentation d'oiseaux en vol ou sur le gant complètent la visite.

❢ Aire de jeux. Aire de pique-nique. Buvette.

Une tête et des ailes d'aigle, un corps de lion : Le Griffon

Cet oiseau fabuleux est associé à la force, à la vigilance et à la sagesse. Chez les Grecs, les griffons étaient consacrés à Apollon (dieu de la lumière et de la beauté) à qui ils servaient de monture et ils protégeaient les trésors dont ils étaient les gardiens ; ainsi ils défendaient le cratère de Dionysos (dieu de la vigne) rempli de vin. Ils symbolisent l'obstacle à franchir.

28 - EURE-ET-LOIR

CHARTRES

Ouv. du merc. au dim. de 14 h à 17 h.

Gratuit.

Muséum de Sciences naturelles et de Préhistoire

5 bis, boulevard de la Courtille
28000 Chartres
Tél. 02 37 28 36 09 - Fax 02 37 23 41 99

Créé au début du XIXe siècle, le muséum de Chartres présente une collection d'oiseaux et de petits mammifères naturalisés de France : mésanges, gypaètes barbus, hérissons, renards ainsi qu'une collection d'insectes et une collection paléontologique : restes fossilisés d'éléphant, d'hippopotame, de rhinocéros et de cervidés.

Georges Louis Buffon (1707-1788) :
Une « Histoire naturelle » en 36 volumes

Rationaliste, Buffon affirme la nécessité pour la science de se fonder sur les faits et d'en dégager des lois. Il s'est préoccupé de décrire les espèces animales sous plusieurs points de vue ; physiologique, mœurs, habitat. Il a proposé une classification raisonnée des espèces qu'il a réunies en familles ayant une unité biologique.

CHÂTEAUDUN

Ouv. TLJ d'avril à sept. de 10 h à 12 h 30 et de 13 h 30 à 18 h 30. D'oct. à mars de 10 h à 12 h et de 14 h à 17 h (17 h 30 WE, JF et vac. scol.). Ferm. le mar. sauf juil. et août.

Adultes 17 F, enfants de 6 à 16 ans 11 F.

Musée des Beaux-Arts et d'Histoire naturelle

3, rue Toufaire
28200 Châteaudun
Tél. 02 37 45 55 36 - Fax 02 37 45 54 46

La section Histoire naturelle du musée de Châteaudun rassemble une importante collection d'oiseaux naturalisés (environ 2 500) : oiseaux exotiques, aras, grues, oiseaux-lyres, oiseaux européens, canards, oies et même certains oiseaux méconnus. Des dioramas restituent les animaux de la région dans leur environnement naturel.
Le musée abrite également des papillons, des coquillages et des spécimens naturels rares comme un chat à six pattes et un roi de rats (six rats attachés naturellement par la queue).
Un musée d'histoire naturelle qui perpétue la tradition des cabinets de curiosité du XVIIIe siècle.

CRUCEY-VILLAGES

❢ Ouv. TLJ sauf le mar. du 5 avril au 10 nov. de 11 h à 18 h. HS, rés. obligatoire.

❢ Adultes 30 F, enfants 20 F.

Parc animalier de Véranvilliers

Ferme de Véranvilliers
28270 Crucey-Villages
Tél. 02 37 48 02 03

Sur près de 2 ha, le parc de Véranvilliers rassemble 200 espèces d'animaux domestiques, des poules, canards, oies, pintades, pigeons, dindons, ânes, chèvres, moutons, cochons, taureaux.

> ***Des expressions***
>
> *Méchant comme un âne rouge : Très méchant.*
> *Faire l'âne pour avoir du son : Faire l'imbécile pour tromper et apprendre ce que l'on ignore.*
> *Coup de pied de l'âne : C'est le dernier coup que donne un lâche quand il n'a plus rien à craindre de son adversaire.*
> *Le pont aux ânes : Un obstacle qui ne devrait arrêter personne ; quelque chose qu'on ne peut ignorer.*

NOGENT-LE-ROI

❢ Ouv. TLJ de juil. à sept. de 9 h à 20 h.
D'oct. à avril, sam., dim. et lun., de 9 h à 18 h 30.
De mai à juin, sam., dim., lun. de 9 h à 20 h et merc. après-midi.

❢ Gratuit.

Parc animalier du château

28210 Nogent-le-Roi
Tél. 02 37 51 42 88 (Mairie)

Dans le parc du château de Nogent-le-Roi, d'une superficie de 90 ha, vous verrez une centaine de daims évoluer en toute liberté.

29 - FINISTÈRE

BREST

❢ Ouv. TLJ du 15 juin au 30 sept. de 9 h 30 à 18 h. Du 1er oct. au 14 juin, lun. de 14 h à 17 h (toute la journée pendant les vac. scol.), du mar. au vend. de 9 h 30 à 17 h, sam., dim. et JF de 9 h 30 à 18 h.

❢ A partir de 4 ans, de 27 à 50 F selon l'âge et la période de l'année.

❢ Restauration. Boutique. Médiathèque.

Océanopolis

Port de plaisance du Moulin-Blanc
29000 Brest
Tél. 02 98 34 4040 – Fax 02 98 34 40 69

Véritable maison de la mer, Océanopolis présente 14 aquariums et 67 bacs où sont recréés les plus grands aquariums marins d'Europe à ciel ouvert. Ils accueillent des poissons, mollusques et mammifères marins. Chaque jour, le repas des phoques a lieu dans l'aquarium « Grand Tombant », vous pouvez y assister, un plongeur commente ce spectacle. Un aquarium vidéo permet de jouer à l'explorateur. Des expositions, une médiathèque avec un espace aménagé pour les enfants complètent la visite.

Océanopolis – 29000 Brest

CLOÎTRE-SAINT-THÉGONNEC (LE)

❢ Ouv. TLJ en juill. et août de 14 h à 18 h.

❢ Adultes 13 F, enfants 3 F.

❢ Au départ du musée vis. accompagnée de la réserve biologique des Landes du Cragou.

Musée du Loup

29410 Le Cloître-Saint-Thégonnec
Tél. 02 98 79 70 36 (Mairie)

En Europe occidentale, le loup est en voie de disparition. Dans cette région, il y a une centaine d'années, on tuait encore les loups. Aujourd'hui, ce musée unique en France raconte son histoire.

Un loup très amical

Lors d'une chasse, Arthur, héros de la mythologie celtique, rencontra un vieux loup lui prodiguant des signes d'amitié. Il le ramena avec lui et l'animal lui fit découvrir que sa femme le trompait. Intrigué par le comportement du loup, il le fit interroger par une femme qui connaissait le langage des animaux. Il découvrit que le loup était un homme qui autrefois possédait une baguette magique pouvant transformer les humains en loups. Mais sa femme, amoureuse d'un autre, s'en était servie contre lui. Arthur put retrouver la baguette magique. Il redonna une forme humaine au loup, tua l'amant, et servit sa tête à la femme comme menu.

COMMANA

❢ Ouv. TLJ de Pâques à sept. de 14 h à 18 h. HS, dim. et JF et s/RV.

❢ Vis. guid.: adultes 30 F, enfants de 3 à 12 ans 20 F.

Musée Art et Nature

Village Kervelly
29450 Commana
Tél. 02 98 78 03 43

Le musée Art et Nature présente un monde reconstitué de la faune et la flore sauvages. Des animaux vivants, Peggy le sanglier, Domino le Blaireau, les canards, paons, faisans en semi-liberté côtoient de nombreux animaux naturalisés.

CONCARNEAU

? Ouv. TLJ d'avril à sept. de 10 h à 12 h et de 14 h à 18 h 30.

? Adultes 20 F, enfants de 6 à 14 ans 12 F.

Marinarium du Laboratoire de Biologie marine

Place de la Croix
29110 Concarneau
Tél. 02 98 97 06 59

Fondé en 1859, le marinarium de Concarneau est un lieu de découverte de la mer et des dernières recherches en écologie marine. Il a pour vocation d'inciter au respect du milieu de la mer. Dix bassins présentent la flore et la faune des côtes bretonnes : soles, turbots, raies, bars, lottes, grondins... Des présentations audiovisuelles expliquent les modes de vie des poissons et des crustacés. Des sorties à marée basse sont également organisées.

GOULIEN

? Période conseillée pour visiter la réserve du 15 avril au 15 juil. Maison de la Réserve : ouv. TLJ du 15 mars au 31 août de 10 h à 12 h et de 14 h à 18 h. En été, de 10 h à 18 h.

? 10 F par personne.

? Juill. et août, des randonnées pédestres sont organisées (4 h). Librairie.

Réserve ornithologique

Cap Sizun
Maison de la Réserve
29770 Goulien
Tél. 02 98 70 13 53

Dès le milieu du siècle dernier, les falaises de Goulien sont connues des naturalistes. Vers 1930, les rapports des ornithologues parlent de « milliers » de pingouins et guillemots. Créée en 1959, la réserve ornithologique du Cap Sizun accueille des milliers d'oiseaux de mer, mouettes tridactiles, pétrels fulmar, cormorans huppés, guillemots de Troïl, plusieurs espèces de goélands et une espèce très rare, le crave à bec rouge. C'est un troupeau de moutons qui est chargé d'entretenir la lande. L'observation se fait strictement à partir des sentiers balisés.

Un oiseau fabuleux : Le Phénix

D'origine éthiopienne, le Phénix était un oiseau d'une splendeur incomparable et d'une longévité extraordinaire. Il avait le pouvoir de renaître de ses cendres, après s'être consumé sur un nid de brindilles parfumées appelé immortalité. Il est le symbole de la résurrection et de l'immortalité dans de nombreuses civilisations.

HANVEC

? Ouv. TLJ de juin à sept. de 10 h à 19 h. De fév. à avril et d'oct. à déc., merc., dim. et JF de 10 h à 12 h et de 13 h à 18 h. En mai , TLJ sauf sam. de 13 h 30 à 17 h 30. Vac. scol. (toutes zones) hormis l'été de 10 h 30 à 12 h et de 13 h à 18 h. Ferm. en janv.

? Adultes 20 F, enfants 14 F.

Parc animalier de Menez Meur

D342
29640 Hanvec
Tél. 02 98 68 81 71 – Fax 02 98 21 92 85

Un sentier permet de découvrir, dans de vastes enclos, des animaux sauvages, loups, sangliers, daims, cerfs élaphe et de sika mais aussi des animaux domestiques, vaches bretonnes, moutons d'Ouessant, chevaux bretons, poneys et des aurochs, cette espèce de vache archaïque reconstituée génétiquement. Vous pourrez également visiter la Maison du Cheval breton.

Proverbes

A chacun son métier, les vaches n'en sont que mieux gardées : *Si chacun ne s'occupe que de ce qu'il sait faire, tout n'en ira que pour le mieux.*
Vache de loin a assez de lait : *Tout paraît beau de loin.*
Qui mange la vache du roi à cent ans de là en paye les os : *Si l'on nuit à plus fort que soi, on en supporte les conséquences pendant longtemps.*

PEUMÉRIT

Ouv. TLJ en juil. et août de 10 h à 19 h. En avril, mai, juin, sept. de 14 h à 19 h. De Pâques à déc., dim. et JF de 14 h à 19 h et pendant les vac. scol.

Adultes 20 F, enfants de 3 à 12 ans 10 F.

Zoo de la Pommeraie

Le Bourg, route Plommeur
29710 Peumérit
Tél. 02 98 82 90 03

Dans le pays bigouden, le zoo de la Pommeraie héberge plus de 200 animaux : des bisons d'Amérique, kangourous, ours, chameaux, zèbres, lamas, singes, yacks du Tibet, pélicans, perroquets, émeus et grues. Certains animaux vivent même en liberté : des chèvres naines du Sénégal, des moutons nains noirs, et vous accompagnent lors de votre visite.

ROSCOFF

Ouv. TLJ de Pâques à la Toussaint de 10 h à 12 h et de 13 h à 18 h (19 h en juil. et août).

Adultes 25 F, enfants à partir de 6 ans 13 F.

Aquarium marin de la station biologique

Place Georges-Teissier
29680 Roscoff
Tél. 02 98 29 23 23 – Fax 02 98 29 23 24

L'aquarium de Roscoff permet d'observer 150 espèces animales et végétales sous-marines de la Manche : hippocampes, seiches, raies, pieuvres et requins. Des panneaux explicatifs vous informent sur chacune des espèces. Régulièrement des expositions temporaires ont lieu traitant de l'océanographie et essayant de vulgariser le travail effectué par les laboratoires de recherches scientifiques. La station biologique dépend du CNRS et de l'Université de Paris-VI.

Océanopolis – 29000 Brest

BEAUCAIRE

Spectacles tous les après-midi en juil. et août. De fin mars à la Toussaint, tous les après-midi sauf merc.

Adultes 45 F, enfants de 5 à 12 ans 25 F.

Vis. du château et de son parc.

Les Aigles de Beaucaire

Château de Beaucaire
30300 Beaucaire
Tél. 04 66 59 58 33 – Fax 04 66 59 50 84

Dans l'enceinte du château royal de Beaucaire, un spectacle médiéval de rapaces en vol libre est présenté en costumes d'époque. La visite des aires de repos des oiseaux est possible.

BEAUCAIRE

Le 21 juil. et les 6 j. suiv.

Fête des Estivales

30300 Beaucaire
Tél. 04 66 59 26 57 (OT)

Les Estivales sont la reconstitution de la foire de Beaucaire. Un marché médiéval est organisé ainsi que des spectacles taurins variés : corridas, novilladas, courses camarguaises mais aussi plusieurs encierros (lâcher de taureaux dans la rue). L'abrivado de Beaucaire est impressionnant : encadrés par des gardians à cheval, 100 taureaux (10 groupes de 10) sont lâchés.

Un voleur de bœufs : Hermès

Hermès, dieu grec des voyages, réputé pour son intelligence, encore bambin, déroba à son frère Apollon une cinquantaine de bœufs de son troupeau, qu'il emmena dans une caverne. Il put se faire pardonner de son larcin en offrant à Apollon sa lyre qu'il avait fabriquée avec une carapace de tortue sur laquelle étaient tendus de la peau et des nerfs de bœuf.

GRAU-DU-ROI (LE)

Ouv. TLJ en juil. et août de 9 h 30 à 24 h. Sept., mai et juin de 9 h 30 à 21 h. D'oct. à déc. et de janv. à avril de 9 h 30 à 12 h et de 14 h à 19 h. Ferm. les 3 dern. sem. de janv. et la prem. sem. de fév.

Adultes 42 F, enfants de 6 à 12 ans 22 F.

Seaquarium

Avenue du Palais de la mer
30240 Le Grau-du-Roi
Tél. 04 66 51 57 57 – Fax 04 66 51 55 00

L'aquarium du Grau-du-Roi rassemble une grande variété de poissons et d'invertébrés dans des aquariums géants. Mais un des intérêts de la visite est le tunnel à requins situé au cœur d'un bassin de 400 000 l d'eau où vous verrez évoluer des requins-marteaux et léopards, des pointes noires et citron. Des fiches didactiques présentent chaque espèce.

LANUEJOLS

Ouv. TLJ de juin à sept. de 10 h à 19 h. Avril, mai et oct., dim. et JF de 14 h à 17 h. Ferrades : merc., sam., dim. à 19 h. Tél. pour connaître les dates avec précision.

Vis. guid.: adultes 25 F, enfants de 6 à 12 ans 15 F. Ferrade : adultes 40 F, enfants jusqu'à 12 ans 25 F. Ferrade + repas : adultes 150 F, enfants 75 F.

Les Bisons de Lanuejols

30750 Lanuejols
Tél. 04 67 82 73 74 – Fax 04 67 82 74 34

70 bisons d'Amérique évoluent en semi-liberté sur 300 ha, ils conservent ainsi leur instinct sauvage. Au cours de la visite guidée de l'élevage de Lanuejols, vous découvrirez cet animal aussi rapide que le cheval au galop et capable de sauter un obstacle de 1,50 m. Vous visiterez le corral qui permet de manipuler les bisons : pesée, soins vétérinaires, chargements et ferrades.

Un diaporama de 30 mn vous fera revivre l'histoire de cet animal mythique.

❢ Vente de produits issus de l'élevage. Buvette. Ferme-auberge.

L'élevage de Lanuejols vous propose d'assister à des ferrades de bisons.
La ferrade est l'opération de marquage au fer des bisons, à la méthode américaine, afin de pouvoir identifier chaque animal. Les bisons sont rassemblés dans leur parc, ramenés vers le corral et triés à cheval. Les animaux sélectionnés sont ensuite marqués de trois chiffres. Le marquage au fer n'est pas douloureux pour les animaux car le fer brûle la laine et la partie superficielle du cuir, d'ailleurs les bisons ne bougent pas au contact du fer. Chaque ferrade est suivie d'un repas.

NÎMES

❢ Ouv. TLJ de juin à déc. de 9 h à 19 h. De janv. à mai de 9 h 30 à 12 h et de 14 h à 18 h. Ferm. les 1/01, 1/05, 1/11, 11/11 et 25/12.

❢ Adultes 24 F, enfants 18 F.

Musée d'Histoire naturelle

13 bis, boulevard Amiral-Courbet
30000 Nîmes
Tél. 04 66 67 39 14

Installé dans l'ancien collège des jésuites, le musée d'Histoire naturelle de Nîmes rassemble une intéressante collection d'animaux de la région, mais aussi des mammifères et reptiles du monde entier ainsi qu'une collection d'animaux bicéphales.

NÎMES

❢ Le WE de la Pentecôte, du jeu. au lun.

❢ La feria des Vendanges : le 3e WE de sept., du vend. au dim.

Feria de Nîmes

30000 Nîmes
Tél. 04 66 67 29 11 (OT)

La feria de Nîmes est l'une des plus grandes fêtes de France. Un grand défilé, la Pégoulade, avec des chevaux, des musiciens et des gardians à cheval ouvre officiellement la feria après la corrida du jeudi. Ensuite, chaque jour à 18 h, une corrida a lieu. Des novilladas et une corrida équestre sont également organisées. Le vendredi soir, un concours d'abrivados récompense une manade (élevage de taureaux).

SAINT-HIPPOLYTE-DU-FORT

❢ Ouv. TLJ en juil. et août de 10 h à 19 h. D'avril à nov. de 10 h à 12 h 30 et de 14 h à 18 h 30 et pendant les vac. scol.

❢ Adultes 22 F, enfants de 5 à 16 ans 15 F.

❢ Ateliers d'art liés à la soie.

Pavillon-Musée de la Soie

Place du 8-Mai-1945
30170 Saint-Hippolyte-du-Fort
Tél. 04 66 77 66 47 – Fax 04 66 85 44 71

La soie était la principale industrie des Cévennes jusqu'à la fin du XIXe siècle. Le Pavillon-Musée de la Soie retrace l'histoire de cette activité. On y découvre toutes les étapes de la transformation soyeuse jusqu'à la fabrication de produits confectionnés. De mai à octobre, vous pourrez voir des vers à soie dévorant des feuilles de mûriers.
De nombreuses expositions sont organisées.

SAINT-GILLES-DU-GARD

❢ Ouv. TLJ en juil. et août de 9 h à 12 h et de 15 h à 19 h. HS de 9 h à 12 h et de 14 h à 17 h sauf dim. Ferm. janv. et JF.

❢ Gratuit.

❢ Collections archéologique et etnographique.

Maison romane

Rue de la Maison romane
30800 Saint-Gilles-du-Gard
Tél. 04 66 87 40 42

Situé dans une belle bâtisse médiévale, le musée de la Maison romane présente une collection ornithologique exceptionnelle d'oiseaux du Gard et de la Camargue dans des scènes reconstituant leurs milieux naturels. Elle fut réunit au XIXe siècle par François Roussillon qui légua à la ville son cabinet d'histoire naturelle.

SAINT-JEAN-DU-GARD

Ouv. TLJ de 9 h 30 à 20 h.

Adultes 46 F, enfants de 13 à 16 ans 38 F, de 4 à 12 ans 28 F.

Atlantide Parc

30270 Saint-Jean-du-Gard

Tél. 04 66 85 32 32 – Fax 04 66 85 18 71

Atlantide Parc rassemble 52 aquariums où évoluent des poissons des mers tropicales et des rivières amazoniennes et asiatiques. Vous y verrez des piranhas, des requins et des poissons électriques qui allument des spots de couleur.
La distribution de la nourriture aux requins est un spectacle impressionnant, elle a lieu les mardis, jeudis et dimanches.

SAINT-JULIEN-DE-CASSAGNAS

Ouv. TLJ en juil. et août de 9 h à 19 h. HS de 9 h à 12 h et de 14 h à 17 h.

Adultes 30 F, enfants de 5 à 15 ans 20 F.

Parc ornithologique des Isles

30500 Saint-Julien-de-Cassagnas

Tél. 04 66 25 74 16

Sur 5 ha, ce parc abrite plus de 1 000 oiseaux de 73 espèces différentes provenant du monde entier. Vous y verrez, dans des parcs et volières, des autruches, émeus, grues, cacatoès, aras et, près des étangs, des canards, ibis sacrés, pélicans, cigognes...
Le long du parcours, des panneaux vous informent sur leur mode de vie et ajoutent une note pédagogique à cette agréable promenade.

UZÈS

Vis. guid. mar. et vend. en juil. et août à 15 h.

Adultes 15 F, enfants 8 F.

Haras national

30700 Uzès

Tél. 04 66 22 68 88 (OT) ou 04 66 22 33 11 – Fax 04 66 22 95 19

Fondé en 1972, cet établissement abrite 70 étalons de selle, de trait et des chevaux de Camargue qui sont indissolublement liés au taureau. Au début du XXe siècle, ils survivent seulement dans le delta, jusqu'à ce que « Crin blanc » leur rende leurs lettres de noblesse. Cheval de selle rustique, il est élevé en plein air dans les marais.

Crin blanc : Un cheval camarguais

« Crin blanc » est l'histoire, en Camargue, de l'amitié entre un cheval sauvage et un enfant. D'inspiration rousseauiste, il est un hymne à l'harmonie avec la nature. Ce film d'Albert Lamorisse, de 1953, a eu le Prix Jean-Vigo. Il continue de séduire un large public par la qualité de sa réalisation et la poésie de son univers.

31 - HAUTE-GARONNE

Muséum d'histoire naturelle – 31000 Toulouse

BAX

Ouv. TLJ de mi-juin à mi-sept. de 11 h à 18 h 30. HS, le WE de 11 h à 18 h 30.

Adultes 25 F, enfants de 4 à 16 ans 15 F.

Insectarium du Volvestre et serre à papillons guyanaise

Centre Cetonia
31310 Bax
Tél. 05 61 87 17 02

L'insectarium du Volvestre présente, dans de petits terrariums paysagers, 50 espèces différentes d'insectes et d'arachnides spectaculaires vivants ; de la mygale au corps recouvert de poils, aux phasmes qui prennent l'apparence de brindilles ainsi que les principaux insectes de nos mares.

Dans la serre tropicale, la jungle guyanaise a été reconstituée. De mai à septembre, 300 papillons amazoniens volent librement ; le calligo appelé aussi papillon-hibou, l'attacus impérator, le plus gros papillon du monde dont les ailes séchées et dépliées mesurent plus de 20 cm d'envergure. Élevés en Guyane, ils arrivent chaque semaine sous forme de chrysalides pour éclore ici.

Une ruche vitrée vous permet d'observer 80 000 abeilles qui travaillent devant vous. Un sentier de découverte avec des panneaux d'information sur les insectes sauvages vous est également proposé.

Le centre Cetonia est aussi le plus grand centre d'élevage d'insectes tropicaux. Il fournit les amateurs d'élevages insolites, les écoles, les musées, les laboratoires mais aussi le cinéma et la télé.

LA SAUTERELLE

Serait-ce le gendarme des insectes ?
Tout le jour, elle saute et s'acharne aux trousses d'invisibles braconniers qu'elle n'attrape jamais.
Les plus hautes herbes ne l'arrêtent pas.
Rien ne lui fait peur, car elle a des bottes de sept lieues, un cou de taureau, le front génial, le ventre d'une carène, des ailes en celluloïd, des cornes diaboliques et un grand sabre au derrière.
...

Jules Renard (1864-1910).

MÉRENVIELLE

❢ Ouv. TLJ de 14 h à 18 h Vis. guid. dim. et JF (dern. vis. à 17 h).

❢ Adultes 30 F, enfants de 7 à 14 ans 24 F.

❢ Boutique. Musée-ferme du XIXe siècle avec son matériel.

Bisonnerie de Borde-Basse

Route d'Auch
31530 Mérenvielle
Tél. 05 61 06 54 47 - Fax 05 61 06 54 49

A la bisonnerie de Borde-Basse, on a la sensation d'être coupé de la civilisation. Bisons, yacks, aurochs, cerfs et chevaux sont élevés en semi-liberté sur 50 ha. Un audiovisuel sur les animaux complète la visite.

PLAISANCE-DU-TOUCH

❢ Ouv. TLJ d'avril à sept. de 9 h 30 à 20 h. D'oct. à mars de 10 h à 18 h.

❢ Adultes 50 F, enfants de 2 à 10 ans 30 F.
❢ Bar. Boutique.

African Safari

41, rue des Landes
31830 Plaisance-du-Touch
Tél. 05 61 86 45 03 - Fax 05 61 06 70 18

African Safari comprend un parc zoologique et une réserve africaine où 450 animaux sont rassemblés. 400 d'entre eux vivent dans le parc dont certains en voie de disparition comme la panthère mouchetée, le tigre de Sibérie et le jaguar noir. Ici, des panneaux informent les visiteurs sur le mode de vie de chaque animal ; c'est l'aspect pédagogique qui est mis en avant.

African Safari – 31830 Plaisance-du-Touch

Dans la réserve africaine de 15 ha que vous visiterez en voiture, ce sont 50 animaux qui évoluent dans des conditions proches de la liberté totale. Vous y verrez des antilopes, zèbres, gnous, autruches, rhinocéros, watussis, lions, dromadaires...

Proverbes

A la griffe, on reconnaît le lion : *C'est par la valeur du travail qu'on juge celui qui l'a fait.*
A l'ongle, on connaît le lion : *Une personne supérieure se dévoile dans le moindre indice.*
Coudre la peau du renard à celle du lion : *Unir la ruse à la force.*
Mieux vaut être chien vivant que lion mort : *Quelle que soit la condition, la vie est ce qu'il y a de plus précieux.*

TOULOUSE

Ouv. TLJ de juin à sept. sauf le mar. de 10 h à 18 h. D'oct. à mai de 10 h à 17 h.

Adultes 10 F. Gratuit pour les moins de 18 ans.

Collections en sciences de la terre et de l'homme.

Muséum d'Histoire naturelle

35, allée Jules-Guesde
31000 Toulouse
Tél. 05 61 52 00 14 - Fax 05 61 55 42 75

Ce muséum regroupe l'une des plus importantes collections d'histoire naturelle de France. La plus belle salle est sans doute la galerie des mammifères avec la deuxième collection de singes naturalisés. Il rassemble aussi une importante collection d'oiseaux européens (26 000) et exotiques. Vous y verrez aussi des poissons, des insectes, des coquillages, des reptiles dont le seul spécimen en France du varan de Komodo ainsi qu'un squelette d'éléphant des Indes.

Des monstres aux cheveux de serpents : Les Érinyes

Assimilées aux Furies dans les légendes grecques, elles avaient un aspect épouvantable avec leurs cheveux entremêlés de serpents et elles pleuraient des larmes de sang. Elles étaient trois et l'une d'entre elles se nommait Mégère. Elles étaient des instruments de la vengeance divine et poursuivaient sans fin ceux qui s'étaient rendus coupables d'une faute. Aujourd'hui, les noms « mégère » et « furie » désignent des femmes déchaînées et méchantes.

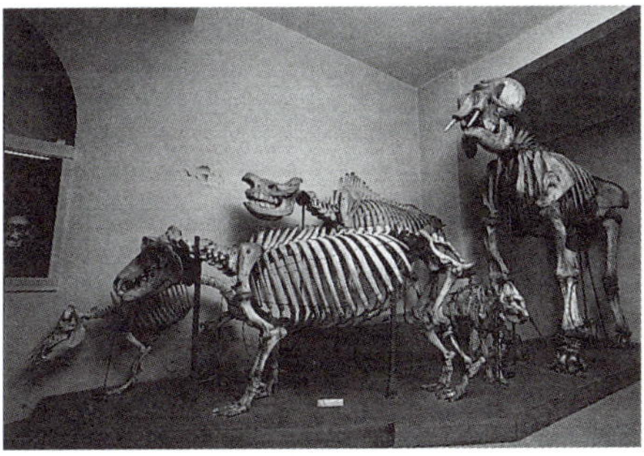

Muséum d'histoire naturelle – 31000 Toulouse

32 - GERS

MARCIAC

Ouv. TLJ sauf sam. et dim. de 9 h à 12 h et de 14 h à 17 h.

Adultes 10 F. Gratuit jusqu'à 12 ans.

Musée Joseph-Abeilhé

Place de l'Hôtel-de-Ville
32230 Marciac
Tél. 05 62 09 38 03

Ce musée réunit une belle collection de mammifères et d'oiseaux naturalisés de France. Vous y verrez également des mollusques marins ainsi qu'une collection d'insectes. Une collection de fossiles est également présentée comprenant des pièces intéressantes comme des molaires de dinothérium et des mastodontes.

33 - GIRONDE

AILLAS

⁝ Ouv. du vend. au lun. de 15 h à 18 h.

⁝ Gratuit.

⁝ Vente de produits issus de l'élevage.

Élevage de Chèvres angoras

La Toison Douce
33124 Aillas
Tél. 05 56 65 32 74

Originaire de la province d'Ankara en Turquie, la chèvre angora est élevée pour sa superbe toison, « le mohair ». Le troupeau est tondu deux fois par an. Divers produits sont réalisés à partir de cette fibre noble et naturelle. Tout cela vous sera expliqué lors de votre visite à la Toison Douce.

Expressions et Proverbes

Ménager la chèvre et le chou : *Faire la part des choses et ne pas s'engager.*
Devenir chèvre : *S'emporter.*
Où la chèvre est attachée, il faut qu'elle broute : *Il faut savoir vivre où l'on se trouve en fonction de ses ressources.*

ARCACHON

⁝ Ouv. TLJ de juin à août de 9 h 30 à 12 h 30 et de 14 h à 20 h. De sept. au 13 nov. et du 20 mars au 31 mai de 10 h à 12 h 30 et de 14 h à 19 h.

⁝ Adultes 22 F, enfants de 4 à 10 ans 14 F.

Musée-aquarium

2, rue du Professeur-Jolivet
33120 Arcachon
Tél. 05 56 83 33 32 ou 05 56 22 39 03 – Fax 05 56 83 51 04

Le musée d'Arcachon présente un aquarium marin regroupant 500 poissons les plus intéressants de la faune régionale, tortues, pieuvres, hippocampes, congres ainsi qu'une section zoologique et ostréicole.

ARCACHON

⁝ Ouv. TLJ de 14 h à 18 h sauf dim. et JF.

⁝ Adultes 13 F, enfants 8 F.

Aquarium tropical

8, allée José-Maria-de-Heredia
33120 Arcachon
Tél. 05 56 83 19 52 – Fax 05 56 83 18 29

Près d'une vingtaine d'aquariums rassemblent, à travers 17 bassins, des poissons d'eau douce (fleuves et lacs), d'eau saumâtre (estuaires et mangroves) et d'eau de mer (récifs coralliens et lagons) de différents milieux tropicaux. Une bande sonore guide le visiteur d'un continent à l'autre pendant environ 30 mn.

BORDEAUX

⁝ Ouv. TLJ sauf mar. et JF de mi-juin à mi-sept. de 14 h à 18 h. De mi-sept. à mi-juin de 14 h à 17 h 30.

⁝ Adultes 18 F, enfants à partir de 10 ans 9 F. Gratuit le mercredi.

Musée d'Histoire naturelle

Hôtel de Lisleferme
5, place Bardineau
33000 Bordeaux
Tél. 05 56 48 26 37 – Fax 05 56 01 28 59

Le musée d'Histoire naturelle de Bordeaux abrite une collection d'animaux naturalisés de la région et du monde entier : mammifères, oiseaux, reptiles, papillons. Vous y verrez de nombreux squelettes, de la baleine bleue à la grenouille. Des jeux-enquêtes sur les expositions temporaires et sur la salle de la préhistoire sont proposés aux jeunes visiteurs ainsi qu'un grand jeu fondé sur le principe du jeu de l'oie.

La baleine : Le lard de carême

Au Moyen Âge, on débitait des baleines pendant les jours maigres et elles constituaient le principal repas des pauvres. On appelait cette nourriture cratois ou lard de carême et elle était très indigeste.

BRUGES

❢ Ouv. TLJ sauf jeu. et vend. de 10 h à 18 h.

❢ Gratuit.

❢ Des vis. guid. sont organisées (perm. tél. le mar. mat. de 9 h à 12 h).

Réserve naturelle du Marais de Bruges

33520 Bruges

Tél. 05 56 57 09 89

Aux portes de Bordeaux, la réserve naturelle du Marais de Bruges est placée sur un des axes migratoires les plus importants d'Europe. Plus de 180 espèces ont été observées. Certaines espèces viennent passer l'hiver comme les bécassines des marais, vanneaux, sarcelles, hérons cendrés, aigrettes garzettes, d'autres font étape lors de leur migration, spatules, balbuzards, avocettes, chevaliers, cigognes noires, cigognes blanches. La présence d'abris, haies, arbres morts favorisent la nidification de nombreux oiseaux, hérons cendrés, cigognes blanches, milans noirs, pies-grièches. Depuis peu la présence de plusieurs visons, espèce rare en Europe, a été constatée. Au Marais de Bruges, ce sont les vaches Casta (il n'en survit seulement que 100 têtes, dont une vingtaine dans la réserve) et les poneys landais (qui sont avec le cheval camarguais la seule race française de marais et milieux humides) qui sont chargés de pâturer les prairies humides. Le pâturage par des animaux herbivores a l'avantage de ne pas éliminer au même moment tous les végétaux présents et par conséquent favorise la fructification de toutes les espèces végétales.
Un sentier de découverte avec des postes d'observation a été réalisé.

La pie : Le symbole de la jacasserie

Dans une légende grecque, neuf jeunes filles, les Pierides, voulurent rivaliser avec les neuf Muses, sources d'inspiration des poètes, célèbres pour leurs chants et leurs danses. Battues lors du concours de chant, elles furent transformées en pies. L'oiseau signifie ici la présomption et le verbiage. La pie est aujourd'hui communément associée au bavardage : être bavard comme une pie.

CUSSAC-FORT-MÉDOC

❢ Dernier WE d'août, du jeu. au dim.

❢ Entrée 50 F par voiture.

❢ Restauration sur place.

Concours d'Attelage du château Lanessan

Château Lanessan

33460 Cussac-Fort-Médoc

Tél. 05 56 58 94 80 – Fax 05 56 58 93 10

Ce concours d'attelage comporte les épreuves suivantes : dressage, maniabilité et marathon. De nombreuses nations européennes y participent. Le jeudi, un concours d'élégance est organisé et les attelages défilent dans les rues de Bordeaux.

Le cheval : Un conducteur de chariots

Au Xe siècle, on a commencé à utiliser le cheval pour tirer les chariots en remplacement de la main-d'œuvre humaine. Ces transports par chariots ont permis de développer les marchés et commerces sur de longues distances. Cette évolution va de pair avec la disparition de l'esclavage et la diminution du servage.

GRIGNOLS

• Vis. guid. du 15 juin au 15 sept., merc., sam., dim. et JF à 15 h 30 et 16 h 30. Du 16 sept. au 1er nov. et du 15 fév. au 14 juin, dim. et JF à 15 h 30 et 16 h 30.

• Adultes 23 F, enfants de 3 à 12 ans 18 F.

• Boutique.

Autruches-Land

33690 Grignols
Tél. 05 56 25 60 26 – Fax 05 56 25 54 05

Autruches-Land est un des plus grands centres d'élevage d'autruches. Vous découvrirez l'univers des ratites : autruches, émeus, nandous, casoars. Spécialisée dans la reproduction, l'exploitation permet l'observation des différents stades du développement des animaux, de l'œuf au reproducteur. D'avril à septembre, on peut observer des parades nuptiales, entendre le rugissement grave des mâles et s'attendrir devant les autruchons. Après cette visite, vous connaîtrez tout sur la technique d'élevage des autruches, la couvaison artificielle et la sélection des reproducteurs.

GUJAN-MESTRAS

• Ouv. TLJ du 25 mai au 8 juin de 14 h à 18 h 30. Du 9 juin au 1er sept. de 10 h à 19 h 30.
Heure des biberons : 11 h, 14 h, 15 h, 16 h, 17 h et 18 h.

• Adultes 43 F, enfants de 2 à 12 ans 33 F.

• Parc d'attractions. Aire de pique-nique.

La Coccinelle

Parc de loisirs de La Hume
33470 Gujan-Mestras
Tél. 05 56 66 30 41 – Fax 05 56 66 79 46

La Coccinelle est un parc d'animaux domestiques où l'on peut découvrir 800 animaux : poules, pigeons, chèvres angoras, lapins... et leurs maisonnettes : le poulailler, le pigeonnier, l'étable, l'écurie. On peut les approcher, les caresser, les câliner et les enfants peuvent même donner le biberon aux agneaux, chevreaux et veaux.

LAPINS

...
Nous sommes les petits lapins,
C'est le poil qui forme nos bottes,
Et, n'ayant pas de calepins,
Nous ne prenons jamais de notes.

Et, dans la bonne odeur des pins
Qu'on voit ombrageant les clairières,
Nous sommes les tendres lapins
Assis sur leurs petits derrières.

Théodore de Banville (1832-1891).

LACANAU

• Accès libre.

• Vis. guid. du 15 juin au 15 sept. Renseignements auprès des OT de Lacanau et de Carcans.

Réserve naturelle de l'Étang de Cousseau

33680 Lacanau
Tél. 05 56 03 34 94 (OT Carcans) ou 05 56 03 21 01(OT Lacanau)

De nombreux oiseaux fréquentent la réserve naturelle de Cousseau : certains, comme l'oie cendrée, y font seulement escale à l'automne et au printemps, durant leur voyage migratoire. D'autres, dont plusieurs espèces de canards et la bécasse des bois, y séjournent tout l'hiver et repartent plus au nord avec l'arrivée du printemps. La rousserolle et le coucou arrivent alors du sud pour y passer la belle saison et y faire leur nid. D'autres encore, espèces nombreuses de rapaces et de passereaux notamment, restent sur place toute l'année. Les périodes de migration printanière et automnale sont les moments privilégiés pour observer un grand nombre d'espèces d'oiseaux.
Un sentier d'interprétation permet de découvrir la vie de l'étang. En été, des guides-nature proposent des visites (le dispositif d'interprétation du site, sentier, documentation, visites guidées... a obtenu le prix Eurosite 1993). Comme dans tout milieu naturel, vous devez faire attention à ne pas dégrader le site et à ne pas déranger les êtres vivants.

AUX MOUETTES

Je vous envie autant que je vous aime, oiseaux
Qui traversez sans moi tout l'infini des eaux.

Vous qui passez battant tout l'infini des ailes,
Rendez-moi, rendez-moi comme vous infidèle !

Que je sois libre ainsi que vous dans le ciel clair,
Que mon domaine soit le règne de la mer !

...

Renée Vivien (1877-1909).

LAGORCE

Ouv. TLJ de 9 h à la nuit.

Adultes 40 F, enfants 30 F.

Parc ornithologique

Laguirande
33230 Lagorce
Tél. 05 57 49 13 02 – Fax 05 57 49 15 46

Le parc ornithologique de Lagorce présente la plus importante collection d'oiseaux exotiques du Sud-Ouest : aras, cacatoès, perroquets, flamants roses, grues, cigognes, ibis, spatules, aigles, autruches, émeus, casoars, canards, faisans, colombes...

PESSAC

Ouv. TLJ à partir de 8 h jusqu'à la nuit.

Adultes 40 F, enfants de 2 à 12 ans 30 F.

Pique-nique autorisé. Restauration rapide. Parc d'attractions.

Zoo de Bordeaux

Chemin du Transvaal, rocade de Bordeaux
33600 Pessac
Tél. 05 56 36 46 28 – Fax 05 56 36 68 76

Le zoo de Pessac rassemble 400 animaux de 110 espèces différentes. Les installations ont été restructurées, modernisées et redécorées et de nouveaux animaux s'y sont installés.

TEICH (LE)

Ouv. TLJ de 10 h à 18 h (22 h juil. et août).

Adultes 32 F, enfants 22 F.

Restaurant. Boutique de l'oiseau. Location de jumelles.

Parc ornithologique du Teich

Maison de la Nature du bassin d'Arcachon
33470 Le Teich
Tél. 05 56 22 80 93 – Fax 05 56 22 69 43

Le parc ornithologique du Teich est situé à l'embouchure du delta de la Leyre sur l'une des plus importantes voies migratoires d'Europe. Les oiseaux migrateurs se mélangent aux oiseaux sédentaires et forment l'un des plus beaux sites d'observation d'oiseaux.
Depuis sa création, en 1970, bien des choses ont changé, les oiseaux fréquentant le delta ont été multipliés par 250. L'aigrette garzette absente de cette région forme maintenant au Teich la plus grande colonie nicheuse d'Europe. 35 000 oiseaux fréquentent régulièrement le parc. Certains sont sédentaires comme la poule d'eau et le râle d'eau. D'autres nichent sur place, c'est le cas des cigognes, oies et cygnes. D'autres, enfin, y font escale comme le canard chipeau, la sarcelle d'été, le petit gravelot et les petits échassiers. Des sentiers de 2 à 6 km, 13 cabanes d'observation aux noms évocateurs, observatoire du Souchet, observatoire du Cormoran, observatoire de l'Aigrette, sont autant d'occasions de surprendre les oiseaux. Des panneaux vous permettent de les identifier. Le nombre et la répartition des oiseaux varient selon les saisons et on ne se lasse pas de visiter ce parc.

TEICH (LE)

• Ouv. TLJ de fin mars au 11 nov. de 10 h à 18 h.

• Vis. guid.: adultes 35 F, enfants 25 F.

• Aire de jeux. Aire de pique-nique

Serre aux Papillons

Rue du Port
33470 Le Teich
Tél. 05 56 22 62 70 - Fax 05 56 22 69 96

Dans une serre de 1 000 m^2, la plus grande volière à papillons de France rassemble plus de 500 papillons de 40 espèces différentes : magnifiques morphos bleus, idéas leucones d'Asie du Sud-Est, agrias claudina aux ailes bleu et rouge et tant d'autres encore évoluent librement et se posent dans une forêt tropicale où fleurissent des orchidées, hibiscus, bougainvillées. Ces plantes tropicales sont indispensables à l'élevage des papillons. Le pollen des fleurs constitue leur principale source de nourriture. A l'aide d'une petite trompe ils se nourrissent de nectar.
En permanence dans ce centre d'élevage vous pourrez observer le cycle de vie complet du papillon : œuf, chenille, chrysalide et papillon. La serre dispose aussi de son propre centre d'élevage au Costa Rica.
Un élevage de vers à soie et une ruche transparente sont également présentés.
Vous visiterez également le laboratoire avec microscope, couveuse et éclosoir. Un espace informatique avec des jeux interactifs sur les papillons. La volière est reliée à Internet et peut entrer en contact avec toutes les volières à papillons du monde (200 dont 10 en France).

LA CHENILLE

Le travail mène à la richesse.
Pauvres poètes, travaillons !
La chenille en peinant sans cesse
Devient le riche papillon.

Guillaume Apollinaire (1880-1918).

TESTE (LA)

• Ouv. TLJ de Pâques au 15 mai de 14 h à 19 h. Du 16 mai au 15 sept. de 10 h à 19 h. HS, sam., dim., JF et vac. scol. de 14 h à 18 h.

• Adultes 45 F, enfants 35 F.

• Musées pittoresques (gratuit).
Parc d'attractions (gratuit).

Zoo du Bassin d'Arcachon

33120 La Teste
Tél. 05 56 54 71 44 - Fax 05 56 54 14 02

Le zoo d'Arcachon est l'un des plus grands de France. Il rassemble des fauves, zèbres, chimpanzés et des ours du Canada avec la plus grande fosse aux ours d'Europe. Vous aurez peut-être la chance d'assister à la tétée des bébés fauves et à la collation des plantigrades.

34 - HÉRAULT

CAP-D'AGDE

• Ouv. TLJ en juil. et août de 10 h à 22 h. HS, de 14 h à 19 h.

• Adultes 35 F, enfants de 6 à 12 ans 26 F.

• Boutique.

Aquarium marin

Quartier de l'Avant-Port
34300 Cap-d'Agde
Tél. 04 67 26 14 21 - Fax 04 67 26 65 16

Créé en 1991, l'aquarium du Cap-d'Agde est un aquarium exclusivement marin présentant des poissons de la Méditerranée et des mers tropicales. Vous verrez une section Méditerranée comprenant 11 aquariums, une section tropicale de 15 bassins, puis un grand aquarium présentant des sélaciens. Des panneaux explicatifs jalonnent le parcours. Un diaporama traite de thèmes variés concernant le milieu marin.

Aquarium marin – 34300 Cap-d'Agde

CAROUX-ESPINOUSE

• Visite sur la D180 qui traverse la réserve ou à partir de chemins d'accès autorisés. Départ : Pas de la Lauze ou près de Saint-Pierre-de-l'Espinouse.

• Accès libre.

• Des vis. guid. peuvent être organisées (Rens. Office national de la Chasse).

Réserve naturelle de Chasse de Faune sauvage du Caroux-Espinouse

Office national de la Chasse
2, rue Hillarion-Dejean
34800 Clermont-l'Hérault
Tél. 04 67 23 68 07/04 67 96 27 66 - Fax 04 67 88 07 93

Dix-neuf mouflons ont été introduits de 1956 à 1960 dans la réserve du Caroux-Espinouse. Ils sont aujourd'hui environ un millier sur l'ensemble du massif. C'est la plus importante population de mouflons de France et c'est un territoire de référence pour son étude.
Au mois d'avril, vous pourrez, avec beaucoup de patience, observer les jeux des premiers agneaux. En été, vous verrez des groupes actifs très tôt le matin et très tard le soir. En automne, vous assisterez peut-être au spectacle du rut.
La pénétration dans la réserve est réglementée. Vous ne devez pas vous écarter des sentiers autorisés afin d'assurer la tranquillité de la faune.

Le bouc émissaire

Dans la religion hébraïque, lors de la fête des Expiations, deux boucs étaient offerts au prêtre. L'un était sacrifié à Yahvé, l'autre était relâché, chargé de tous les péchés du peuple, et envoyé à Azazel, le démon du désert. Ainsi, le bouc émissaire emportait avec lui le mal, mais il était, dès lors, banni et condamné à l'éloignement. Aujourd'hui, le bouc émissaire est une personne sur laquelle on fait retomber toutes les fautes.

CESSENON

Ouv. TLJ de mai à sept. et pendant les vac. scol. de 10 h à 20 h. D'oct. à avril, merc., sam., dim. et JF de 10 h à 18 h.

Adultes 26 F, enfants de 2 à 14 ans 22 F. Une dose de nourriture pour animaux est offerte à chaque enfant payant.

Aire de jeux. Aire de pique-nique. Buvette.

Mini-ferme zoo

34460 Cessenon
Tél. 04 67 89 54 14

La mini-ferme zoo rassemble 150 animaux domestiques du monde entier dont certains en voie de disparition : poneys, lamas des Andes, ânes des Pyrénées, chèvres naines du Sénégal... Les enfants se feront une joie de leur donner une dose de nourriture.

GIGNAC

Jeudi de l'Ascension.

Fête de l'Âne

34150 Gignac
Tél. 04 67 57 58 83 (OT)

On raconte qu'un âne sauva les habitants de Gignac en les réveillant par ses braiments. Ils purent ainsi se défendre de l'assaillant sarrasin. Depuis, le jeudi de l'Ascension, un âne, couvert d'une toile bleue, est lâché dans le village et se fraie un chemin à travers la foule.
La Fête de l'Ane est l'une des plus anciennes fêtes de la région.

Proverbes

On frappe sur le sac pour que l'âne l'entende : *On réprimande quelqu'un mais pour toucher une autre personne.*
On ne saurait faire boire un âne qui n'a pas soif : *On ne peut forcer quelqu'un.*
Un âne gratte l'autre : *Deux ignorants se félicitent mutuellement.*
Va bien au moulin qui y envoie son âne : *C'est facile de s'engager en faisant agir les autres à sa place.*

GRANDE-MOTTE (LA)

Ouv. TLJ de 10 h à 12 h et de 14 h à 18 h.

Adultes 30 F, enfants de 5 à 14 ans 20 F.

Aquarium panoramique

34280 La Grande-Motte
Tél. 04 67 56 85 23

L'aquarium de La Grande-Motte rassemble 50 aquariums présentant 300 espèces de poissons et d'invertébrés de la Méditerranée et des étangs de Camargue. 100 espèces sont présentées à l'aide de pupitres didactiques lumineux.

MARSEILLAN

Ouv. TLJ en juil. et août de 9 h à 12 h et de 15 h à 19 h. HS, du lun. au vend. de 9 h à 12 h et de 14 h à 18 h.

Adultes 20 F, enfants de 5 à 12 ans 5 F.

La Halle aux Oiseaux

34340 Marseillan
Tél. 04 67 01 74 20

La Halle aux Oiseaux rassemble 500 oiseaux naturalisés. Des spécimens exotiques dont un grand casoar et un grand calao d'Abyssinie côtoient des oiseaux de nos régions. Des fiches didactiques vous informent sur chaque espèce.

MÈZE

Le WE le plus proche du 19 août. Le bœuf fait toujours une sortie le 19. La fête, elle, dure

Fête du Bœuf

34140 Mèze
Tél. 04 67 43 93 08 (OT)

La légende raconte qu'une famille pauvre des environs de Béziers s'installa sur le bords de l'étang de Thau et créa le

5 à 6 jours autour de cette date. Le bœuf est mis à mort le lun.

village de Mèze. Avec l'aide d'une paire de bœufs et à force de travailler, la famille parvint à s'enrichir. Les bœufs meurent. La peau de l'animal le plus vaillant est conservée et on la sort à l'occasion des fêtes. Plus tard, un bœuf gigantesque est construit. Il est couvert d'une toile. Et il faut une douzaine de personnes pour le porter.
Le bœuf est l'animal emblématique de Mèze. Durant la Fête du Bœuf, il effectue plusieurs sorties à travers la ville, accompagné par un cavalier muni d'un fouet, un palefrenier et un maréchal-ferrant. Le lundi soir, d'un coup d'épée dans la gorge, on simule sa mise à mort. Mais le bœuf ressuscite pour la prochaine fête de Mèze.

Proverbes

Bœuf saignant, mouton bêlant : *Le rôti de bœuf doit se manger peu cuit et le rôti de mouton encore moins.*
Donner un œuf pour avoir un bœuf : *Donner peu pour recevoir beaucoup.*
Mettre la charrue avant les bœufs : *Commencer par ce qui devrait finir.*
Qui vole un œuf vole un bœuf : *Si l'on commet un petit larcin, on peut en faire de plus importants.*

MONTPELLIER

Ouv. TLJ de 8 h à 19 h (18 h en hiv.).

Gratuit.

Aire de pique-nique. Buvette.

Parc zoologique du Lunaret

34000 Montpellier
Tél. 04 67 54 45 23 – Fax 04 67 41 45 57

Le parc zoologique du Lunaret, est l'espace-nature de la ville de Montpellier. Sur 80 ha il réunit 750 animaux de 146 espèces différentes : loutres européennes, guépards, panthères de l'Amour, lynx, lémurs, makis, chevaux de Przewalski...
De vastes enclos naturels, dotés pour la plupart de fosses de vision, permettent l'observation des groupes d'animaux en semi-liberté.
Deux bâtiments existent : la lémurie abritant des lémuriens et des vivéridés de Madagascar et la serre qui héberge, dans une ambiance tropicale, de nombreuses espèces d'oiseaux des pays chauds.
Sillonné par 9 km de chemins piétonniers, ce parc est un sous-bois dense et odorant avec des espèces végétales de type méditerranéen, cyprès, pin d'Alep... et une collection très riches de plantes florifères, clématites, chèvrefeuilles... ce qui en fait un agréable lieu de promenade.

PÉZENAS

Mardi Gras.

Fête du Poulain

34120 Pézenas
Tél. 04 67 98 36 40 (OT)

En l'an 1226, Louis VIII, de passage à Pézenas, dut abandonner sa jument malade. Lorsqu'il revint la chercher, la jument avait donné naissance à un poulain. Pour fêter l'événement, il souhaita que les habitants de Pézenas construisent un grand poulain que l'on sortirait lors des fêtes de la ville. Le poulain est porté par 9 hommes qui prennent place sous une étoffe parsemée d'étoiles dorées et ornée des armes de la ville. Il agite la tête de droite à gauche, claque des mâchoires et est escorté par des joueurs de fifre.

BRUZ

❢ Ouv. TLJ du 1er mars au 15 nov. de 10 h à 12 h et de 14 h à 19 h. Du 16 nov. au 1er mars, sam. et dim. de 14 h à 18 h.

❢ Adultes 38 F, enfants 22 F.

❢ Aire de jeux. Aire de pique-nique. Bar. Boutique.

Parc ornithologique de Bretagne

53, boulevard Pasteur
35170 Bruz
Tél. 02 99 52 68 57 – Fax 02 99 52 95 48

Plus de 1 000 oiseaux exotiques sont présentés au parc ornithologique de Bretagne : des bernaches, canards, cygnes, grues couronnées côtoient les calaos, toucans, ibis, faisans de collection multicolores et perroquets. Une des plus belles collections d'Europe.

Un cygne célèbre : Le cygne de Cambrai

Ce surnom fut donné à Fénélon (1651-1715), prélat, qui a écrit de nombreux ouvrages et qui fut nommé archevêque à Cambrai en 1695. Cette métaphore illustrait la douceur de ses sermons, son attitude charitable et la pureté de son style.

CANCALE

❢ Vis. guid. TLJ de mi-juin à mi-sept. à 11 h, 15 h, 17 h. De mi-sept. au 31 oct. et de mi-fév. à mi-juin à 15 h, sauf sam. et dim.

❢ Adultes 38 F, enfants à partir de 7 ans 18 F.

La Ferme marine

Route de la Corniche
35260 Cancale
Tél. 02 99 89 69 99

Trois ou quatre ans sont nécessaires pour élever une huître. C'est au port de la Houle, à Cancale, que l'on découvre, au rythme des marées, l'activité des ostréiculteurs et les parcs à huîtres qui font de Cancale la capitale de l'ostréiculture. La Ferme marine vous invite à découvrir cette activité.

CHAPELLE-THOUARAULT (LA)

❢ Ouv. TLJ de 14 h à 18 h.

❢ Adultes 20 F, enfants à partir de 3 ans 15 F.

❢ Atelier de lithographie animalière.

Musée et Atelier d'art animalier

Basse Vallée
35590 La Chapelle-Thouarault
Tél. 02 99 07 61 90

250 animaux naturalisés de Bretagne sont présentés dans leurs milieux naturels : saumon, brochet, sanglier, blaireau, chevreuil et de nombreuses espèces de canards. Des coupes de terriers permettent d'imaginer les animaux dans leur habitat naturel et des coupes de plans d'eau de voir les canards en plongée, nageant sur l'étang et en vol.

DINARD

❢ Ouv. TLJ de mi-mai à mi-sept. de 10 h 30 à 12 h 30 et de 15 h 30 à 19 h 30. Dim. et JF de 14 h 30 à 19 h 30.

❢ Adultes 15 F, enfants de 3 à 8 ans 10 F.

Aquarium du Laboratoire maritime

17, avenue George-V
35800 Dinard
Tél. 02 99 46 13 90

L'aquarium du Laboratoire maritime de Dinard présente la faune marine locale, 24 aquariums comprenant une centaine de poissons et une collection de coquillages, de mollusques et d'oiseaux naturalisés. Vous découvrirez également les souvenirs des expéditions polaires de Charcot et son célèbre navire « le Pourquoi-Pas ? ».

PARIGNÉ

❢ Accès libre.

Tourbière de Landemarais

35133 Parigné

Tél. 02 99 28 01 21 (Cons. gén. Bur. des Espaces Naturels).

Les tourbières sont des zones humides envahies par des plantes et des mousses. Deux sortes de tourbières existent : la tourbière bombée alimentée par les eaux de pluie et la tourbière de pente alimentée par l'eau de ruissellement ou par l'eau de source. La tourbière de Landemarais est une tourbière bombée. Des nicheurs, tels que le canard colvert, bruant des roseaux, poule d'eau, foulque, macroule, grèbe, buse variable, des hivernants comme le canard souchet et la sarcelle d'hiver et des oiseaux de passage telle la sarcelle d'été y trouvent refuge. Elle abrite également de nombreux invertébrés rarissimes : le lézard vivipare, la rainette verte arboricole, l'argéopode fasciée (grosse araignée jaune et noire). Depuis 1994 trois ânes du Poitou sont utilisés comme débroussailleuse naturelle. Pour visiter ce site, deux sentiers ont été aménagés dont un sur pilotis, ainsi qu'une hutte d'observation ornithologique. Une série de panneaux explicatifs sur la faune et la flore enrichissent cette visite.

PLÉCHATEL

❢ Accès libre.

❢ Aire de jeux.

La Halte du Volcan

Canacan
35470 Pléchatel

Tél. 02 99 43 75 65/02 99 43 83 03 – Fax 02 99 43 78 55

La Halte du Volcan est un petit parc animalier avec des biches, émeus, autruches. Des promenades sont également possibles autour du parc.

PLERGUER

❢ Ouv. TLJ en juil. et août de 11 h à 19 h. Du 1er sept. au 15 oct. et d'avril à juin, sam., dim., JF et vac. scol. de 14 h à 19 h.

❢ Adultes 18 F, enfants 12 F.

❢ Dégustation des produits de la ferme.

La Chèvrerie du Désert

Le Désert
35540 Plerguer

Tél. 02 99 58 92 14

Une grande diversité de races de chèvres est présentée à la Chèvrerie du Désert ainsi qu'une basse-cour riche en couleurs et d'autres animaux insolites.

PLEUGUENEUC

❢ Ouv. TLJ de mai à août de 10 h à 19 h. D'oct. à mars de 14 h à 18 h. Avril et sept. de 10 h à 12 h et de 14 h à 19 h. Meute de grande vénerie : soupe des chiens à 17 h les dim. et JF, de Pâques à la Toussaint.

❢ Adultes 45 F, enfants 25 F.

❢ Aire de jeux. Aire de pique-nique. Restauration rapide.

Zoo du Château de la Bourbansais

35720 Pleugueneuc

Tél. 02 99 69 40 07 – Fax 02 99 69 46 04

Le parc zoologique du Château de la Bourbansais accueille plus de 500 animaux des 5 continents : autruches, zèbres, panthères, lynx, pumas, loups, gibbons, dromadaires, kangourous, cerfs, biches, aras et flamants roses. Un jeu de piste éducatif permet aux enfants d'effectuer une promenade plus instructive.
Dans les communs de la cour du château se trouve un chenil hébergeant une meute de plus de 75 chiens de chasse à courre.

Un chien fidèle : Argos

Argos était le chien d'Ulysse. Quand celui-ci, enfin, rentra après vingt années d'absence, son chien, couché, releva la tête et dressa les oreilles. Il fut le seul à le reconnaître. Mais il était vieux et si épuisé qu'il ne put même se traîner jusqu'à lui. Il agita néanmoins sa queue en signe de joie, puis mourut aussitôt après.

QUÉBRIAC

• Ouv. TLJ d'avril à sept. de 10 h 30 à 19 h (ferm. des caisses à 17 h 30).

• Adultes 47 F, enfants 37 F.

• Aire de pique-nique. Bar. Boutique.

Zooloisirs

Les Brûlons
35190 Québriac
Tél. 02 99 68 10 22 – Fax 02 99 68 05 72

Zooloisirs regroupe différents parcs : animalier, ornithologique, floral et de loisirs ainsi que 300 animaux naturalisés en provenance du monde entier, notamment des bisons, ours polaires, antilopes, bouquetins et de nombreux oiseaux.

SAINT-MALO

• Ouv. TLJ du 1er oct. au 14 juin de 9 h 30 à 18 h et du 15 juin au 30 sept. de 9 h à 21 h.

• Adultes 50 F, enfants de 4 ans à 17 ans 35 F.

• Aire de pique-nique. Restaurant.

Le Grand Aquarium de Saint-Malo

Ville Jouan, avenue du Général-Patton
35400 Saint-Malo
Tél. 02 99 21 19 02 – Fax 02 99 21 19 01

Des dizaines d'aquariums géants présentent la faune et la flore du globe, des requins, des tortues et des milliers de poissons. Un aquarium circulaire, unique en Europe, offre une vision panoramique impressionnante.

SAINT-MALO

• Ouv. TLJ du 15 juin au 30 sept. de 9 h à 22 h. Du 1er oct. au 14 juin de 10 h à 19 h.

• Adultes 30 F, enfants 22 F.

Aquarium-exotarium

Place Vauban
35400 Saint-Malo
Tél. 02 99 56 94 77 – Fax 02 99 40 17 53

Créé, en 1962, par le naturaliste français Jean Grivet (1917-1993), l'aquarium de Saint-Malo présente des poissons d'eau de mer et d'eau douce ainsi que de très belles anémones de mer. En 1973, l'aquarium s'est adjoint un vivarium, l'exotarium malouin. Il permet de découvrir sur deux niveaux d'exposition, plus de 60 terrariums où vivent crocodiles, tortues, iguanes et bien d'autres reptiles.

VITRÉ

• Ouv. TLJ sauf dim. et lun. mat. en juil. et août de 10 h à 18 h. Extraction du miel en public TLJ à 15 h.

• Adultes 15 F, enfants gratuit.

• Dégustation.

Musée de l'Abeille vivante

18, rue de la Briqueterie
35500 Vitré
Tél. 02 99 75 09 01

Aristote pensait que le miel provenait de l'air, les abeilles se contentant de le récolter sur les plantes. L'observation de 5 colonies en activité dans les ruches vitrées du musée de l'Abeille vivante vous permet de découvrir ce monde qui interpellait déjà les philosophes de l'Antiquité.

La danse des abeilles

Karl von Frish, spécialiste du comportement animal, a étudié le système de communication des abeilles. Il leur permet de comprendre où se trouve la nourriture découverte par l'abeille butineuse. Au moyen de danses, les abeilles indiquent le lieu et la distance de la source de nourriture. Elles exécutent une danse circulaire si la nourriture est à moins de cent mètres, ou une danse frétillante si c'est au-delà.

36 - INDRE

BLANC (LE)

❢ Ouv. TLJ en juil. et août de 9 h 30 à 19 h. En mai, juin et sept. de 9 h 30 à 12 h 30 et de 14 h à 18 h sauf lun. HS, de 10 h à 12 h et de 14 h à 17 h. Ferm. les 1/01, 11/11 et 25/12.

❢ Adultes 20 F, enfants de 7 à 18 ans 10 F.

Écomusée de la Brenne

Château Naillac
36300 Le Blanc
Tél. 02 54 37 25 20

Au Château de Naillac, vous découvrirez le musée des Oiseaux de la ville du Blanc. Il rassemble une collection ornithologique de près de 800 spécimens qui fut réunit au XIXe siècle par un notaire passionné d'ornithologie.

BUZANÇAIS

❢ Ouv. TLJ de 8 h à 12 h et de 14 h à 18 h. Vis. guid. à 10 h et à 15 h. Période conseillée, juil. et août.

❢ Gratuit.

❢ Dégustation gratuite. Vente des produits issus de la miellerie.

Le Monde vivant des Abeilles

36500 Buzançais
Tél. 02 54 84 14 07 – Fax 02 54 84 04 80

Ce lieu abrite 1 200 ruches. Une visite des installations : un rucher, le laboratoire, une salle consacrée au vieux matériel, vous est proposée. Vous assisterez à la récolte du miel. Des animations sur la vie des abeilles sont aussi organisées.
Un film sur l'apiculture et les abeilles complète la visite.

DÉOLS

❢ Accès libre.

Écoparc des Chenevières

36130 Déols
Tél. 02 54 07 58 87 (OT)

Sur cet espace de nature aménagé, couvrant une superficie de 22 ha, s'étend un marais avec une saulaie et une roselière. Vous verrez évoluer des chevaux de Camargue, des moutons d'Écosse. Un observatoire pour les oiseaux a été installé. Vous pourrez aussi emprunter un sentier pédestre de 4 km et visiter un jardin botanique.

MÉZIÈRES-EN-BRENNE

❢ Ouv. TLJ sauf le mar. du 15 mars au 31 oct. de 14 h à 18 h. Du 1er nov. au 14 mars de 14 h à 17 h.

❢ Adultes 10 F, enfants de 3 à 12 ans 5 F.

Maison de la Pisciculture

36290 Mézières-en-Brenne
Tél. 02 54 38 12 99

Reflétant une tradition et un savoir-faire remontant au Moyen Âge, la Maison de la Pisciculture vous invite à découvrir l'art de la culture et de la sélection du poisson. Au rez-de-chaussée, différentes espèces de poissons de la Brenne comme les carpes, les brochets et les gardons évoluent dans des aquariums ; des maquettes expliquent le système de vidange des étangs. Au premier étage, vous assisterez à la pêche d'un étang et à l'élevage de la carpe.

OBTERRE (HAUTE-TOUCHE)

❢ Ouv. TLJ de Pâques à la Toussaint de 10 h à 18 h.

❢ Adultes 30 F, enfants de 4 à 16 ans 20 F.

❢ Aire de jeux. Aire de pique-nique. Buvette.

Parc zoologique de la Haute-Touche (Muséum national d'Histoire naturelle)

36290 Obterre
Tél. 02 54 39 20 82 – Fax 02 54 39 24 33

Le parc zoologique de la Haute-Touche, géré par le muséum d'Histoire naturelle, a été conçu à l'origine comme un centre de reproduction. Ouvert au public en 1980, à la suite de l'impact médiatique des bisons d'Europe offerts au président Giscard d'Estaing par le n° 1 polonais de l'époque, ce parc rassemble, sur 480 ha, plus de 1 000 animaux, 60 espèces de mammifères et 40 d'oiseaux. Les animaux

sont présentés dans des enclos spacieux de 2 ou 3 ha. De tels espaces conviennent à merveille aux cervidés dont la Haute-Touche s'enorgueillit de posséder la plus belle collection du monde, pas moins de 21 races de cerfs différentes et certains des derniers représentants de races en voie de disparition, tels les cerfs du père David qui ont complètement disparu de leur pays d'origine, la Chine. Dans 68 enclos, on peut également observer des antilopes africaines et indiennes, des zèbres, des bisons, des tigres, deux meutes de loups, des sangliers, des lamas... Des volières accueillent près de 350 oiseaux.
Tout au long des sentiers, 11 miradors d'observation permettent de découvrir les animaux d'une manière privilégiée.

SAINT-MICHEL-EN-BRENNE

Le chemin communal, sur la route de Saint-Michel-en-Brenne est aménagé pour l'observation. Observatoire public sur la route de la Gabrière.

Accueil à l'observatoire public TLJ, de Pâques à fin août de 10 h à 12 h. Vis. guid.: de Pâques à juin, mar., jeu. et sam. de 16 h à 18 h. En juil. et août, mar. et jeu., de 18 h à 20 h, sam. et dim. de 20 h à 22 h. RV au parc de stationnement de l'observatoire public (route de Mézières-en-Brenne à la Gabrière).

Observatoire gratuit. Vis. guid.: adultes 35 F, enfants 15 F.

Réserve naturelle de Chérine

36290 Saint-Michel-en-Brenne

Tél. 02 54 38 12 24 (OT)

Autour d'un étang de 26 ha, la réserve naturelle de Chérine rassemble les divers milieux naturels de la Brenne : prairies, landes, bois, saulaie tourbeuse. Elle abrite plusieurs espèces de hérons menacés (héron pourpré et cendré), des canards (souchet, chipeau, colvert...) des busards des roseaux, la mésange à moustache, des sangliers, des chevreuils et même des tortues cistudes, des batraciens, de nombreuses libellules.
Un observatoire a été aménagé et offre une vue sur la roselière.

Le corbeau : Un allié précieux

Dans la Genèse, après le déluge, c'est le corbeau qui doit vérifier si la terre commence à réapparaître. Noé, au bout de quarante jours, ouvrit la fenêtre de l'Arche et le chargea de cette mission.

37 - INDRE-ET-LOIRE

AMBOISE

Ouv. TLJ d'avril à sept. de 9 h à 19 h, noct. en juil. et août jusqu'à 22 h. Du 1er oct. au 15 nov. et de fév. à mars, de 10 h à 17 h.

Adultes 42 F, enfants de 4 à 16 ans 26 F.

Le Monde merveilleux de l'Âne

37400 Amboise

Tél. 02 47 23 44 44

Plus de 60 ânes sont rassemblés ici ; baudet du Poitou, grand noir du Berry, gris de Provence, bourbonnais, pyrénéen, pie d'Irlande... Des ânes miniatures sont aussi présentés. Une collection de selles, de harnais et plus de 2 000 documents, photos, cartes postales, affiches, livres, complètent la visite.

Le monde merveilleux de l'Âne – 37400 Amboise

Une ânesse salvatrice : L'ânesse de Balaam

Balaam était un devin qui avait pour monture une ânesse. Lors de l'entrée des Hébreux dans la Terre promise, le roi Moab ordonna à Balaam de maudire les envahisseurs. Le devin refusa d'abord, écoutant la parole de Dieu lui interdisant cet acte, puis il se mit en route sur son ânesse. Dieu plaça alors un ange sur son chemin muni d'une épée que seule l'ânesse voyait. Pour l'éviter, elle recourut à de nombreuses ruses, passant dans les champs, dans les chemins creux, se couchant. Balaam, surpris et en colère, la roua de coups. Mais Yahvé ouvrit enfin les yeux à Balaam qui, voyant l'ange, comprit son erreur et bénit les Hébreux.

AUTRÈCHE

Ouv. TLJ d'avril à sept. de 10 h à 12 h et de 14 h à 18 h, départ de vis. toutes les 1/2 h.

Adultes 25 F, enfants de 3 à 12 ans 20 F.

Vente de produits issus de l'élevage.

Les Grands Gibiers d'élevage

Réserve de Beaumarchais

37110 Autrèche

Tél. 02 47 56 22 30 – Fax 02 47 56 03 89

Cette réserve accueille les grands gibiers élevés en France. A bord d'un petit train de loisirs, vous verrez évoluer autruches, bisons, daims, cerfs, sangliers, et un guide vous informera sur leur origine, leur vie...

La visite est complétée par un diaporama sur les grands gibiers et leur élevage.

LUSSAULT-SUR-LOIRE

❢ Ouv. TLJ d'avril à sept. de 9 h à 19 h, nocturne en juil. et août jusqu'à 22 h. D'oct. à déc. et de fév. à mars de 10 h à 17 h.

❢ Adultes 46 F, enfants de 4 à 16 ans 28 F.

❢ Aire de pique-nique. Restaurant. Cinéma dynamique.

Aquarium de Touraine

Les Hauts-Bœufs
37400 Lussault-sur-Loire
Tél. 02 47 23 44 44 - Fax 02 47 23 44 45

Les nombreux aquariums et bassins de l'Aquarium de Touraine reconstituent différents milieux naturels : torrent de montagne, lac de montagne, étang de Sologne... Ils accueillent plus de 20 000 poissons, 150 espèces : truites, ombles chevaliers, saumons de fontaine, vandoises, sandres, poissons alligators, carpes chinoises de 52 kg, perches, silures de 2,10 m...
La visite se compose de bassins à ciel ouvert, d'un bassin de contact, et elle est agrémentée d'un spectacle vidéo sur grand écran. Vous pourrez aussi assister au nourrissage des poissons tous les jours à 11 h, 16 h et 17 h.

Aquarium de Touraine – 37400 Lussault-sur-Loire

TOURS

❢ Ouv. TLJ en juil. et août de 9 h 30 à 19 h. D'avril à juin et de sept. au 15 nov. de 9 h 30 à 12 h et de 14 h à 18 h. De janv. à mars et du 16 nov. à fin déc. de 14 h à 18 h. Ferm. le dim. matin.

❢ Adultes 30 F, enfants de 5 à 12 ans 18 F.

Aquarium tropical

Château de Tours
25, quai d'Orléans
37000 Tours
Tél. 02 47 64 29 52

L'Aquarium de Tours rassemble 1 500 poissons d'eau douce et d'eau de mer qui évoluent dans 35 aquariums. Devant chaque aquarium, des diapositives et des cartes permettent de les localiser et de les identifier.

38 - ISÈRE

ABRETS (LES)

• Ouv. TLJ de mars à oct. de 9 h à 19 h. De nov. à fév. de 13 h 30 à 17 h sauf le vend.

• Adultes 30 F, enfants à partir de 3 ans 15 F.

• Aire de jeux. Aire de pique-nique.

Zoo des Abrets

RN75
Fitilieu
38490 Les Abrets
Tél. 04 76 32 14 71

250 animaux des 5 continents sont présentés. Des tigres, lions, panthères noires, ours, loups, une collection de perroquets et d'oiseaux permettent de passer un moment agréable.

AUTRANS

• Ouv. TLJ sauf sam. et dim. mat. en été de 10 h à 12 h et de 16 h à 19 h. En hiv., de 10 h à 12 h et de 15 h à 18 h sauf sam. et dim.

• Gratuit.

Maison du Parc des Quatre-Montagnes

Au-dessus de l'Office du Tourisme
38880 Autrans
Tél. 04 76 95 35 01

Cet espace est la vitrine du parc naturel du Vercors avec des expositions sur l'environnement, la faune, la flore et le patrimoine local. Vous y trouverez une animation permanente, diaporamas, vidéos, conférences ainsi que de nombreux documents audiovisuels expliquant la transhumance apicole, la vie du chevreuil et un centre de documentation très complet. Une ruche d'observation permet d'épier l'hibernation et le réveil des abeilles.

AUTRANS

• Accès en voiture par la route forestière, puis à pied jusqu'au gîte d'alpage de la Molière. Circuit pédestre de 3 km.

• De juin à sept.

• Gratuit.

• Livret-guide « Dans la peau d'une génisse » au gîte d'alpage de la Molière (prix 10 F).

Sentier des Alpages

Gîte d'alpage de la Molière
M. Charière
38880 Autrans
Tél. 04 76 95 39 25

Le Sentier des Alpages, long de 3 km, vous propose une initiation à la vie pastorale. Des lauzes numérotées et plantées verticalement dans le sol balisent le sentier. Elles vous indiquent la direction à suivre et vous renvoient à un texte guide, « Dans la peau d'une génisse », qui vous permet de découvrir le quotidien de ces jeunes vaches.

BEAUCROISSANT

• Elle comprend toujours le 14 sept., jour traditionnel de la foire au bétail (reporté au 15 lorsque le 14 tombe un dim.) et le WE le plus proche.

Foire de la Sainte-Croix

38500 Voiron
Tél. 04 76 05 00 38 (OT)

Beaucroissant est situé au cœur de la région Rhône-Alpes. L'origine officielle de la foire de la Sainte-Croix remonte à 1219. Actuellement, la foire de Beaucroissant est une foire au bétail et une foire commerciale. Elle dure de 3 à 5 jours selon les années. La foire au bétail rassemble 10 000 têtes : bovins, chevaux, moutons, porcs, chèvres.

La vache : Un animal sacré en Inde

Dans l'hindouisme, la vache est un animal sacré. Il y aurait une relation mystique entre celle-ci et l'univers. Dans le rituel brahmanique, les cinq produits de la vache (lait, lait caillé, beurre, urine et bouse) sont utilisés comme moyens de purification.

BOURG-D'OISANS

❢ Ouv. TLJ en juil. et août de 10 h à 12 h et de 14 h à 19 h. En hiv., de 14 h à 18 h.

❢ Vis. guid.: adultes 15 F, enfants de moins de 16 ans 10 F.

Élevage de Castors du Chili

Le Plan
38520 Bourg-d'Oisans
Tél. 04 76 80 26 73

Le myocastor ou castor du Chili est un mammifère rongeur aquatique originaire d'Amérique du Sud (Chili, Brésil et Argentine). C'est le cousin germain du castor. L'élevage compte 450 de ces petits animaux. Ils sont élevés pour la viande (terrine), pour la fourrure (manteau, toque, étole), pour le cuir obtenu avec la queue et pour le musc (un fixateur de parfum). Ils protègent ainsi leurs cousins sauvages de la destruction.

BOURG-D'OISANS

❢ Ouv. sam., dim., lun., JF et pendant les vac. scol. de 14 h à 18 h. S/RV le reste de l'année.

❢ Adultes 25 F, enfants de 3 à 15 ans 10 F.

Musée des Minéraux et de la Faune des Alpes

Place de l'Église
38520 Bourg-d'Oisans
Tél. 04 76 80 27 54

Situé à Bourg-d'Oisans, ce petit musée propose 2 expositions différentes, l'une sur la faune des Alpes, l'autre sur les minéraux, l'Oisans étant un lieu privilégié pour les géologues et les cristalliers.

CHARVIEU-CHAVAGNEUX

❢ Ouv. TLJ de mai à août de 14 h à 18 h, WE et JF de 10 h à 18 h. Avril, sept., oct. et nov., WE et JF de 14 h à 18 h.

❢ Adultes 20 F, enfants 15 F.

❢ Aire de pique-nique.

La Chaumière du Lac

Rue Freminville
38230 Charvieu-Chavagneux
Tél. 04 78 32 08 08

A 25 km à l'est de Lyon, sur les rives de l'étang de Fréminville, où s'ébattent des foulques et des colverts, la Chaumière du Lac présente au rez-de-jardin une exposition sur la faune et la flore des étangs (vivariums, tableaux éducatifs, maquettes, animaux naturalisés). Un inventaire faunistique et floristique ainsi qu'un recueil de fiches individuelles des animaux naturalisés exposés sont mis à la disposition des visiteurs. Au sous-sol, des aquariums s'éclairent selon la volonté du visiteur et surprennent des brochets, des carpes ou des perches-soleil. Au premier étage de la Chaumière, l'univers de la montagne est présenté à partir de maquettes éducatives et ludiques, de jeux questions-réponses, d'animaux naturalisés.

CHATTE

❢ Ouv. TLJ du 15 mars au 31 oct. de 10 h à 18 h.

❢ Adultes 30 F, enfants de 3 à 14 ans 24 F.

Forêt aux Insectes géants

Site du lac de Frizon
Saint-Antoine-l'Abbaye
38160 Chatte
Tél. 04 76 36 44 77/04 76 38 54 55

La Forêt aux Insectes géants est un monde insolite où évoluent des sculptures d'insectes grossis de 10 à 1 000 fois, une mouche de 1 mètre et des libellules démesurées.

COURTENAY

❢ Accès libre.

Étang de Salette

Observatoire ornithologique
38510 Courtenay
Tél. 04 74 80 39 30

A l'étang de Salette vous observerez les hérons cendrés, grèbes, canards sauvages, foulques et autres migrateurs qui font étape ici, au printemps et à l'automne. Pour les apercevoir, il faut tout d'abord se lever très tôt, se poster dans l'observatoire en bois et attendre avec ses jumelles. La

Maison du Pays de Morestel, qui a construit cet observatoire, vend un livre très utile pour reconnaître les espèces et tout savoir sur leur mode de vie.

CANARDS

C'est la cane qui va la première, boitant des deux pattes, barboter au trou qu'elle connaît.
Le canard la suit. Les pointes de ses ailes croisées sur le dos, il boite aussi des deux pattes.
Et cane et canard marchent taciturnes comme à un rendez-vous d'affaires.
...

Jules Renard (1864-1910).

GRENOBLE

Ouv. du lun. au sam. de 9 h 30 à 12 h et de 13 h 30 à 17 h 30, dim. de 14 h à 18 h. Ferm. mar. et les 25/12, 1/01 et 1/05.

Adultes 15 F, enfants de 10 à 16 ans 10 F.

Serres botaniques. Jardin des plantes. Boutique.

Muséum d'Histoire naturelle

1, rue Dolemieu
38000 Grenoble
Tél. 04 76 44 05 35

Construit en 1851, rénové en 1991, le muséum d'Histoire naturelle de Grenoble présente des collections d'histoire naturelle accumulées depuis la fin du XVIIIe siècle. Un ensemble exceptionnel de fossiles, de minéraux, d'insectes, d'oiseaux et de mammifères des Alpes en fait l'un des premiers de France. Eulalie, l'éléphante débonnaire, vous accueille sous le porche d'entrée.
Au rez-de-chaussée, la salle « Les Eaux vives » permet de découvrir différents écosystèmes aquatiques. Au premier étage, dans la grande salle, l'exposition « La Montagne vivante » présente une très riche collection zoologique des principales espèces animales alpines. On peut voir des bouquetins, marmottes, tétras-lyres, lagopèdes et autres espèces de la montagne. Au même étage, l'exposition « Ils disparaissent de l'échiquier » évoque les espèces disparues ou menacées du monde entier, et « Cristalsymphonie » est consacrée à la minéralogie.
Au deuxième étage, « La Genèse des Alpes » présente une collection de paléontologie et la deuxième salle « Les Sites minéralogiques alpins ». Depuis 1995, une nouvelle salle, « Le Carnaval des Insectes », est ouverte au public. Les vitrines entièrement modernisées sont mises à la portée des enfants.

LANS-EN-VERCORS

Un WE de fév.

Coupe d'Europe de Chiens de Traîneau

38250 Lans-en-Vercors
Tél. 04 76 95 42 62 (OT)

Originaire d'Alaska, l'usage de l'attelage de chiens fut dans un premier temps utilitaire. Dans les années 20, l'attelage de chiens devint un véritable sport. C'est seulement depuis une quinzaine d'années que ce sport émigra en Europe.
En France, 1 500 licenciés sont regroupés au sein de 2 fédérations :

- La FFPTC (Fédération française de Pulka et Traîneau à Chiens) est un circuit fermé, seuls les chiens de race sont admis.
- La FFTP (Fédération française de Traîneau et Pulka) est plus ouverte. Elle accepte tous types de chiens. La coupe d'Europe des chiens de traîneau de Lans-en-Vercors appartient à cette fédération.

L'épreuve de Lans-en-Vercors propose en général des parcours de 8 km/4 chiens, 12 km/6 chiens et 15 km/8 chiens. La manifestation s'organise autour de deux manches.

Proverbes

A méchant chien, court lien : *Il ne faut pas laisser trop de liberté aux scélérats.*
Autant vaut être mordu d'un chien que d'une chienne : *Entre deux maux égaux, il est inutile de choisir.*
Bon chien, chasse de race : *On hérite des qualités de sa famille.*
Chien hargneux a toujours l'oreille déchirée : *Les gens querelleurs se font toujours blesser.*
Chien qui aboie ne mord pas : *Ceux qui crient le plus ne sont pas les plus à craindre.*

LANS-EN-VERCORS

Ouv. TLJ sauf dim. du 1er juin au 10 nov. de 9 h à 12 h et de 14 h à 19 h. Démons. et opérations d'extraction : sur rés.

Gratuit.

Miellerie

Jaume
38250 Lans-en-Vercors
Tél. 04 76 95 66 72

Une ruche d'observation, un vieil enfumoir, des photos accrochées aux murs permettent de découvrir le métier d'apiculteur et l'univers des abeilles. Vous apprendrez ce qu'est la transhumance des ruches. Elles sont placées en Isère mais aussi en Provence, en Lozère, dans la Drôme. A travers une paroie vitrée vous pourrez observer l'atelier d'extraction.

MEYLAN

Parc ouv. en permanence. Expositions et animalerie accessibles aux jours et heures ouvrables.

Gratuit.

Centre d'Information Nature et Environnement

Château de Rochasson
52, avenue de Rochasson
38240 Meylan
Tél. 04 76 90 31 06

Au château de Rochasson, le Centre d'Information Nature et Environnement propose une découverte de la nature et une invitation à la protéger. On peut caresser les chevreaux ou les lapins, il y a aussi des tortues et des cochons d'Inde. C'est également un lieu d'hébergement et de soins pour les animaux sauvages blessés.

SABLONS

Accès libre.

Guide du visiteur : disponible à l'Association des Amis de la Réserve de la Platière rue C.-Geoffray, 38550 Sablons.

L'Île de la Platière

38650 Sablons
Tél. 04 74 84 35 01

Entre Lyon et Valence, une magnifique petite forêt alluviale, l'Île de la Platière, est le dernier vestige d'un Rhône autrefois libre et fécond. Réserve naturelle de 480 ha, elle présente une grande variété de milieux : fleuve, bancs de graviers, lônes, mares, roselières, forêts alluviales, prairies sèches, peupleraies, cultures. Des milliers d'oiseaux se concentrent sur l'île et ses environs parmi lesquels le bihorau gris, l'aigrette garzette, le milan noir, le martin-pêcheur ; d'autres sont de passage pendant les périodes migratoires comme le balbuzard pêcheur ou le héron pourpré. Cinq ou six familles de castors ont également élu domicile sur l'île. Des sentiers de découverte permettent de visiter la réserve.

SAINT-PIERRE-DE-BRESSIEUX

❢ Ouv. TLJ sauf mar. en juil. et août de 8 h à la tombée de la nuit. HS, sam., dim. et JF.

❢ Adultes 30 F, enfants de 7 à 18 ans 15 F.

❢ Aire de pique-nique. Restaurant. Stands d'information et de documentation. Possibilité de passer la nuit dans un refuge.

Parc naturel de Chambaran

Port-Revel
38870 Saint-Pierre-de-Bressieux
Tél. 04 74 20 14 93

Le parc de Chambaran est un espace naturel de 300 ha de forêts et d'étangs. C'est l'un des plus grands parcs de France. Des chemins et sentiers aménagés permettent de belles promenades au cœur de la forêt. Une centaine d'animaux européens vivent en totale liberté : cerfs, chevreuils, daims, mouflons, écureuils, martres, fouines, blaireaux, renards. On peut aussi y observer les oiseaux des étangs : canards, grèbes, hérons, et ceux de la forêt : grands rapaces diurnes et nocturnes, passereaux, faisans. Mais pour voir ces animaux il faut être discret, avoir une paire de jumelles et éviter les heures de grande affluence comme le dimanche après-midi.

Le blaireau : Un symbole de malice

Au Japon, cet animal évoque la ruse dénuée de perfidie. Il tromperait ses victimes en revêtant le déguisement d'un moine et en tambourinant sur son ventre les nuits de pleine lune. « Vieux blaireau » est une expression qui, en japonais, signifie « vieux roublard ».

VILLEFONTAINE

❢ Ouv. TLJ sauf le mar. de mi-avril à mi-sept. de 14 h 30 à 18 h. De mi-sept. à mi-avril, dim. et JF de 14 h 30 à 18 h.

❢ Adultes 35 F, enfants à partir de 4 ans 25 F.

Parc animalier du Château de Moidière

Commune de Bonnefamille
38090 Villefontaine
Tél. 04 74 96 44 63

Dans un cadre magnifique, une forêt de chênes, hêtres, sapins, épicéas, le parc animalier du château de Moidière nous permet de découvrir des daims, blaireaux, fouines, renards, putois, cerfs, mouflons, loups. Les caves voûtées du château abritent dans des vivariums et aquariums des batraciens, reptiles, rongeurs, poissons et des insectes d'eau, vivant tous dans le Dauphiné. Un jardin botanique présente diverses plantes et fleurs. Des panneaux explicatifs jalonnent vos découvertes faunistiques et floristiques.

VILLE-SOUS-ANJOU

❢ Ouv. TLJ d'avril à sept. de 9 à 19 h. D'oct. à mars, dim., JF et pendant les vac. scol. de 10 h à 18 h.

❢ Adultes 34 F, enfants de 4 à 10 ans 21 F.

❢ Aire de pique-nique. Bar. Boutique. Salle audiovisuelle (films sur la vie des animaux, les techniques de naturalisation).

Musée animalier

Grange Neuve
38150 Ville-sous-Anjou
Tél. 04 74 84 49 39

Plus de 500 animaux naturalisés sont présentés en groupes sociaux et en famille dans leur environnement naturel reconstitué. Des vitrines particulièrement vivantes mettent en scène des animaux des 5 continents, ceux de la jungle : éléphant, girafe, famille de lions des montagnes, des îles Kerguelen (les albatros hurleurs), de la Camargue, et même des manchots empereurs et leurs poussins, ramenés par Paul-Émile Victor d'une expédition en Antarctique. Tous ont été récupérés après leur mort naturelle dans des zoos, cirques ou élevages.

Arlay

• Ouv. TLJ du 15 juin au 15 sept. de 14 h à 18 h, spectacles de rapaces en vol à 16 h et 17 h. Du 16 sept. à la Toussaint et de Pâques au 14 juin, merc., WE et JF, de 14 h à 18 h.

• Adultes 30 F, enfants 25 F.

• Vis. du Château. Dégustation des vins du domaine et initiation à la viticulture jurassienne.

Jurafaune

Château d'Arlay
39140 Arlay
Tél. 03 84 85 07 23

Un sentier conduit à la forteresse médiévale où logent dans des volières une quarantaine d'oiseaux de proie : aigle royal, milan noir, chouette effraie, faucon pèlerin...Des panneaux explicatifs vous informeront sur leurs modes de vie. En saison, dans ce cadre magnifique du château d'Arlay, un spectacle de rapaces en vol est présenté.

Le faucon : Un oiseau célébré en Égypte

Admiré pour sa beauté et sa force, le faucon était l'emblème de plusieurs divinités égyptiennes. Il incarnait Horus, dieu des espaces célestes qui prenait la forme du faucon ou d'un homme à tête de faucon. Il était aussi un attribut du dieu Rê, symbole du soleil, souvent représenté avec une crête de faucon.

Jouvencelles (Les)

• Ouv. TLJ de 9 h à 12 h et de 13 h 30 à 19 h.

• Adultes 25 F, enfants de 10 à 16 ans 20 F, de 3 à 10 ans 12 F.

• Boutique.

Maison de la Faune

39220 Les Jouvencelles
Tél. 03 84 60 78 50

Plus de 350 oiseaux et 60 mammifères naturalisés sont réunis dans cette ferme, certains sont replacés dans leur milieu naturel comme l'écureuil qui épluche un cône d'épicéa, l'hermine qui trottine dans les brindilles et le grand tétras plus connu sous le nom de coq de bruyère, remarquable par la beauté de son plumage et symbole de cette Maison de la Faune. Les oiseaux constituent le fond de la collection avec plus de 150 espèces différentes : oiseaux des bois et des montagnes (grand corbeau, merle à plastron,

roitelet huppé...), des marais (canard, chevalier, balbuzard pêcheur, butor étoilé...), des prés (alouette, perdrix, grive, coucou...) et même des oiseaux de mer (goéland, guillemot, fou de Bassan...).

Un coq de bruyère fabuleux : Le tétras

Selon les légendes, cet animal est pris d'une passion ardente et sans mesure au printemps qui le conduit à se pavaner devant les femelles avec des cris retentissants. Les chasseurs ne pourraient le tuer qu'en rêve.

VAL-DESSOUS

Ouv. TLJ du 1er juin au 15 sept. de 9 h 30 à 19 h 30. Du 15 avril au 30 oct., lun., WE et JF, de 14 h à 19 h 30.

Adultes 27 F, enfants 15 F.

Ferme de l'Aurochs

Vallée du Hérisson
39130 Val-Dessous
Tél. 03 84 25 72 95 – Fax 03 84 25 77 14

Fondée en 1991, la Ferme de l'Aurochs permet d'observer dans son environnement naturel près d'une vingtaine d'aurochs, ces animaux mythiques, gibier des rois, disparus au XVIIe siècle. Le dernier spécimen aurait été abattu, en 1627, en Pologne. Reconstitués par croisement génétique, dans les années 30, par les frères Heck, directeurs de zoos, ils sont aujourd'hui près de 500 dans des réserves naturelles ou des parcs zoologiques. D'autres races primitives telles que le bison, le bœuf d'Écosse (highland cattle) ou le tarpan (petit cheval de l'est de l'Europe, ancêtre des races chevalines) sont présentées ici. Un espace est conçu spécialement pour la découverte des animaux domestiques (ânes, poules, lapins, chèvres) par les enfants.

40 - LANDES

LABENNE

Ouv. TLJ de mai à sept. de 10 h à 12 h 30 et de 14 h à 18 h.

Adultes 35 F, enfants 20 F.

Pinède des Singes

Route de Saint-Martin-de-Seignaux
40530 Labenne
Tél. 05 59 45 43 66

Une promenade en forêt landaise au cours de laquelle vous rencontrerez des troupes de singes en liberté. Ces macaques de Java vous surprendront par leurs jeux, leurs mimiques et leur vitalité.

LÉON

Accès libre.

Réserve naturelle du Courant d'Huchet

40550 Léon
Tél. 05 58 47 94 60

Créée en 1981, cette réserve comprend plusieurs milieux naturels : le marais du Coût de Moutagne et le marais de la Pipe, le courant Huchet, exemple de forêt-galerie où s'écoulent les eaux du lac vers la mer, l'étang Léon et la dune littorale.

Des chevreuils, parfois des sangliers mais surtout des carnivores : renards, fouines, visons, belettes, putois, martres et même des loutres, fréquentent la réserve. Des colverts, des sarcelles, des faisans, des poules d'eau se reproduisent dans le marais mais, malheureusement, ils sont dérangés par un rongeur qui ne dédaigne pas leurs œufs, le myocastor. Il semble avoir été introduit vers 1960 lors de l'abandon d'un élevage.

Des sentiers et des observatoires ont été aménagés pour permettre l'observation de cette faune.

MONT-DE-MARSAN

De fin mars à fin oct. Demander le programme des courses au CDT.

La Course landaise

Comité départemental du Tourisme
22, rue Victor-Hugo
40000 Mont-de-Marsan
Tél. 05 58 46 40 40 (CDT)

Entre le jeu et le sport, la course landaise consiste à provoquer une vache et à l'esquiver adroitement. Ceux qui la pratiquent s'appellent des « écarteurs », car ils doivent au dernier moment s'écarter de l'animal. Les bêtes sont les sœurs des taureaux combattus en corrida.

Des expressions

Un cou de taureau : *Un cou très fort.*
Prendre le taureau par les cornes : *Prendre la situation en main.*

MONT-DE-MARSAN

Du 1er sam. après le 14 juil. jusqu'au jeu. soir suiv.

Fêtes de la Madeleine

40000 Mont-de-Marsan
Tél. 05 58 75 22 23 (OT)

La plus grosse feria des Landes combine spectacles tauromachiques et fête populaire. Une novillada a lieu chaque année : c'est une course de jeunes taureaux, toréés par des jeunes toreros. Des dizaines de milliers de personnes participent à cette manifestation.

POUYDESSEAUX

Ouv. TLJ de Pâques à oct. de 9 h à 13 h et de 14 h à 18 h. Ferm. sam., en avril, mai, juin, sept. et oct.

15 F par personne.

Centre Jean-Rostand

Route de Mont-de-Marsan
40120 Pouydesseaux
Tél. 05 58 93 92 43

Fondé en 1962, par Jean Rostand qui juge indispensable de poursuivre ses expériences sur les mutations et les malformations chez les batraciens dans le milieu naturel. Il choisit un site riche en grenouilles et amphibiens et y crée un laboratoire de milieu. Un sentier permet de découvrir des batraciens et un élevage d'écrevisses. Dans le bâtiment, vous verrez une exposition retraçant l'œuvre du biologiste.

Jean Rostand (1894-1977) : Un naturaliste littéraire

Auteur d'une œuvre considérable, Jean Rostand s'est d'abord intéressé à l'observation du milieu social puis à la science avant de revenir à l'homme. Ses recherches scientifiques ont porté, en particulier, sur la parthénogenèse artificielle, les anomalies héréditaires ou acquises des crapauds et des grenouilles, la conservation des cellules. Il a eu le mérite de faire connaître la génétique au grand public français.

BLOIS

Tous les jeu. de mai à sept. à 14 h 30.

30 F par personne.

Haras national

62, avenue Maunoury
41000 Blois
Tél. 02 54 55 22 80 - Fax 02 54 74 86 93

Le haras de Blois héberge une cinquantaine d'étalons, pur-sang anglais, trotteurs français, anglo-arabes, pur-sang arabes, selle français, poneys Connemara mais aussi percherons, bretons, cobs normand et comtois. Au cours de la visite des installations du haras national, des étalons et des attelages vous seront présentés.

Une arme stratégique : Le cheval de Troie

Lors de la guerre de Troie, racontée dans « L'Iliade », entre les Troyens et les Grecs, après dix années de combat indécis où les héros légendaires Hector et Achille s'affrontent, les Grecs finirent par l'emporter grâce à une ruse célèbre. Ils feignirent de se retirer et offrirent comme offrande aux dieux un énorme cheval de bois. Les Troyens le firent entrer dans la ville, mais celui-ci contenait des soldats grecs. La nuit venue, ils s'emparèrent de Troie.
L'expression « cheval de Troie » désigne une perversion venue de l'extérieur.

BLOIS

Ouv. TLJ de 14 h à 18 h. Ferm. le lun. et les 1/01, 1/05, 1/11, 25/12.

Gratuit.

Point documentation.

Muséum d'Histoire naturelle

Rue Anne-de-Bretagne
41000 Blois
Tél. 02 54 74 13 89 - Fax 02 54 74 31 82

Créé à la fin du XIXe siècle, le muséum de Blois présente une collection de mammifères et d'oiseaux de la région. Diverses explications vous sont données sur la façon dont les animaux échappent aux prédateurs, sur le menu des rapaces. Des dioramas, maquettes, modules interactifs et animations audiovisuelles complètent la visite. Les « Mercredis du muséum » proposent aux enfants de 8 à 12 ans des ateliers de découverte des milieux naturels.

CHAUVIGNY-DU-PERCHE

Ouv. TLA s/RV

Adultes 25F, enfants 20F.

Dégustation.

Parc des Bisons du Perche (mini-safari)

Ferme de la Sirotière
41270 Chauvigny-du-Perche
Tél. et Fax 02 54 80 65 46

A la Ferme de la Sirotière, vous découvrirez un élevage insolite de bisons. Un mini-safari à l'intérieur du parc est organisé. Puis vous terminerez la visite par une vidéo sur l'histoire des bisons.

ÉPUISAY

Vis. guid. de mai à sept. merc. et sam. à 10 h 30, 14 h 30 et 16 h 30.

Adultes 20 F, enfants de 10 à 16 ans 10 F.

Dégustation gratuite. Possibilité de pique-nique. Vente de produits issus de l'élevage.

Élevage de cerfs et de biches

RN157 L'Étang
41360 Épuisay
Tél. 02 54 72 01 67 - Fax 02 54 72 17 75

L'élevage de cervidés d'Épuisay rassemble 80 biches reproductrices, 4 cerfs, daguets, bichettes et faons.

MONTRICHARD

❢ Ouv. TLJ des vac. scol. de printemps à fin sept. de 14 h 30 à 18 h 30. Du 15 juin au 15 sept. de 10 h à 12 h et de 14 h 30 à 18 h 30. Vol de rapaces : à 15 h 30 et 17 h.

❢ Adultes 45 F, enfants de 5 à 11 ans 30 F. Demi-tarif le matin.

Les Aigles du Donjon

Château de Montrichard
41400 Montrichard
Tél. 02 54 32 01 16

Dans le château de Montrichard, le Donjon des Aigles rassemble une riche collection d'oiseaux de proie diurnes et nocturnes du monde entier. Présentés pour la plupart sans cage ni barreaux, selon la technique traditionnelle des fauconniers, vous pourrez les observer et les photographier de très près et, chaque après-midi, les rapaces évoluent devant vous en toute liberté.
Pour chaque espèce, des parchemins vous informent sur l'essentiel de leur biologie.

SAINT-AIGNAN

❢ Ouv. TLJ de 9 h à la tombée de la nuit.

❢ Adultes 60 F, enfants de 3 à 10 ans 30 F et pour les moins de 3 ans 25 F.

❢ Aire de pique-nique. Restaurant.

Zooparc de Beauval

41110 Saint-Aignan
Tél. 02 54 75 05 56 - Fax 02 54 32 65 94

Parc ornithologique à ses débuts, le parc de Beauval rassemble plus de 2 000 oiseaux, dont 400 perroquets et perruches. Une serre tropicale accueille colibris, tangaras, spréos royaux, gouras.
Les fauves sont également bien représentés : lions, panthères, jaguars, pumas et tigres blancs, emblème du parc de Beauval.

Zooparc de Beauval – 41110 Saint-Aignan

Une centaine de singes vivent sur des îles dont deux familles d'orangs-outans et le plus grand groupe de France de chimpanzés, ces mammifères les plus proches de l'homme et qui utilisent des mimiques faciales variées.
Un grand vivarium accueille plus de 100 serpents, varans, iguanes, tortues et crocodiles. Des spectacles d'otaries et de rapaces sont également présentés.

Des expressions

Un tigre : *Un homme sanguinaire.*
Jaloux comme un tigre : *Extrêmement jaloux.*
Tigre de papier : *Une grande force dont les menaces seraient du bluff.*

VILLEHERVIERS

- Ouv. TLJ de 10 h à la tombée de la nuit.
- Adultes 46 F, enfants de 5 à 15 ans 32 F.
- Restauration rapide.

Aliotis (aquarium de Sologne)

41200 Villeherviers
Tél. 02 54 95 26 26 - Fax 02 54 95 26 20

Aliotis abrite les poissons et invertébrés des rivières de France, mais aussi de l'est et du nord de l'Europe, et la faune africaine et tropicale. Sur 4 000 m^2 de visite, près de 500 espèces sont présentées dans plus de 150 aquariums. Un aquarium marin de plus de 20 m de long accueille près de 10 requins et les beaux plus poissons du monde évoluent autour d'eux : poissons-anges, poissons Picasso, poissons porcs-épics, poissons vaches et bien d'autres encore. Vous découvrirez le nautile, un véritable fossile vivant. Un bassin de contact permet de toucher et caresser des raies et des turbots. Ici, le monde de l'eau est présenté tel qu'il est dans la réalité. Les traitements chimiques ont été proscrits et la couleur peut être différente d'un jour à l'autre, verte, jaune ou cristalline comme dans la nature.
Vous terminerez votre visite par « Le Monde de Gulliver » qui vous propose d'entrer dans une fourmilière, une ruche ou le nid du campagnol.

42 - LOIRE

CHAMBÉON

Ouv. TLJ de 14 h à 18 h, le WE de 14 h à 19 h. Vis. guid. organisées tous les dim. après-midi.

Adultes 20 F, enfants de 13 à 18 ans 10 F.

Écopôle du Forez

42110 Chambéon

Tél. 04 77 27 86 40

Sur plusieurs centaines d'ha en bordure de la Loire, l'Écopôle du Forez permet de découvrir un site composé d'anciens étangs et de gravières réaménagés possédant une faune et une flore importantes. Les marais abritent des hérons, râles d'eau, fauvettes aquatiques. Les îles permettent aux oiseaux de nicher. Les étangs accueillent canards et oiseaux d'eau. Des haies protègent les insectes, les batraciens et les petits mammifères. Récemment, le castor d'Europe a été réintroduit dans ce domaine naturel exceptionnel. Le sentier d'interprétation de 6 km et les observatoires sur le bord des étangs favorisent l'observation des oiseaux. Ce lieu de promenade et de découverte est un magnifique centre d'observation de la vie sauvage. Une exposition interactive offre aux visiteurs la possibilité de mieux comprendre la vie secrète des nombreux oiseaux présents sur le site.

MARCILLY-LE-CHÂTEL

Ouv. TLJ en juil. et août de 15 h 30 à 17 h. Du 15 sept. au 1er nov., merc., sam., dim. et JF, spectacle à 15 h (uniquement). Du 15 mars au 1er nov., sam., dim. et JF, spectacles à 15 h 30 et 17 h, en semaine 15 h.

Adultes 40 F, enfants de 4 à 12 ans 25 F.

Aire de jeux. Aire de pique-nique. Buvette. Boutique.

Volerie du Forez

Le Château

42130 Marcilly-le-Châtel

Tél. 04 77 97 59 14 ou 04 77 27 86 40

Proche de Montbrison, située dans le château de Sainte-Anne, la volerie du Forez abrite des rapaces : aigles des steppes, vautours fauves et vautours royaux, milans, buses et autres faucons. Ce sont eux qui animent le spectacle. Un fauconnier dialogue avec le public pendant toute la démonstration. Sous forme de jeu avec l'aide d'un émetteur-récepteur, une simulation de recherche d'un oiseau perdu est proposée.

L'aigle : Le compagnon des plus grands

Roi des oiseaux et symbole universel de grandeur et d'élévation, l'aigle est associé aux plus grands, les dieux comme les hommes. On disait qu'il était le seul animal à pouvoir contempler le soleil en face. Il est l'attribut de Zeus, et du Christ. Il était l'emblème impérial de César et de Napoléon, qui l'a préféré au lion couché.

MONTBRISON

Ouv. TLJ sauf le mar. de 14 h 30 à 18 h. Ferm. les 25/12 et 1/01.

Adultes 14 F, enfants à partir de 8 ans 6 F.

Musée Allard

13, boulevard de la Préfecture

42600 Montbrison

Tél. 04 77 58 33 07

Le musée Allard comporte 4 niveaux d'expositions différentes. C'est au rez-de-chaussée que nous pouvons découvrir la section d'histoire naturelle avec une importante collection d'oiseaux naturalisés. Présentation vivante et didactique de l'avifaune, chaque oiseau est montré dans son environnement naturel : la campagne, la forêt, la montagne et la mer. Ceci est complété par un diaporama et un enregistrement d'espèces connues.

ROCHE-LA-MOLIÈRE

• Ouv. vend. de 14 h à 18 h, sam. de 8 h à 12 h et de 14 h à 18 h, dim. de 15 h à 19 h. Ferm. les 25/12 et 1/01.

• Gratuit.

Miellerie des Gorges de la Loire

Rue Saint-Victor
42230 Roche-la-Molière
Tél. 04 77 90 61 82

La miellerie des Gorges de la Loire vous propose de découvrir la vie et le travail de l'abeille à partir d'une présentation originale : montage macrophoto, quatre ruches de verre en activité et une bulle recréant le milieu naturel. Dans la salle d'extraction, vous verrez l'arrivée du miel en rayon jusqu'à la mise en pots. Vous pourrez ensuite dans le laboratoire, assister à la production de la gelée royale et, bien sûr, à la fin de la visite déguster le miel, l'hydromel et le pain d'épice.

SAINT-MARTIN-LA-PLAINE

• Ouv. TLJ en été de 9 h à 19 h, jusqu'à la tombée de la nuit en hiv.

• Adultes 45 F, enfants de 3 à 10 ans 30 F.

• Aire de jeux avec un toboggan de 10 m. Aire de pique-nique. Restauration.

Espace zoologique de Saint-Martin-la-Plaine

42800 Saint-Martin-la-Plaine
Tél. 04 77 75 18 68

La philosophie des parcs animaliers a beaucoup évolué, ce ne sont plus des collectionneurs d'animaux. Ce sont maintenant des zones d'études et de recherches qui ont, en général, trois grandes fonctions : l'élevage dans l'optique de la conservation des espèces, la pédagogie et la recherche scientifique. L'espace zoologique de Saint-Martin-la-Plaine est une station d'élevage et de reproduction pour une soixantaine d'espèces menacées d'extinction. Ce zoo, créé en 1972, est le deuxième parc français à réussir la reproduction du gorille, après celui de La Palmyre. Antanga, un ravissant petit gorille de 1,6 kg, est né le 11 février 1995. Cela faisait 13 ans que les responsables du zoo attendaient l'heureux événement. Le repas d'Antaga retient l'attention des visiteurs chaque jour à 14 h. Conçu pour pouvoir admirer les animaux dans de parfaites conditions de confort et de sécurité, le parc de Saint-Martin-la-Plaine doit également sa renommée à d'autres espèces très menacées comme les babiroussas, des cochons sauvages des îles indonésiennes Sulawesi (Célèbes), ou encore les binturongs, proches de la mangouste, les loups à crinière d'Amérique du Sud, les tigres de Sibérie ou certains cacatoès des Philippines.

Dian Fossey et les gorilles

Dian Fossey s'installa en Afrique centrale, en 1966, pour étudier les gorilles des montagnes. Elle les défendit contre les braconniers et fit tout ce qu'elle put pour éviter leur extermination. Elle mourut assassinée en 1985. Un film et un livre lui ont été consacrés.

SAINT-RIRAND

S/RV.

Adultes 10 F, enfants de 8 à 15 ans 5 F.

Élevage de Bisons

Préfol
42370 Saint-Rirand
Tél. 04 77 65 76 88

Le genre bison se partage en deux espèces, le bison européen (Bison bonasus), et le bison d'Amérique (Bison bison). Le dernier bison sauvage d'Europe s'est éteint, en Pologne, en 1925. L'élevage du bison d'Europe puis sa réintroduction l'ont sauvé de justesse. Les bisons américains, préservés de l'extermination, seraient aujourd'hui 120 000 aux États-Unis et 600 000 au Canada. Ils sont généralement préférés à ceux d'Europe qui ont un régime alimentaire constitué de jeunes pousses, rameaux, feuilles et écorces d'arbre, effectuant des dégâts importants.
Le troupeau de Préfol est constitué de 10 femelles et un mâle en provenance d'un élevage des Ardennes belges, lui-même issu de troupeaux du Dakota aux États-Unis. L'élevage possède un corral digne des élevages du Far West.

BRIOUDE

Ouv. TLJ en juil. et août de 9 h 30 à 12 h 30 et de 14 h 30 à 19 h 30. D'oct. à mars de 14 h à 18 h. D'avril à juin de 10 h à 12 h et de 14 h à 18 h.

Adultes 30 F, enfants de 5 à 18 ans 20 F.

Maison du Saumon

43100 Brioude

Tél. 04 71 74 91 43 – Fax 04 71 74 97 87

La Haute-Loire est l'un des départements français les plus riches sur le plan piscicole. On y rencontre toutes les espèces de poissons, mais la truite prédomine. Le saumon Atlantique vient frayer dans la haute vallée de l'Allier, après une migration de 900 km depuis l'estuaire de la Loire.

Véritable musée vivant, la Maison du Saumon présente de grands aquariums reconstituant le fond de la rivière où nagent des ombres, barbeaux, brêmes, tacons, truites, carpes et ablettes. En tout, plus de 30 espèces de poissons d'eau douce sont représentées. Une rivière reconstituée de 25 m de circonférence, remplie de 30 t d'eau, permet de voir les saumons remonter le cours d'eau et de comprendre leur grande migration : ce voyage de plus de 3 000 km qui dure de 2 à 5 ans pour arriver à l'ouest du Groenland.

Le saumon : L'animal de la sagesse

Dans la mythologie celtique, le saumon est le symbole de la connaissance universelle et de la sagesse. Ainsi, il existerait une fontaine de sagesse dans laquelle vivraient des saumons de sagesse. Les hommes qui mangeaient leur chair devenaient alors omniscients et prophètes.

CHILHAC

Ouv. TLJ en juil. et août de 10 h à 12 h et de 15 h à 19 h. De Pâques à la Toussaint, le dim.

Adultes 25 F, enfants de 6 à 14 ans 15 F.

Musée de Paléontologie

Christian-Guth

43380 Chilhac

Tél. 04 71 77 41 56

Le musée de Paléontologie de Chilhac permet de découvrir le résultat des fouilles du site. Une collection de restes fossiles d'animaux, éléphant, ours, castor, cheval, rhinocéros, gazelle, hyène, et même d'oiseaux est présentée ainsi que le Cervus Philisi de la famille des cervidés qui, lui, est complètement reconstitué.

GRAZAC

Ouv. TLJ sauf merc. et sam. de mai à oct. de 15 h à 18 h.

Vis. guid.: adultes 10 F, enfants gratuit.

Vente de produits issus de l'élevage.

Maison de l'Escargot

Andrillon

43200 Grazac

Tél. 04 71 59 32 00

Mollusques gastéropodes terrestres, les escargots sont herbivores et hermaphrodites. L'escargot de Bourgogne ou escargot des vignes et l'escargot chagriné ou petit-gris sont les plus recherchés pour la cuisine. A la Maison de l'Escargot, une visite des parcs et une exposition réalisée par l'université de Saint-Étienne vous permettront de tout connaître sur lui.

LAVOÛTE-CHILHAC

❢ Ouv. TLJ de juin à sept. de 9 h 30 à 12 h 30 et de 15 h à 19 h. Ferm. merc. mat. et vend. mat.

❢ Adultes 20 F, enfants de 6 à 12 ans 10 F.

Maison des Oiseaux du Haut-Allier

Le Prieuré
43380 Lavoûte-Chilhac
Tél. 04 71 77 43 52

La Maison des Oiseaux du Haut-Allier est un espace de découverte et d'information sur les oiseaux de la Haute-Loire. Des expositions, des dioramas, fidèles reconstitutions des milieux naturels et de leurs oiseaux, des projections et des sorties bihebdomadaires de découverte, telles sont les activités proposées par la Maison des Oiseaux gérée par la LPO.

Des oiseaux obéissants : Les oiseaux de Drutwas

Drutwas était un des compagnons d'Arthur, héros de la mythologie celtique. Il avait épousé une fée qui lui avait offert trois oiseaux merveilleux, comprenant et exécutant tous les ordres de leur maître. Cédant à l'orgueil, il défia Arthur. Ils convinrent de se rencontrer pour un combat. Mais Drutwas, au lieu de s'y rendre lui-même, envoya ses oiseaux en leur ordonnant de tuer le premier homme qui se présenterait. Arthur, prévenu de la ruse par la sœur de Drutwas, attendit et, quand Drutwas vint constater les résultats de son piège, il fut déchiqueté par ses propres oiseaux.

44 - LOIRE-ATLANTIQUE

BOISSIÈRE-DU-DORÉ (LA)

• Ouv. TLJ d'avril à oct. de 14 h à 19 h. D'oct. à mars, dim., JF et vac. scol. de 14 h à 18 h.

• Adultes 45 F, enfants de 2 à 10 ans 25 F.

Zoo de La Boissière

44430 La Boissière-du-Doré

Tél. 02 40 33 70 32 – Fax 02 40 33 75 15

Plus de 500 animaux vivent en semi-liberté au zoo de La Boissière : girafes, hippopotames nains, lions, tigres et la plus importante famille d'orangs-outans de France. En Asie, on raconte que l'orang-outan est un homme qui a fui dans les bois et s'est transformé en singe. Son nom signifie « homme des bois » en malais.

Des expressions

Malin comme un singe : *Extrêmement rusé.*
Faire le singe : *Faire des grimaces, des pitreries.*
Le singe de son maître : *Personne qui imite, qui reproduit.*
On n'apprend pas au vieux singe à faire la grimace : *On ne peut tromper quelqu'un d'expérience.*

CROISIC (LE)

• Ouv. TLJ de juin à août de 10 h 19 h (du 10 juil. au 20 août noct. jusqu'à 21 h). De sept. à mai de 10 h à 12 h et de 14 h à 18 h. Ferm. en janv. (3 sem.).

• Adultes 45 F, enfants de 3 à 15 ans 28 F.

• Boutique.

Océarium du Croisic

Avenue de Saint-Goustan

44490 Le Croisic

Tél. 02 40 23 02 44 – Fax 02 40 23 22 93

L'océarium est un espace vivant pour comprendre la vie sous-marine : 32 aquariums, 1 000 spécimens de 150 espèces qui évoluent dans 680 000 l d'eau.

Il privilégie la faune et la flore de l'Atlantique, pieuvres, lottes, rougets, grondins perlons, seiches, rascasses, saint-pierre, et l'hippocampe, ce cheval marin au mode de reproduction particulier (c'est le mâle qui met au monde les petits), mais on peut aussi voir quelques poissons tropicaux comme les murènes des Antilles ou le poisson clown de l'océan Indien. Un tunnel traverse un bassin de 300 000 l d'eau de mer où vivent des requins et des raies ailées. Ainsi, les visiteurs ont l'impression de se promener parmi eux.

Un plongeur veille quotidiennement à l'entretien et au nourrissage de ces poissons qui ont besoin d'être servis un par un. Ce moment est particulièrement attendu par les visiteurs. Un bassin de contact fait la joie des enfants ; il permet d'attraper crabes, bernard-l'ermite, étoiles de mer, roussettes.

Océarium du Croisic – 44490 Le Croisic

Océarium du Croisic – 44490 Le Croisic

HAUTE-GOULAINE

❢ Ouv. TLJ sauf mar. de mi-juin à mi-sept. de 14 h à 18 h. De mi-sept. au 31 oct. et de Pâques à mi-juin, WE et JF de 14 h à 18 h.

❢ Adultes 30 F, enfants à partir de 8 ans 15 F.

❢ Musée-château de Haute-Goulaine. Cafétéria. Boutique.

La Volière de Papillons

Château de Haute-Goulaine
44115 Haute-Goulaine
Tél. 02 40 54 91 42 – Fax 02 40 54 90 23

Créée en 1983, la Volière de Papillons du château de Haute-Goulaine a été la première d'Europe continentale. Il est vrai qu'elle a fait quelques émules depuis. Dans une serre aménagée et chauffée à 28°, elle rassemble près de 300 papillons exotiques de 100 espèces différentes dont le porte-queue (papilios) de Malaisie ; les morphos bleus du Brésil ; l'attacus atlas, le plus gros papillon du monde (25 cm) qui, ne se nourrissant pas, ne vit que quelques jours, sa seule fonction étant de se reproduire ; le monarque, qui est le seul papillon migrateur ; les papillons-feuilles, qui, pour se protéger des prédateurs, imitent les feuilles.
Certains se reproduisent à Goulaine, d'autres sont élevés dans des fermes à papillons dans leur pays d'origine et sont expédiés à l'état de chrysalide au château de Goulaine.
Le matin, vous pourrez observer la naissance des papillons. Ils sortent de leur chrysalide, font sécher leurs ailes mouillées pendant une dizaine de minutes, puis les déploient comme des voiles et deux heures plus tard ils sont lâchés dans la volière.

GUÉRANDE

❢ Ouv. dim. de Pâques à sept. de 15 h à 19 h. En juil. et août, TLJ de 15 h à 19 h.

❢ Adultes 22 F, enfants 15 F.

La Ferme aux Biches

Trépied
44350 Guérande
Tél. 02 40 42 95 01

La Ferme aux Biches propose une visite commentée sur la vie des cerfs, biches et faons.

NANTES

❢ Ouv. TLJ sauf dim. mat., lun. et JF de 10 h à 12 h et de 14 h à 18 h.

❢ Adultes 20 F, enfants de 6 à 18 ans 10 F.

❢ Collection de minéraux.

Musée d'Histoire naturelle

12, rue Voltaire
44000 Nantes
Tél. 02 40 41 67 67

Le musée de Nantes rassemble de riches collections émaillées de pièces rares en paléontologie, préhistoire, conchyliologie, zoologie où la faune régionale est particulièrement bien représentée. La galerie des poissons expose un cœlacanthe naturalisé. Vous y verrez quelques curiosités comme ce roi de rats (groupe de rats siamois attachés par la queue).
Ce musée abrite aussi un vivarium, où plusieurs milieux naturels ont été reconstitués. De nombreuses espèces ; crotales, pythons, crocodiles, scorpions... sont représentées.

Le cœlacanthe : une épopée scientifique

Ce poisson préhistorique aux allures de reptile, connu sous forme de fossile daté de l'ère primaire et dont on croyait l'espèce disparue depuis 170 millions d'années, a été trouvé dans le filet de pêche d'un chalutier, le 22 décembre 1938, dans le port d'East London, en Afrique du Sud. Cette découverte eut un retentissement important dans les milieux scientifiques qui pensaient alors avoir trouvé le « chaînon manquant ». Le cœlacanthe, avec ses nageoires lobées, serait passé de la vie aquatique à la vie terrestre et serait un descendant direct des ancêtres des tétrapodes. Aujourd'hui, le mystère demeure même si les recherches en ichtyologie (science qui étudie les poissons) ont permis de connaître sa localisation (au large de la Grande Comore), sa biologie, son recensement (guère plus de 400 individus).

PORT-SAINT-PÈRE

! Ouv. TLJ de mi-fév. à mi-nov. de 10 h à 16 h (ferm. des caisses). En juin, juil. et août, de 10 h à 17 h 30 (ferm. des caisses).

! Adultes 80 F, enfants de 3 à 12 ans 50 F.

! Si vous ne possédez pas de voiture, possibilité de prendre le petit train du safari. 4 départs sont organisés par jour (sur rés.). Aire de jeux dans le village. Aire de pique-nique sur le parking. Restauration.

Safari parc africain

44710 Port-Saint-Père

Tél. 02 40 04 82 82 – Fax 02 40 04 87 43

Le safari africain de Port-Saint-Père rassemble plus de 2 000 animaux en liberté : lions, tigres, loups, ours, girafes, rhinocéros, hippopotames, éléphants mais aussi impalas, gnous, zèbres, élans évoluant en troupeaux dans de grandes prairies herbeuses.

10 km de pistes à parcourir en voiture dans un immense espace de plus de 100 ha vous donnent l'impression d'être dans une véritable réserve africaine.

Le village du safari africain se visite à pied et permet de découvrir l'arche des reptiles avec ses pythons, iguanes et crocodiles, la forêt des singes, l'île des siamangs, des pélicans et des flamants roses, le spectacle des otaries et bien d'autres animations.

Le safari de Port-Saint-Père est le lieu de 250 naissances par an et d'une des plus importantes populations d'animaux sauvages en voie de disparition.

LES ÉLÉPHANTS

...

Tel l'espace enflammé brûle sous les cieux clairs ;
Mais, tandis que tout dort aux mornes solitudes,
Les éléphants rugueux, voyageurs lents et rudes,
Vont au pays natal à travers les déserts.

D'un point de l'horizon, comme des masses brunes,
Ils viennent, soulevant la poussière, et l'on voit,
Pour ne point dévier du chemin le plus droit,
Sous leur pied large et sûr crouler au loin les dunes.
...

Leconte de Lisle (1818-1894).

SAINT-ANDRÉ-DES-EAUX

! Ouv. TLJ d'avril à sept. de 14 h 30 à 18 h 30. D'oct. à mars, mar., merc., jeu., sam. et dim., de 14 h à 17 h 30.

! Adultes 30 F, enfants 15 F.

Village des Canards

Ker anas (La maison neuve)

44117 Saint-André-des-Eaux

Tél. 02 40 01 27 48

Le Village des Canards vous fait découvrir plus de 90 espèces du monde entier le long d'une rivière de 800 m où chaque espèce est présentée grâce à des panneaux informatifs. Un parcours de 1 km autour de 6 étangs avec des bancs pour prendre le temps d'observer cet univers est également

Safari africain – 44710 Port-Saint-Père

proposé. C'est en tout près de 600 canards qui évoluent dans ce parc et en période de reproduction leur effectif atteint même 1 000 spécimens.

SAINT-MALO-DE-GUERSAC

• Ouv. TLJ de juin à oct. de 9 h à 18 h.

• Adultes 15 F, enfants 10 F.

• Location de jumelles.

Maison de Rozé

Sentier de découverte
44550 Saint-Malo-de-Guersac
Tél. 02 40 91 17 80

Dans un espace protégé de 25 ha, un parcours pédestre de près de 2 km vous mène, entre roseaux et prairies, le long des vasières et des piardes. Quatre affûts vous permettront d'assister à la vie quotidienne des habitants de cet univers aquatique. Vous y verrez des hérons cendrés, busards des roseaux, mésanges à moustaches et autres sarcelles ou bécassines ainsi que des insectes et des batraciens. Des panneaux, des jeux vous apprendront à mieux connaître toutes les facettes de ce monde vivant.

SAINT-PHILBERT-DE-GRAND-LIEU

• Ouv. TLJ d'avril à sept. de 10 h à 12 h 30 et de 14 h 30 à 18 h 30. D'oct. à mars, du merc. au sam. de 10 h à 12 h et de 14 h à 17 h 30 et dim. de 14 h à 17 h 30.

• Adultes 16 F, enfants de 6 à 12 ans 10 F.

Musée ornithologique

Rue de l'Abreuvoir
44310 Saint-Philbert-de-Grand-Lieu
Tél. 02 40 78 73 88 (OT)

Situé dans les locaux de l'Office du Tourisme, le musée ornithologique de Saint-Philbert-de-Grand-Lieu rassemble une superbe collection de 300 animaux naturalisés qu'abrite le lac de Grand-Lieu dont 225 sont des oiseaux nicheurs ou de passage.

45 - LOIRET

CHÂTEAURENARD

❢ Ouv. TLJ de mai à août de 10 h à 18 h. Du 1er sept. au 15 nov., et du 15 fév. au 30 avril, merc., sam. et dim. de 10 h à 18 h. HS, rés. indis.

❢ Adultes 20 F, enfants de 4 à 14 ans 15 F.

Musée vivant de l'Apiculture gâtinaise

La Cassine
Route de Chuelles
45220 Châteaurenard
Tél. 02 38 95 35 56 - Fax 02 38 95 20 45

Vous découvrirez ici la vie des abeilles et le travail de l'apiculteur. Une ruchette d'observation de la reine a été installée. Différentes ruches (classiques, sauvages, traditionnelles en paille) vous seront présentées peuplées et vitrées. Une série de maquettes retraçant l'histoire de l'apiculture, une exposition photographique sur la vie de l'abeille dans le monde et une vidéo complètent la visite. De mai à août, les visiteurs assistent à l'extraction du miel. La visite s'achève par une dégustation des différents miels.

LIGNY-LE-RIBAULT

❢ Ouv. sam., dim., JF et vac. scol. de 15 h à 19 h.

❢ Adultes 15 F. Gratuit jusqu'à 14 ans.

Maison du Cerf

91, rue du Général-Leclerc
45240 Ligny-le-Ribault
Tél. 02 38 45 45 44

Une maison à thème sur la vie du cerf, de la biche et du faon qui présente des photos, un film sur leur mode de vie : brames, combats, chute et évolution des bois, naissance, vie et cellule familiale.

MÉNESTREAU-EN-VILLETTE

❢ Ouv. TLJ de 10 h au coucher du soleil sauf mar. d'oct. à mars. Ferm. les 25/12 et 01/01.

❢ Adultes 30 F, enfants à partir de 4 ans 16 F.

Domaine du Ciran

45240 Ménestreau-en-Villette
Tél. 02 38 76 90 93 - Fax 02 54 88 57 52

Sur 300 ha, le domaine du Ciran offre une grande diversité de milieux naturels : cultures, prairies, bois, landes et étangs, où la majorité des espèces de Sologne est présente. Des observatoires permettent de voir évoluer, en toute liberté, chevreuils, canards colverts, hérons cendrés, grèbes... Des vidéos agrémentent la visite et un conservatoire et une vidéothèque de la faune sauvage complètent ces informations.

MONTARGIS

❢ Ouv. TLJ de 10 h à 19 h. Ferm. le 25/12.

❢ Gratuit.

❢ Vente de produits issus de la ruche.

Écomusée de l'Apiculture

RN7
45200 Montargis
Tél. 02 38 85 32 02 - Fax 02 38 98 47 60

Vous verrez la vie et le travail des abeilles à travers des ruches vitrées. Des panneaux explicatifs vous informent sur l'apiculture et les produits de la ruche. En saison, vous pourrez assister à l'extraction du miel.

ORLÉANS

❢ Ouv. TLJ sauf le sam. de 14 h à 18 h. Ferm. les JF.

❢ Adultes 20 F, enfants gratuit.

❢ Collections de géologie et de préhistoire.

Muséum des Sciences naturelles

2, rue Marcel-Proust
45000 Orléans
Tél. 02 38 54 61 05 - Fax 02 38 53 19 67

Le muséum d'Orléans rassemble une collection de zoologie, mammifères, oiseaux, insectes, reptiles. Des aquariums et vivariums sont également présentés.

Cabrerets

Ouv. des Rameaux à la Toussaint TLJ de 9 h 30 à 12 h et de 13 h 30 à 17 h 30 (16 h 45 à partir du 1er oct.). Nombre d'entrées contingenté à 700 par jour. Il est préférable de rés.

Adultes 44 F, enfants de 5 à 18 ans 30 F.

Grotte-musée de la Pech-Merle

46330 Cabrerets

Tél. 05 65 31 27 05/05 65 31 23 33 - Fax 05 65 30 21 26

Découverte, en 1922, par deux jeunes gens, la grotte du Pech-Merle a été appelée la « Chapelle Sixtine » des Causses par l'abbé Breuil, préhistorien français, spécialiste de l'art paléolithique. C'est l'un des plus beaux monuments de l'art pictural de cette époque. Soixante représentations animales sont peintes ou gravées sur les parois dont 25 mammouths mais aussi des bisons, chevaux... figurations humaines, signes.

Le centre de préhistoire du Pech-Merle est formé de la célèbre grotte peinte et du musée Amédée-Lemozi.

Gramat

Ouv. TLJ des vac. de Pâques au 30 sept. de 9 h à 19 h. Du 1er oct. aux vac. de Pâques, de 14 h à 18 h.

Adultes 35 F, enfants de 5 à 15 ans 22 F.

Aires de pique-nique. Buvette.

Parc animalier

46500 Gramat

Tél. 05 65 38 81 22 - Fax 05 65 33 43 96

Créé en 1980, le parc animalier de Gramat est un conservatoire vivant d'espèces domestiques en voie de disparition : chèvres de Rove, chèvres des Pyrénées, mérens, pottoks, ânes du Poitou et bien d'autres encore. Outre ces animaux domestiques, le parc réunit 1 000 animaux d'Europe de 150 espèces différentes : renards, cygnes, cigognes, lynx, loups, chevaux de Przevalski, ours, cerfs sikas, bisons. Ils vivent en semi-liberté dans de grands enclos.

Martel-en-Quercy

Ouv. TLJ en juil. et août de 10 h à 18 h (avec démons. toutes les heures). HS de 10 h à 12 h et de 14 h à 18 h. Ferm. le lun. de nov. à mars.

Adultes 35 F, enfants de 4 à 16 ans 20 F.

Reptiland

RN140

46600 Martel-en-Quercy

Tél. 05 65 37 41 00 - Fax 05 65 37 43 93

Reptiland rassemble 200 spécimens de 88 espèces différentes : serpents, crocodiles, lézards, tortues et araignées... Présentés en lumière du jour mais à l'abri des intempéries sous une serre de 500 m², c'est une occasion de découvrir le monde des reptiles. En début de visite, vous pourrez voir une vidéo sur leur comportement alimentaire et leur reproduction. Des manipulations de pythons et de boas sont également présentées.

Un serpent guérisseur : Le serpent d'airain

Un épisode biblique raconte que, lors d'une révolte des Hébreux dans le Sinaï, Dieu, pour les punir, leur envoya des serpents pour les mordre. Il ordonna ensuite à Moïse de construire un serpent d'airain, un alliage à base de cuivre, et de le suspendre au bout d'une perche. Les révoltés qui se repentaient étaient alors guéris à sa vue. Ce serpent fut honoré comme une idole, mais le roi Ézéchias le fit détruire.

ROCAMADOUR

❢ Ouv. TLJ de Pâques au 15 nov. de 10 h à 12 h et de 14 h à 19 h. HS, dim., JF et vac. scol. de 14 h à 18 h.

❢ Adultes 22 F, enfants 16 F.

Aquarium

Place de l'Europe
46500 Rocamadour
Tél. 05 65 33 73 61 - Fax 05 65 33 17 10

L'aquarium de Rocamadour rassemble, dans 50 000 l d'eau douce, des centaines de poissons, crustacés et reptiles. Durant l'été, des journées à thème sont organisées autour de l'eau et des poissons.

ROCAMADOUR

❢ Ouv. TLJ en juil. et août de 10 h à 19 h. En avril, mai, juin et sept. de 10 h à 12 h et de 13 h à 18 h. En oct., dim. et vac. scol. de 10 h à 12 h et de 13 h à 17 h, en semaine de 13 h à 17 h. Du 1er au 11 nov., sam., dim., JF et vac. scol. de 10 h à 12 h et de 13 h à 17 h.

❢ Adultes 35 F, enfants de 5 à 14 ans 20 F.

❢ Aire de pique-nique. Buvette. Boutique.

Forêt des Singes

L'Hospitalet
46500 Rocamadour
Tél. 05 65 33 62 72 - Fax 05 65 38 86 82

Créée en 1974, la Forêt des Singes est un parc d'une conception originale, il présente une seule espèce en liberté : les magots ou macaques de Barbarie, originaires des hauts plateaux marocains. Habitués aux écarts climatiques importants, ils se sont très bien habitués à leur nouvel environnement. Le parc permet d'observer des primates ayant le même comportement qu'à l'état sauvage. Ils se promènent librement dans le parc et vivent en groupes de plusieurs dizaines d'individus. Chaque groupe a son espace vital et sa hiérarchie sociale. Ils passent la plus grande partie de la journée au sol à la recherche de leur nourriture et ils dorment la nuit en sécurité dans les arbres. Les bébés naissent entre avril et juin et leur observation est un spectacle qui réjouira parents et enfants.
Des panneaux vous informent sur leur comportement et leur mode de vie. Un espace vidéo complète la visite.
Les magots font partie des espèces menacées. Des opérations de repeuplement en Afrique du Nord ont été menées à bien grâce aux populations présentes dans le parc.

Le singe : Un symbole de sagesse et de détachement

Les célèbres singes du Jingoro, au temple de Nikko, expriment cette symbolique. L'un se ferme les yeux, le deuxième la bouche, le troisième les oreilles.

La Forêt des singes – 46500 Rocamadour

ROCAMADOUR

Ouv. TLJ en juil. et août de 10 h à 20 h. D'avril à nov., merc. et dim. de 11 h à 17 h.

Adultes 23 F, enfants 12 F.

Vente de produits issus de la ruche.

Maison des Abeilles

L'Hospitalet
46500 Rocamadour
Tél. 05 65 33 66 98

La Maison des Abeilles est un lieu de découverte de l'abeille domestique et du métier de l'apiculteur. Un étonnant spectacle de manipulation d'abeilles est présenté dans une cour intérieure vitrée où cohabitent parfois jusqu'à 500 000 abeilles (50 kg).

ROCAMADOUR

Ouv. TLJ d'avril à oct. de 10 h à 12 h et de 14 h à 18 h. Démons.: en juil. et août à 11 h, 14 h 30, 15 h 30, 16 h 30 et 17 h 30.
En avril, mai, juin, sept. et oct., à 11 h, 15 h et 16 h. Dimanche, JF et vac. scol. à 11 h, 15 h, 16 h et 17 h.

Adultes 35 F, enfants de 6 à 16 ans 20 F.

Aire de pique-nique. Buvette. Restaurant. Boutique.

Rocher des Aigles

46500 Rocamadour
Tél. 05 65 33 65 45 - Fax 05 65 33 69 06

Des démonstrations de vols de rapaces sont présentées. Le spectacle comme celui du château de Kintzheim, en Alsace, est d'une qualité exceptionnelle. Les grands vautours planent au-dessus de l'esplanade avant de piquer sur un seul geste vers leurs dresseurs. Des informations vous sont données sur leur biologie, leur rôle dans la nature et leur préservation.
Le Rocher des Aigles est aussi un centre d'élevage et de reproduction. Dans des volières, vous pourrez admirer 150 rapaces appartenant à 50 espèces du monde entier : vautour urubu, condor des Andes, aigle royal, grand duc...

Rocher des Aigles – 46500 Rocamadour

Il participe à des opérations de repeuplement. Des couples de vautours fauves et de vautours moines ont été relâchés dans les Cévennes et des faucons pèlerins vivent aujourd'hui en Suisse. Le Rocher des Aigles collabore également avec l'Espace Rambouillet dans les Yvelines (78).

L'Aigle de Patmos : Une métaphore de saint Jean

L'aigle est le symbole de l'évangéliste saint Jean qui fut déporté à Patmos sous le règne de Domitien. La tradition souligne ainsi le lien entre l'acuité visuelle de cet oiseau et la vision des temps futurs décrits dans l'Apocalypse.

SOTURAC

❢ Ouv. TLJ en juil. et août de 10 h à 19 h. De début avril à mi-nov. de 15 h à 18 h sauf lun.

❢ Adultes 20 F, enfants 15 F.

Muséum ornithologique

Les Ardailloux
46700 Soturac
Tél. 05 53 71 30 45 – Fax 05 53 71 19 05

Le musée ornithologique de Soturac est consacré aux oiseaux d'Europe. Le bâtiment spécialement conçu pour cette exposition s'inspire de l'architecture des séchoirs à tabac. La présentation des 250 spécimens est remarquable, elle produit une impression de légèreté et de vie peu courante chez des animaux naturalisés. La collection est essentiellement composée d'oiseaux de grande taille présentés en fonction de leurs milieux naturels : montagnes et forêts (aigle royal, aigle de Bonelli, aigle criard, épervier, différentes espèces de buses et de faucons...), étang et marais (butor, spatule blanche, différentes espèces de hérons et de canards...), campagne (merle, pie, corbeau, pinson, bouvreuil, chardonnet...), rivages marins (goéland, mouette, sterne, pingouin...) et oiseaux de nuit (hibou, chouette...). Une documentation est fournie pour chaque espèce.

Des expressions

Être voleur comme une pie : *Avoir le goût du vol.*
Trouver la pie au nid : *Faire une découverte merveilleuse.*

47 - LOT-ET-GARONNE

BRUGNAC

❢ Vis. guid. TLJ en juil. et août à 15 h, 16 h 30 et 18 h. Autres vac. scol., WE et JF à 15 h et 16 h 30.

❢ Adultes 29 F, enfants de 3 à 12 ans 25 F. Atelier traite et fromage : 39 F. Pour l'atelier, il est conseillé de tél. pour réserver.

❢ Vente de produits de l'élevage.

Élevage de Chèvres angoras

Le Chaudron magique
47260 Brugnac
Tél. 05 53 88 80 77 - Fax 05 53 88 91 63

Au Chaudron magique sont rassemblés des chèvres laitières, angoras, des chevreaux et des lapins angoras. Vous visiterez l'élevage, la fromagerie et l'enclos des chèvres angoras. Un film vidéo retrace la vie de la ferme. Vous terminerez la visite par une dégustation.
Un atelier traite et fromage est maintenant proposé. Les visiteurs mettent « la main à la pâte ». Ils apprennent à traire les chèvres et à faire du fromage. Ils repartent avec leur production et la recette qui leur permettra de recommencer chez eux avec du lait de vache. Une visite active qui ne manque pas d'intérêt.

Une chèvre éprise de liberté : La chèvre de M. Seguin

Ce conte poétique et dramatique écrit par Alphonse Daudet (1840-1897) a été publié dans les « Lettres de mon moulin ». Malgré l'interdiction de son maître, une petite chèvre blanche ne peut s'empêcher d'aller dans la montagne où rôde le loup...

CASTELLA

❢ Ouv. TLJ en juil. et août de 10 h à 12 h 30 et de 14 h à 19 h. Du 1er sept. au 15 oct. et d'avril à mai de 14 h à 17 h 30. En juin de 10 h à 12 h 30 et de 14 h à 19 h.

❢ Adultes 40 F, enfants de 4 à 9 ans 25 F.

Parc préhistorique de Fontirou

RN21
47340 Castella
Tél. 05 53 40 15 29 - Fax 05 53 41 73 97

Le parc rassemble une importante collection d'animaux préhistoriques reconstitués grandeur nature (160 sujets) : stégosaure, tricératops, ptéranodon, reptile volant de 8 m d'envergure, tyrannosaure et le plus grand dinosaure du monde, le brachiosaure. L'évolution des grands dinosaures est mise en scène tout au long d'un sentier boisé avec une ambiance sonore évoquant les cris et les déplacements.

Crystal Palace : Le premier parc préhistorique

Richard Owen, né en 1804, est le chef de file de la science en Grande-Bretagne. C'est lui qui donne le nom de dinosaures aux grands reptiles terrestres fossiles. Il est également chargé de la création du premier parc préhistorique. En 1854, le Crystal Palace ouvre ses portes dans la banlieue de Londres. Des dinosaures, des ichtyosaures et bien d'autres sont reconstitués en grandeur réelle.

VILLENEUVE-SUR-LOT

❢ Ouv. TLJ en juil. et août de 14 h à 17 h.

❢ Gratuit.

Haras national

Rue de Bordeaux
47000 Villeneuve-sur-Lot
Tél. 05 53 36 17 30 (OT)/05 53 70 00 91

Créé en 1804 par Napoléon, le haras de Villeneuve-sur-Lot comprend une quarantaine d'étalons, avec une prépondérance des anglo-arabes. Un des points forts du haras est l'élevage du cheval de sport.

SAINT-CHÉLY-D'APCHER

❢ Ouv. du merc. au sam. en juil. et août de 14 h à 18 h.

❢ 10 F par personne.

Musée des Papillons

15, rue des Pénitents
48200 Saint-Chély-d'Apcher
Tél. 04 66 31 17 95

Le musée des Papillons rassemble une collection de 2 700 papillons exotiques et de nos régions ainsi que des insectes.

SAINTE-EULALIE-EN-MARGERIDE

❢ Ouv. TLJ en été de 10 h à 19 h. En hiv. de 10 h à 12 h et de 14 h à 17 h.

❢ Musée : adultes 20 F, enfants de 5 à 12 ans 15 F. Pédestre-musée : adultes 30 F, enfants 25 F.

Réserve naturelle de Bisons d'Europe

48120 Sainte-Eulalie-en-Margeride
Tél. 04 66 31 40 40 – Fax 04 66 31 40 34

Dans une réserve naturelle de 170 ha en Margeride vivent, en semi-liberté, 25 bisons d'Europe. Cet animal n'est présent à l'état sauvage et libre qu'en Pologne et seulement 7 000 bisons sont recensés dans le monde. C'est le plus grand mammifère d'Europe, sa nourriture est constituée d'herbes mais aussi de branchages, de feuilles et d'écorce.

Calèche-musée :
adultes 60 F, enfants 30 F.
Départ des calèches : 10 h, 11 h, 14 h 30, 15 h 30 et 16 h 30 (il est préférable de rés.).

• Aire de pique-nique. Buvette.

Il vit en petits troupeaux d'une vingtaine d'animaux. Il diffère beaucoup par son mode de vie du bison d'Amérique, qui est un animal de plaine et de prairie et qui vit en troupeaux de plusieurs centaines de têtes. La réserve naturelle de bisons d'Europe est la seule implantée en Europe occidentale. Son troupeau est issu du parc national de Bialowieza en Pologne.
A pied, les visiteurs parcourent une boucle de 1 km. Des panneaux explicatifs jalonnent le trajet. Un poste d'observation permet une visualisation parfaite.
En calèche ou en traîneau, la visite, commentée par un guide, dure 50 mn.

SAINTE-LUCIE

• Ouv. TLJ de juin à sept. de 10 h à 18 h. De fév. à mai et d'oct. à déc. de 10 h à 16 h 30.

• Adultes 32 F, enfants de 6 à 15 ans 18 F.

• Boutique.

Les Loups du Gévaudan

Sainte-Lucie
48100 Marvejols
Tél. 04 66 32 09 22 – Fax 04 66 32 42 97

A Sainte-Lucie, 120 loups originaires d'Europe, de Mongolie et du Canada vivent dans un parc de 4 ha. Vous pourrez les découvrir en suivant une visite commentée du parc. Le loup est un animal social. Il vit en meute de 7 ou 8 individus qui se déplacent en file indienne, d'où l'expression « à la queue leu leu » (*leu* signifiant « loup » en ancien français). Les meutes sont dirigées selon des règles hiérarchiques strictes.
Des caméras vidéo, que vous pourrez télécommander depuis une régie, installée dans le bâtiment d'accueil, vous permettront d'observer les loups et de les filmer jusque dans les recoins du parc.
Une exposition permanente très bien documentée avec de nombreuses informations, anecdotes, illustrations sur les mythes, les fables et les légendes, est proposée. Des bornes interactives vous permettent de vérifier vos connaissances. Un spectacle audiovisuel met en scène les grands espaces où les loups vivent en liberté avec les commentaires de Gérard Ménatory, le créateur du parc animalier, qui ramena il y a 30 ans ses premiers loups de Pologne.

ANGERS

Ouv. TLJ sauf lun. de 14 h à 17 h.

Adultes 10 F. Gratuit jusqu'à 16 ans.

Collections de paléontologie et de minéralogie. Bibliothèque.

Musée d'Histoire naturelle

43, rue Jules-Guitton
49000 Angers
Tél. 02 41 86 05 84 - Fax 02 41 24 75 61

Le musée d'Histoire naturelle d'Angers rassemble une collection de zoologie constituée de mammifères, mollusques et d'une importante section ornithologique, plus de 4 000 oiseaux locaux et exotiques. La collection de paléontologie locale est très riche et présente surtout des spécimens de la faune de la dernière glaciation.

Qu'est-ce qu'une collection zoologique ?

C'est une suite d'échantillons collectés, portant une étiquette où doivent impérativement être relevés le lieu et la date de la collecte, où figurent évidemment le nom déterminé de l'animal (genre et espèce) et souvent le nom du collecteur, les conditions d'acquisition...

CERQUEUX-SOUS-PASSAVANT (LES)

Ouv. TLJ en juil. et août de 10 h à 19 h. Du 1er mai au 15 sept., dim. et JF de 14 h 30 à 19 h.

Vis. guid.: adultes 30 F, enfants jusqu'à 10 ans gratuit.

Dégustation offerte. Aire de pique-nique. Exposition art et culture indienne. Visite de tipis.

Bisonland

Château des Landes
49310 Les Cerqueux-sous-Passavant
Tél. 02 41 59 58 02 - Fax 02 41 59 57

Le bison d'Amérique constituait la principale ressource des tribus indiennes. C'est pour cela que les colons (Buffalo Bill y compris) ont exterminé par millions ces animaux, privant les Indiens de nourriture. La création de réserves et le développement de l'élevage les ont sauvés de l'extermination. C'est un élevage de bisons d'Amérique que vous verrez au château des Landes.

CHOLET

Ouv. dim. de 14 h 30 à 17 h 30.

Gratuit.

Collections de géologie, de botanique. Planétarium et exposition sur les fusées.

Maison des Sciences

1, rue Lamarque
49300 Cholet
Tél. 02 41 62 40 36/02 41 71 94 61

La Maison des Sciences abrite 16 aquariums et bacs à tortues ainsi qu'une collection d'oiseaux naturalisés. Vous y verrez aussi une vitrine consacrée aux œufs et notamment un œuf d'aepiornis.

COUDRAY-MACQUARD (LE)

Ouv. TLJ sauf lun. mat. en juil. et août de 10 h à 18 h. De mi-mai au 30 juin et du 1er au 15 sept. de 10 h à 18 h sauf lun. mat. et sam. De sept. à la Toussaint, dim. de 14 h à 18 h.

Vis. guid.: adultes 22 F, enfants de 7 à 18 ans 18 F.

Maison de la Soie d'Anjou

Impasse Bel-Air
49260 Le Coudray-Macquard
Tél. 02 41 67 91 24

L'élevage du ver à soie a été largement pratiqué pendant des siècles en Anjou. Dans une cave troglodyte, vous pourrez observer toutes les étapes nécessaires à la production de la soie.

Parc zoologique – 49700 Doué la-Fontaine

DOUÉ-LA-FONTAINE

Ouv. TLJ en été de 9 h à 19 h. En hiv., de 10 h à 12 h et de 14 h à 18 h.

Adultes 60 F, enfants de 3 à 10 ans 30 F.

Aire de pique-nique. Bar. Boutique.

Parc zoologique

Route de Cholet
49700 Doué-la-Fontaine
Tél. 02 41 59 18 58 – Fax 02 41 59 25 86

Installé au cœur d'anciennes carrières de tuffeau, le zoo de Doué-la-Fontaine bénéficie d'un site troglodytique particulièrement exceptionnel de 5 ha où les enclos tirent profit des aplombs rocheux ou des cavernes creusées dans la pierre. La végétation est luxuriante. C'est un zoo très agréable où il fait bon se promener

Il héberge près de 500 animaux du monde entier : lions, hyènes tachetées, guépards, girafes, vautours papa, condors des Andes, ibis rouges, une très belle collection d'aras, les plus gros perroquets qui vivent dans les forêts d'Amazonie et de nombreux singes (sakis, atèles...)

« Ne pas prendre les animaux pour des bêtes » est le mot d'ordre de cette nouvelle génération de zoos dont Doué-la Fontaine est l'un des chefs de file. Certaines espèces font actuellement l'objet de programmes d'élevage européens (EEP) : le guépard, la panthère des neiges, le léopard de Perse, le loup à crinière, l'ibis chauve...

Une maison de la Nature propose une série d'expositions sur les animaux : le massacre des éléphants, la réintroduction des grands vautours... Des vidéos complètent la visite.

Parc zoologique – 49700 Doué la-Fontaine

NYOISEAU

• Ouv. TLJ en juil. et août de 10 h à 19 h. D'avril à oct., dim. et JF. Du 1er nov. au 22 mars, dim. de 14 h à 18 h.

• Adultes 55 F, enfants de 3 à 13 ans 25 F.

• Musée du tracteur. Musée du moteur. Reconstitution d'un village du début du XXe siècle avec son école, sa chapelle et ses maisons meublées. Aire de jeux. Aire de pique-nique. Bar. Manège.

Domaine de la Petite Couère

49500 Nyoiseau
Tél. 02 41 61 06 31 – Fax 02 41 61 16 64

Le domaine de la Petite Couère est un parc de loisirs où vous trouverez différentes animations et notamment un parc animalier de 80 ha de prairies, de futaies et de bois. Des lamas, daims, cerfs, moutons évoluent en semi-liberté. Près des étangs, vous pourrez débusquer également une grue ou un faisan. De nombreux sentiers pédestres vous permettent de les découvrir.

SAUMUR

• Ouv. du lun. après-midi au sam. mat. d'avril à sept. de 9 h 30 à 11 h et de 14 h à 16 h.

• Vis. guid. : matinée, adultes 30 F, enfants jusqu'à 16 ans 20 F. Après-midi, adultes 20 F, enfants jusqu'à 16 ans 15 F.

• De nombreuses compétitions sont organisées à Saumur (concours de voltige international, concours complet de dressage...).

École nationale d'Équitation

49400 Saumur
Tél. 02 41 53 50 50 – Fax 02 41 67 63 08

En 1972, l'École nationale d'Équitation se constitue autour du Cadre noir, corps de dresseurs et de formateurs qui privilégient la tradition de l'équitation académique « à la française ». Le Cadre noir est composé de civils et de militaires. L'École forme les cadres supérieurs de l'Équitation qui valorisent leur connaissance dans les compétitions.
Le matin, la visite de l'École comprend la découverte des installations : écuries, sellerie d'honneur, différents manèges de dimensions olympiques, ainsi que la possibilité d'assister à l'entraînement des écuyers (sauf au mois d'août et en cas d'absence du Cadre noir). L'après-midi, seule la visite des installations est possible.

Le sacrifice du cheval

Dans l'Antiquité, les chevaux destinés à la cavalerie étaient consacrés à Mars, dieu des combats et divinité protectrice du peuple romain contre les ennemis et les intempéries. Quand les expéditions militaires s'achevaient, un cheval était sacrifié, annuellement, après les récoltes, et était dédié à Mars. Sa tête était remplie de grains et sa queue était portée à la maison du roi.

50 - MANCHE

BEAUMONT-HAGUE

Accès libre

Vis. guid. par le Groupe ornithologique normand.

Réserve naturelle de Vauville

50441 Beaumont-Hague

Tél. 02 33 08 44 56 (Groupe ornithologique normand)

Cette réserve naturelle caractérisée par la présence d'un milieu d'eau douce et de la dune abrite une flore et une faune très riches, elle accueille de nombreux oiseaux migrateurs : traquet motteux, rousserolle effarvatte... et héberge des canards colverts et souchets, des foulques, grèbes... Vous pourrez également découvrir plus de 26 espèces de libellules, 20 variétés de papillons et divers batraciens. Des sites d'observation et un sentier balisé ont été aménagés sur les 45 ha de la réserve.

BROUAINS

Ouv. TLJ du 15 juin au 15 sept. de 11 h à 19 h. HS, TLJ sauf le mar. de 14 h à 18 h. Ferm. en janv. et fév.

Vis. guid.: adultes 20 F, enfants 15 F.

Écomusée de la Vallée de Brouains

Le Moulin de la Sée
50150 Brouains

Tél. 02 33 59 20 50 – Fax 02 33 69 31 59

Le Moulin de la Sée est un écomusée, situé dans l'un des nombreux moulins de la vallée de Brouains. Il propose de découvrir les richesses naturelles, techniques et industrielles de la vallée. Figurant parmi les meilleures rivières à saumon de France (avec environ 10 % des captures nationales), la Sée dispose d'un fort potentiel hydraulique. L'une des salles de l'écomusée abrite un aquarium de 15 000 l où évoluent truites et saumons. Il est l'occasion d'une explication sur la vie de la rivière. Une exposition permanente sur le cycle de vie du saumon complète la visite.

CHAMPRÉPUS

Ouv. TLJ d'avril à sept. de 10 h à 18 h 30. Du 1er oct. au 11 nov., de 13 h 30 à 18 h 30. Du 12 nov. au 15 fév., le dim. de 13 h 30 à 18 h. Du 16 fév. au 1er avril, tous les jours de 13 h 30 à 18 h.

Adultes 43 F, enfants de 3 à 14 ans 25 F.

Parc d'attractions (gratuit). Aire de pique-nique. Snack-bar (à midi en juil. et août). Boutique. Dossiers pédagogiques.

Parc zoologique

50800 Champrépus

Tél. 02 33 61 30 74 – Fax 02 33 61 71 43

Sur 6 ha, le parc zoologique de Champrépus accueille 90 espèces d'animaux sur un parcours de 2 km, dans un paysage de massifs floraux, arbres, immenses pelouses. Vous pourrez observer des lions, tigres, panthères, lynx et ocelots, des zèbres, chameaux, watussis, yacks, lamas, cerfs d'Europe, cerfs sikas, daims, mais aussi une colonie de singes : chimpanzés, babouins, mangabeys, dianes, makis, cattas, grivets, et de nombreux oiseaux : émeus, grues, perroquets, cygnes, cigognes, marabouts.
Un coin pour les tout-petits est consacré aux animaux de la ferme.

Parc zoologique – 50800 Champrépus

Des expressions

Une blancheur de cygne : *Un blanc éclatant.*
Le chant du cygne : *La dernière œuvre.*
Un cou de cygne : *Un cou long, souple et élégant.*

GRANVILLE

Ouv. TLJ du 20 mars au 11 nov. de 9 h 30 à 12 h et de 14 h à 19 h. En hiver, dim. de 14 h à 19 h et pendant les vac. scol. (ferm. des caisses 1 h avant).
Adultes 40 F, enfants de 6 à 14 ans 20 F.

2 autres musées : le Palais impérial, la Féerie des Coquillages.

Aquarium

Le Roc
50400 Granville
Tél. 02 33 50 19 10 – Fax 02 33 50 89 46

Sur le site de l'aquarium du Roc vous découvrirez plusieurs établissements. Tout d'abord, l'aquarium qui présente une collection de poissons de la Manche, de poissons tropicaux et des poissons et tortues d'eau douce. Vous verrez également évoluer des requins et des poissons de grande taille. Votre visite se poursuivra par la découverte d'un jardin des papillons où règnent plusieurs centaines de morphidae aux bleus profonds, mygales, coléoptères géants, phasmes et plusiotis resplendissants comme de l'or. Le palais minéral et la féerie des coquillages compléteront cette visite.

SAINT-LÔ

Vis. guid. TLJ du 1er juin au 15 sept. à 14 h 30, 15 h 30 et 16 h 30 (juil. et août, vis. suppl. à 11 h). Du 16 sept. au 31 mai, TLJ à 15 h 30. En août, les jeu. du haras à 15 h.

Haras de Saint-Lô

Avenue du Maréchal-Juin
50000 Saint-Lô
Tél. 02 33 57 14 13 – Fax 02 33 39 12 05

Créé en 1806, le haras de Saint-Lô est le plus important des 23 haras nationaux, avec ses 110 étalons. Il présente la particularité d'avoir la moitié de son effectif en étalons selles français. Saint-Lô est le berceau de cette race (20 % des selles français naissent dans le département de la Manche).

❢ Haras : adultes 20 F, enfants à partir de 10 ans 10 F. Jeudis du haras : 10 F.

Chevaux de sport par excellence, les étalons de cette région représentent le quart des gagnants français sélectionnés pour le saut d'obstacles et remportent 30 % des prix distribués dans la France entière. Le haras héberge aussi des races de trait parmi lesquelles le cob normand, originaire du Cotentin et apprécié pour sa docilité dans la discipline de l'attelage. Les percherons sont également présents, élevés pour la viande et aussi pour l'attelage. D'autres étalons de sang et quelques poneys complètent l'effectif. Les visites font découvrir le haras de Saint-Lô à travers son histoire, son patrimoine et son fonctionnement quotidien : organisation, service, missions, techniques modernes de reproduction. Par ailleurs, au mois d'août, les jeudis du haras sont l'occasion d'admirer des présentations de chevaux et d'attelages anciens.

L'union de l'homme et du cheval : Le centaure

Êtres monstrueux de la mythologie grecque, les centaures ont la tête, les bras, le buste d'un homme et le reste du corps d'un cheval. Ils vivaient dans les forêts et les montagnes et se nourrissaient de chair crue. Les centaures développaient soit leur part d'animalité – ils étaient alors brutaux, violents et d'une sauvagerie incontrôlée –, soit leur part d'humanité comme Chiron, réputé pour sa science et sa sagesse, qui éleva Achille, l'un des plus grands héros grecs, Jason, le conquérant de la Toison d'or (pelage d'un bélier fabuleux protégé par un dragon), Asclépios, dieu guérisseur.

SAINTE-MARIE-DU-MONT

❢ Accès libre

Réserve naturelle de Beauguillot

Domaine de Beauguillot
50790 Sainte-Marie-du-Mont
Tél. 02 33 71 56 99

Lieu du débarquement des Alliés en 1944, la presqu'île du Cotentin abrite une réserve naturelle de 600 ha qui accueille des milliers d'oiseaux migrateurs et héberge de nombreuses espèces : le pluvier argenté, l'huîtrier-pie, le chevalier gambette...

Un site d'observation et un sentier balisé ont été aménagés, vous permettant d'observer des courlis cendrés, des tadornes de Belon, des sarcelles...

51 - MARNE

ÉPERNAY

❢ Ouv. TLJ du 1er mai au 15 sept. de 10 h à 12 h et de 14 h à 18 h.

❢ Vis. guid.: Adultes 20 F, enfants à partir de 5 ans 17 F.

Jardin des Papillons

57, rue de Verdun
51200 Épernay
Tél. 03 26 51 19 19 - Fax 03 26 54 24 81

De tous les insectes, les beaux papillons richement colorés sont ceux qui passionnent le plus les naturalistes aussi bien que les profanes. Créé en 1987, ce lieu accueille des centaines de papillons du monde entier. Ils volent en liberté dans une grande serre tropicale. Vous comprendrez le cycle de vie du papillon. Vous observerez les chrysalides dans les éclosoirs, où chaque jour naissent de nouveaux papillons.

GIFFAUMONT

❢ Ouv. TLJ de mai à août de 14 h à 18 h. En mars, avril, sept., oct., sam., dim. et JF, de 14 h à 18 h.

❢ Gratuit.

❢ Vente de produits issus de la ruche.

La Grange aux Abeilles

51290 Giffaumont
Tél. 03 26 72 61 97 - Fax 03 26 72 67 22

Un apiculteur vous ouvre ses portes à la découverte des abeilles et de leurs produits. Expositions et audiovisuels permettent de mieux comprendre le monde de ces insectes sociaux.

OUTINES

❢ Ouv. TLJ de mai à août de 9 h à 19 h sauf merc. et sam. de 14 h à 19 h. HS, sam. et dim. de 14 h à 19 h.

❢ Adultes 35 F, enfants 15 F. Forfaits possibles : forfait poss. (saison) 100 F, familles (3 enfants de moins de 15 ans + 2 adultes) 100 F. Journées « Découverte des grues cendrées » ou « Découverte des chouettes effraie ». Infos Oiso (inform. concernant la fréquentation des oiseaux dans le secteur du lac du Der 24h/24h, Tél. 03 26 72 51 39).

Maison de l'Oiseau et du Poisson

CD13
51290 Outines
Tél. 03 26 74 00 00 - Fax 03 26 74 73 74

Dans une ancienne ferme champenoise, sur 2 000m^2, la Maison de l'Oiseau et du Poisson propose de découvrir et d'observer les milieux naturels des étangs et du lac du Der. Elle présente une exposition permanente conçue à partir d'effets spéciaux et de murs d'images animées. Vous pourrez observer la grande vitrine des oiseaux vedettes (grue cendrée, pygargue à queue blanche...), le cyclorama et le mystère des migrations. L'immersion totale sous le lac du Der dans l'espace poissons où vivent brochets, carpes, truites permet de comprendre le rôle de l'oxygène, les principes de la reproduction et de la chaîne alimentaire.

SAINT-RÉMY-EN-BOUZEMONT

❢ Ouv. TLJ de fin oct. à fin mars de 9 h à 17 h 30. Vis. guid.: sam. et dim. à 10 h, 13 h, 14 h, 15 h. En semaine, fév. et mars à 11 h et 14 h.

❢ A partir de 14 ans 5 F.

La Ferme aux Grues du bocage champenois

51290 Saint-Rémy-en-Bouzemont
Tél. 03 26 72 54 10 - Fax 03 26 72 67 09

Avec ses 4 800 ha et 77 km de rives, le lac du Der-Chantecoq est le plus grand lac artificiel d'Europe. C'est également la troisième halte migratoire de France avec plus de 40 000 grues. En mars, elles reviennent d'Espagne où elles ont passé l'hiver et rejoignent le nord de l'Europe pour s'y reproduire. En octobre, novembre, on assiste à leur retour vers le sud. La Ferme aux Grues s'occupe de leur alimentation pendant cette halte. Les terres attenantes à la ferme ont été acquises par le Conservatoire du Patrimoine naturel et leur servent de zone d'alimentation. Un observatoire et des ornithologues permettent de les découvrir.

La grue : Un symbole de longévité au Japon

Au Japon, une croyance affirme que les grues vivent plusieurs milliers d'années. C'est pourquoi on offre souvent aux vieillards des peintures, des gravures représentant des grues, symbole de longévité.
L'expression « faire le pied de grue » signifie attendre longuement.

TROIS-FONTAINES-L'ABBAYE

❢ Dernier WE de mai.

Fête de l'Attelage

51340 Trois-Fontaines-l'Abbaye
Tél. 03 26 73 94 55

C'est lors de cette fête que se déroule le concours national d'attelage de Champagne-Ardenne. Une épreuve de dressage, un marathon attelé et une dernière épreuve où l'on sort les voitures de prestige pour juger l'élégance et la maniabilité, telles sont les épreuves de ce concours. Les clubs font des démonstrations et proposent des promenades au public. Des artisans des métiers de l'équitation sont présents et exposent leur travail.

52 - HAUTE-MARNE

BOURBONNE-LES-BAINS

❢ Ouv. du lun. au jeu. en saison de 14 h à 17 h, sam. de 14 h à 17 h, dim. de 11 h 30 à 18 h 30. Ferm. le vend.

❢ Gratuit.

❢ Aire de jeux. Aire de pique-nique.

Parc animalier de la Bannie

52400 Bourbonne-les-Bains

Tél. 03 25 90 01 71 (OT)

Dans une des régions les plus boisées de France, sur une centaine d'hectares, le parc animalier de la Bannie regroupe de nombreux animaux. Dans des enclos, on peut y observer cerfs, biches, sangliers, daims et mouflons.

CHÂTEAUVILLAIN

❢ Ouv. TLJ de 8 h à 12 h et de 14 h à 18 h.

❢ Gratuit la semaine. Dim. 5 F.

Parc aux Daims

52120 Châteauvillain

Tél. 03 25 32 93 03

Châteauvillain fut un haut lieu des grandes chasses du XIXe siècle, la maison d'Orléans y venait traquer le daim, le renard ou le sanglier. Grand parc de 270 ha, on peut y observer une centaine de daims. Des chemins ombragés le sillonnent et permettent aux visiteurs d'approcher discrètement les hardes. Ici, les daims vivent en liberté et la vue de l'homme ne les effraie plus.

MONTIER-EN-DER

❢ Ouv. TLJ de 14 h 30 à 17 h 30.

❢ Gratuit.

Haras national

52220 Montier-en-Der

Tél. 03 25 04 22 17

Créé en 1806, implanté sur le site d'une ancienne abbaye bénédictine, le haras national de Montier-en-Der compte 37 étalons de race arabe, selle français, trotteur français, poney, anglo-arabe et trait ardennais. Ce dernier est utilisé pour le débardage en forêt dans des zones forestières inaccessibles aux tracteurs. Ce haras abrite des écuries, une forge, des selleries, des remises à voitures, un manège et un centre de gynécologie équine pratiquant l'insémination artificielle et le transfert des embryons. Tous les jeudis à 15 h de septembre à novembre, les gardes du haras présentent, en tenue d'apparat, les étalons et les attelages dans les cours du haras.

La couleur du cheval : Une symbolique variée

La multiplicité des acceptions symboliques du cheval apparaît dans les significations données à la couleur de sa robe. Le cheval maléfique est de couleur noire (Hadès, le dieu grec des morts, a un attelage de chevaux noirs) ou blême, un blanc froid et pâle. Quand sa blancheur est, au contraire, éclatante et chaude, le cheval devient alors symbole de fécondité, de vigueur et d'ardeur. De même, un noir lumineux peut évoquer la force, la vitalité et la puissance créatrice. Le cheval guerrier est souvent caractérisé par sa robe alezane, brun rougeâtre.

PREZ-SOUS-LAFAUCHE

❢ Ouv. TLJ sauf lun. du 1er juin au 15 sept. de 14 h 30 à 18 h 30.

❢ Adultes 12 F, enfants de 5 à 14 ans 8 F.

Zoo de bois, musée aux branches

52700 Prez-sous-Lafauche

Tél. 03 25 31 57 76

Ce musée étrange, unique en France, présente une collection de 400 pièces en branchages naturels aux formes vivantes, de nombreux animaux, lion, tigre, léopard... mais aussi des personnages et des scènes de la vie. Son créateur, Émile Chaudron, est un amoureux des arbres. Il cueille, sculpte, vernit des branchages et des rameaux. Ceux-ci deviennent animaux ou humains afin de raconter une histoie. On est impressionné par cet univers imaginaire.

CHÂTEAU-GONTIER

Ouv. TLJ de mai à août de 9 h 30 à 19 h. Sept., oct., avril et mars de 10 h à 12 h et de 13 h 30 à 18 h. En avril et sept., de 10 h à 19 h. De nov. à fév., de 13 h 30 à 18 h.

Adultes 25 F, enfants de moins de 12 ans 13 F.

Aire de jeux. Aire de pique-nique. Bar.

Refuge de l'Arche

53200 Château-Gontier
Tél. 02 43 07 24 38 – Fax 02 43 70 18 32

Comme les responsables de ce lieu le précisent, le Refuge de l'Arche n'est pas un zoo, les animaux qui s'y trouvent ont été recueillis par le Club d'Étude et de Protection des Animaux et de la Nature dont l'objectif est de les soigner puis de les relâcher dans leur milieu naturel. Seuls les animaux trop dépendants restent au refuge comme cette cigogne qui au cours d'un vol de migration se jeta dans les fils électriques à haute tension, tomba au sol et devint définitivement aveugle. Dans la nature, elle n'avait aucune chance de survie. Ce lieu recueille également les animaux domestiques ou exotiques abandonnés par leurs propriétaires, tel cet ours à collier qui fut acheté bébé dans un magasin à Paris. Garanti d'espèce naine par le vendeur, il pèse aujourd'hui 350 kg.

Un zoo laissé à l'abandon par son propriétaire est racheté par Brigitte Bardot. Elle contacte le Refuge de l'Arche. Quelques jours plus tard, 70 animaux sont recueillis parmi lesquels : des émeus, une vache africaine, une vache écossaise, un lama, des chèvres naines, des singes, un raton laveur... Tous ces animaux vivent désormais dans de grands espaces. Des terrasses de vision et d'observation permettent aux photographes des prises de vues sans grillage.

Depuis 1990, le Refuge de l'Arche est parrainé par Michel Drucker et Dany Saval.

Un refuge pour les animaux : L'Arche de Noé

Dieu, annonçant à Noé qu'il va détruire toutes les créatures, lui ordonne de construire une arche avant le déluge. Il mit cent ans à réaliser ce vaisseau. Noé y réunit sa famille, sept paires d'animaux purs et une paire d'animaux impurs. A la fin du déluge, le bateau s'échoua sur le mont Ararat en Arménie.

54 - MEURTHE-ET-MOSELLE

NANCY

• Ouv. TLJ de 10 h à 12 h et de 14 h à 18 h.

• Adultes 30 F, enfants 15 F.

Musée de Zoologie et aquarium tropical

34, rue Sainte-Catherine
54000 Nancy
Tél. 03 83 32 99 97 – Fax 03 83 32 30 16

Le musée de Nancy présente une collection de zoologie de plus de 15 000 spécimens naturalisés rassemblés par des naturalistes lorrains depuis plus de 200 ans, les plus anciens datant de 1780.

Le visiteur peut découvrir des pièces remarquables comme le sphénodon, reptile particulier vivant sur quelques îlots de Nouvelle-Zélande, le pigeon rose de l'île Maurice, l'aye-aye, lémurien de Madagascar, le perroquet-hibou et la corneille caronculée de Nouvelle-Zélande ainsi que des espèces disparues comme le thylacine ou le loup marsupial de Tasmanie (non observé depuis 1933), le pigeon migrateur américain (disparu en 1914).

L'aquarium du musée, créé dans un but éducatif et scientifique, rassemble dans 570 bassins plus de 300 espèces vivantes des récifs coralliens et des eaux douces tropicales. Vous y verrez une faune d'une extraordinaire diversité de formes, de couleurs et de comportements : poissons-voiliers, poissons-chirurgiens, poissons vénéneux, poissons-clowns. L'aquarium tropical de Nancy est considéré comme l'un des plus beaux de France.

ROSIÈRES-AUX-SALINES

• Ouv. TLJ de 9 h à 12 h et de 14 h à 17 h 30.

• Gratuit.

• Le haras organise et accueille de nombreuses manifestations (concours hippiques, concours complets d'équitation...). Le calendrier de ces manifestations est disponible au haras.

Haras national

1, rue Léon-Bocheron
54110 Rosières-aux-Salines
Tél. 03 83 48 14 18 – Fax 03 83 46 91 70

Le haras national de Rosières-aux-Salines est l'un des 23 haras nationaux. Leur action porte aussi bien sur la production que sur l'utilisation du cheval : courses, sports, loisirs. Ils sont financés par un prélèvement sur les enjeux du Pari-Mutuel (PMU). Leur principale activité consiste à mettre des étalons à la disposition des éleveurs.

Le haras de Rosières-aux-Salines est l'un des plus vieux haras nationaux avec celui du Pin et de Pompadour. 40 étalons sont hébergés. Ils représentent 6 races : pur-sang anglais, arabe, anglo-arabe, selle français (l'effectif le plus important), poney, trait ardennais. Le site du haras comporte des écuries, un manège, une forge, des paddocks (enclos dans lesquels les chevaux sont en liberté). Pendant la période de reproduction de mars à juillet, les étalons et le personnel sont affectés dans des unités de reproduction réparties en Lorraine.

VELAINE-EN-HAYE

• Ouv. TLJ sauf lun. mat. non fériés de 9 h à 12 h et de 14 h à la tombée de la nuit (19 h en été).

• Adultes 25 F, enfants de 6 à 14 ans 12 F.
• Aire de pique-nique. Parc de loisirs.

Zoo de Haye

54840 Velaine-en-Haye
Tél. 03 83 23 26 16

Le zoo de Haye vous invite à la découverte d'animaux sauvages et de races domestiques de notre pays. Il s'agit d'un centre de soins pour animaux sauvages de Lorraine. Tous les animaux y sont recueillis et soignés dans le but d'être relâchés dans la nature. Seuls sont exposés ceux qui sont trop handicapés pour être relâchés. Beaucoup d'animaux sont empoisonnés par des insecticides. D'autres sont victimes des lignes à haute tension ou heurtés par des voitures.

De nombreux animaux, malgré leur captivité, ont donné naissance à des petits, ce qui prouve que leurs conditions d'accueil sont satisfaisantes : buse variable, faucon crécerelle, héron cendré, renard, chat sauvage, furet...
Des animaux domestiques dont l'espèce est en voie de disparition sont également présentés, comme le tarpan qui est un descendant du cheval sauvage qui vivait autrefois dans les Vosges.
Une grande salle d'exposition complète l'apport éducatif de la visite.

L'âne : La monture de Silène

Dieu des sources et des cours d'eau dans la mythologie grecque, Silène était un vieillard ventru et grotesque, souvent en état d'ébriété. Il était le père des Satyres, démons de la nature, mi-homme mi-bouc. Il se déplaçait sur un âne.

55 - MEUSE

HEUDICOURT-SOUS-LES-CÔTES

Ouv. TLJ d'avril à oct. de 9 h 30 à 18 h 30.

Adultes 25 F, enfants 10 F.

Parc ornithologique de Madine

55210 Heudicourt-sous-les-Côtes
Tél. 03 29 89 34 55

Près du lac de Madine, sur 6 ha, le parc ornithologique rassemble 160 espèces d'oiseaux européens et exotiques dans 30 volières harmonieusement intégrées.
Au cours de la promenade, vous rencontrerez des paons, des émeus, des nandous... ainsi qu'une volière ouverte, peuplée de hérons, d'ibis, de tisserins... Près des étangs, vous verrez évoluer des flamants, des oies et des canards.
Des panneaux signalétiques, le long du parcours, vous informent sur les espèces.

A GRANVILLE EN 1836

Voici juin. Le moineau raille
Dans les champs les amoureux ;
Le rossignol de muraille
Chante dans son nid pierreux.

...

La grive et la tourterelle
Prolongent, dans les nids sourds,
La ravissante querelle
Des baisers et des amours.

...

Victor Hugo (1802-1885).

56 - MORBIHAN

Carentoir

Ouv. TLJ de mars à oct. de 9 h à 19 h (ferm. des caisses à 17 h 30). De nov. à fév. de 10 h à 17 h 30 (ferm. des caisses à 16 h). Ferm. le lun. sauf en juil. et août.

Adultes 35 F, enfants à partir de 5 ans 20 F.

Aire de jeux. Aire de pique-nique. Bar. Boutique.

La Ferme du Monde

Le Bois Brassu
56910 Carentoir
Tél. 02 99 08 94 94 – Fax 02 99 08 97 72

Sur 25 ha de bois et de prairie, la Ferme du Monde propose de découvrir le monde de l'élevage domestique. L'aménagement de ce parc permet une observation rapprochée des différentes espèces. Un espace est prévu pour que les enfants puissent approcher les animaux en toute sécurité.

Groix

Pour se rendre sur l'île : Compagnie morbihannaise et nantaise de Navigation, 56000 Lorient, tél. 02 97 64 77 64.

Maison de la Réserve : ouv. TLJ en juil. et août de 9 h 30 à 12 h 30 et de 17 h 30 à 19 h.

Réserve naturelle de l'île de Groix

Maison de la Réserve
Rue Maurice-Gouronc
56590 Groix
Tél. 02 97 86 55 97

La réserve naturelle de l'île de Groix est un site géologique exceptionnel, mais elle accueille également de nombreuses espèces d'oiseaux : goéland argenté, goéland marin, goéland brun, cormoran huppé, mouette tridactyle. En été, des balades naturalistes accompagnées permettent de mieux connaître ces oiseaux marins.

Guéhenno

Vis. guid. mar., jeu. et sam. du 1er juil. au 15 sept. à partir de 14 h. Les autres jours, vis. libre.

Adultes 20 F, enfants de moins de 10 ans gratuit.

Cervidés de Bremelin

56420 Guéhenno
Tél. 02 97 60 30 44

Animal légendaire, le cerf a alimenté les rêves et l'imaginaire des hommes depuis l'Antiquité. L'élevage de Bremelin accueille une centaine de cerfs, biches et faons. Les commentaires sont effectués par les éleveurs. Un montage vidéo sur la biologie du cerf, une exposition et une dégustation de terrine complètent la visite.

Une biche insaisissable : La biche de Cérynie

Cet animal fabuleux de la mythologie grecque possédait des cornes d'or et des pieds d'airain et il était consacré à Artémis, déesse de la chasteté et de la chasse. D'une vélocité exceptionnelle cette biche était insaisissable. Hercule eut pour troisième épreuve sa capture. Il y parvint au terme d'une poursuite d'une année dans les forêts de Cyrénée.

Hennebont

Vis. guid. du 15 juil. au 31 août à 10 h, 11 h, 14 h 15, 15 h 15 et 16 h 15. En sept. à 14 h 15, 15 h 15 et 16 h 15. D'oct. à fév. s/RV. Ferm. du 1er mars au 15 juil.

10 F à partir de 10 ans.

Haras national

56700 Hennebont
Tél. 02 97 36 20 27

La création des haras royaux en 1665, à l'initiative de Colbert, marque le début de l'intervention de l'État dans l'élevage du cheval en France. Supprimés à la Révolution, ils sont rétablis et réorganisés par Bonaparte en 1795. Créé en 1806, ce haras élève 70 étalons de la race bretonne. On peut y découvrir les activités liées à la reproduction et à l'utilisation des chevaux.

Le Faouët

❢ Ouv. TLJ d'avril à oct. de 10 h à 12 h et de 14 h à 19 h. Du 15 juin au 15 sept. de 10 h à 19 h. De nov. à mars dim. et vac. scol.

❢ Adultes 25 F, enfants de 4 à 15 ans 18 F.

❢ Aire de jeux. Aire de pique-nique. Dégustation. Vente de produits issus de la ruche.

L'Abeille vivante et la Cité des Fourmis

Kercadoret
56320 Le Faouët
Tél. 02 97 23 08 05 - Fax 02 97 23 08 05

L'abeille est depuis l'Antiquité un sujet de réflexion pour les naturalistes, les philosophes et les poètes. Ce lieu vous propose de découvrir la vie des abeilles, l'organisation de la ruche et ses systèmes de communication à travers des ruches vitrées. Vous pouvez également observer des fourmis pénétrant dans une fourmilière. L'Abeille vivante a reçu le 1er prix national au « Challenge Tourisme vert » en 1993.

Lizio

❢ Ouv. TLJ de Pâques à nov. de 9 h à 19 h.

❢ Adultes 10 F, enfants 5 F.

La Ferme des Sangliers

Chénaie-Morio
56460 Lizio
Tél. 02 97 74 86 45

Sur les terres boisées de la ferme de la Chénaie-Morio, les descendants des sangliers qui peuplaient autrefois les forêts d'Armorique sont élevés en semi-liberté ainsi que des cerfs et des daims. Vous visiterez librement les parcs où sont élevés les animaux.

Un sanglier blanc insaisissable : Twrch trwyth

Cet animal fabuleux de la mythologie celtique, symbolisant le pouvoir spirituel, a été poursuivi sans fin par Arthur. Il était monstrueux et ravageait tout sur son passage. Arthur entreprit une chasse perpétuelle contre lui pour lui subtiliser d'entre les oreilles les trois objets merveilleux sans lesquels il redevenait inoffensif : le Peigne, le Rasoir et les Ciseaux. Il y parvint, mais le sanglier lui échappa en se jetant dans un bond ultime à la mer.

Muzillac

❢ Ouv. TLJ du 1er avril au 15 sept. de 9 h à 20 h (ferm. des caisses à 18 h 30). Du 16 sept. au 31 mars de 9 h à 12 h et de 14 h à 17 h 30. De nov. à fév. de 14 h à 17 h 30.

❢ Adultes 45 F, enfants de 4 à 12 ans 25 F.

❢ Aire de pique-nique. Bar. Boutique. Location de jumelles.

Parc de Branféré

Le Guerno
56190 Muzillac
Tél. 02 97 42 94 66 - Fax 02 97 42 81 22

Créé en 1965, le parc de Branféré dans le Morbihan accueille aujourd'hui près de 120 espèces et environ 2 000 animaux. Son originalité tient à sa présentation. Les animaux vivent en totale liberté dans un parc de 50 ha. Vous y verrez des oies, des flamants, des grues de différentes espèces et des ibis sacrés d'Égypte mais aussi des gibbons, des cerfs, des lémuriens, des chiens de prairie... Un espace-contact a été

Parc de Branféré – 56190 Muzillac

spécialement créé pour que les enfants puissent approcher, nourrir et caresser les animaux familiers, alpagas, chèvres naines, moutons d'Ouessant...
Le parc de Branféré participe à la réintroduction des cigognes, à la préservation de la vache nantaise et de plusieurs espèces sauvages (singes capucins, oryx, gazelles, cacatoès des Moluques...). Branféré accueille régulièrement des étudiants et des spécialistes du comportement animal. Konrad Lorenz y venait régulièrement faire des observations. Une maison d'accueil est mise à leur disposition pour effectuer leurs travaux de recherches.

Konrad Lorenz (1903-1989) : Le fondateur de l'éthologie

Prix Nobel de médecine et physiologie en 1973, K. Lorenz a mené des recherches sur le comportement animal (éthologie) dont la portée est considérable. Rejetant l'approche strictement comportementaliste (béhaviorisme), il refuse d'opposer l'inné à l'acquis et préconise l'étude minutieuse de toutes les conduites d'une espèce. Il a montré la complémentarité des conduites génétiquement fixées et de celles acquises par l'apprentissage.

PONT-SCORFF

❢ Ouv. TLJ en juil. et août de 9 h à 19 h. HS de 10 h à la nuit.

❢ Adultes 44 F, enfants de 3 à 11 ans 24 F.

❢ Aire de pique-nique. Restauration rapide. Souvenirs. Spectacles d'animaux.

Parc zoologique de Pont-Scorff

56620 Pont-Scorff
Tél. 02 97 32 60 86

Le zoo de Pont-Scorff abrite une impressionnante collection d'animaux, girafes, rhinocéros, hippopotames, zèbres, chameaux, bisons, watussis, zébus, fauves et reptiles, guanacos, lycaons et 14 espèces de félins, tigres, jaguars, panthères, léopards des neiges, lynx, pumas, guépards, ocelots, servals... L'architecture des bâtiments éveillera votre attention, maison en rondins pour les rhinocéros, temple égyptien pour les crocodiles et les serpents, bâtiments africains des lions, girafes et dromadaires. Pendant la saison, des spectacles d'animaux vous sont présentés. Ce zoo a obtenu en 1993 la médaille nationale du Tourisme.

SAINT-JACUT-LES-PINS

❢ Ouv. TLJ en juil. et août de 9 h à 19 h. D'avril à nov., de 9 h à 12 h et de 14 h à 19 h. Ferm. le lun.

❢ Adultes 42 F, enfants de 6 à 10 ans 30 F.

Tropical Parc

Laugarel. Route d'Allaire
56220 Saint-Jacut-les-Pins
Tél. 02 99 71 91 98 – Fax 02 99 71 87 80

Le Tropical Parc vous invite à vous promener dans un beau jardin. Une volière accueille des oiseaux exotiques, des colibris, ibis et bien d'autres encore. Dans le parc, des oies, canards, poules d'eau mais aussi des ânes, alpagas, chèvres vivent en semi-liberté.

SÉNÉ

❢ Ouv. TLJ en juil. et août de 10 h à 13 h et de 14 h à 19 h. Avril de 14 h à 19 h. De mai à juin WE et JF.

❢ Vis. guid.: Adultes 15 F, enfants 5 F.

Réserve ornithologique de Falguérec

56860 Séné
Tél. 02 97 66 92 76

A quelques kilomètres de Vannes, la réserve de Séné-Falguérec s'étend sur plus de 40 ha de prairies, de vasières et de digues. Différentes espèces viennent s'y reproduire, les avocettes, les échasses et les sternes. D'autres y font escale, chevaliers arlequins et aboyeurs, bécasseaux, gravelots et spatules. D'autres encore vont s'y restaurer comme le busard des roseaux, l'aigrette ou la femelle de Tadorne qui se nourrit de vers et de crustacés avant de rejoindre son nid sur un îlot du golfe du Morbihan.

Un sentier aménagé, des observatoires en bois, des longues-vues et des panneaux d'information permettent une observation aisée sans déranger les oiseaux.

VANNES

❢ Ouv. TLJ en juin, juil. et août de 9 h à 19 h. HS de 9 h à 12 h et de 13 h 30 à 18 h 30.

❢ De 28 F à 48 F selon l'âge. Gratuit pour les enfants de moins de 5 ans.

❢ Boutique. Restauration (en saison).

Aquarium

La Ferme des Marais
56000 Vannes
Tél. 02 97 40 67 40 – Fax 02 97 63 49 45

L'aquarium de Vannes abrite une des plus riches collections de poissons et d'invertébrés d'Europe. Remarquablement aménagé, cet espace vous permettra de découvrir une cinquantaine d'aquariums où évoluent des poissons étonnants comme le poisson-hérisson ou les nautiles, de véritables fossiles vivants, mais aussi des poissons tropicaux ou de nos régions. Vous verrez également un crocodile découvert dans les égouts de Paris en 1984 et des poissons-scies, rarement visibles en aquarium. Dernière nouveauté, la passerelle transparente permet de traverser la fosse géante aux tortues et requins de récifs.

Un crocodile monstrueux : Le Léviathan

Si le Léviathan est un monstre qui, dans la Bible, évoque le dragon de l'Apocalypse, un serpent, historiquement, il se rapporte au crocodile. Job le décrit comme un animal terrible et terrifiant auquel on ne pouvait résister et qu'il ne fallait pas réveiller.

VANNES

❢ Ouv. TLJ en juil. et août de 10 h à 19 h. En avril, mai, juin, sept. et oct. de 10 h 30 à 12 h 30 et de 14 h à 17 h 30.

❢ Adultes 35 F, enfants de 4 à 12 ans 25 F.

La Papillonneraie

Parc du Golfe. Rue D.-Gilard
56000 Vannes
Tél. et Fax 02 97 46 01 02

La Papillonneraie présente environ 1 000 papillons tropicaux en liberté appartenant à une cinquantaine d'espèces en provenance des Philippines, de Madagascar et de Guyane : monarque, papillon chouette, comète, papillon-feuille, morpho bleu de Guyane. Ils vivent, paradent, s'accouplent et pondent. Chaque jour, une soixantaine de naissances ont lieu dans l'écloserie. Les différents stades de leur développement (œuf, chenille, chrysalide et papillon) sont expliqués par des panneaux d'information.

Parc de Branféré – 56190 Muzillac

57 - MOSELLE

AMNÉVILLE

Ouv. TLJ d'avril à sept. de 10 h à 19 h 30 (20 h le dim.). D'oct. à mars de 10 h à la tombée de la nuit.

Adultes 60 F, enfants de 3 à 11 ans 40 F.

Pique-niques autorisés. Buvette. Restauration rapide.

Parc zoologique du Bois de Coulange

Centre thermal et touristique
57360 Amnéville-les-Bains
Tél. 03 87 70 25 60

Le parc zoologique du Bois de Coulange rassemble 750 animaux de 135 espèces différentes. Sa collection de fauves est l'une des plus prestigieuses d'Europe : lions, tigres de Sibérie et de Sumatra, jaguars, léopards, panthères noires, panthères des neiges, pumas, lynx...
Les animaux évoluent en couples ou en groupes dans de vastes enclos de conception moderne.
Deux km de chemins à travers une forêt de chênes et de hêtres agrémentés de nombreux plans d'eau vous permettent de les découvrir.
Un vivarium tropical sur 900 m^2 réunit plus de 100 reptiles de 32 espèces : crocodiles, caïmans, varans, pythons, boas, anacondas et autres serpents.

Un serpent difficile à vaincre : Le serpent de Carrum

Dans la mythologie celtique, un serpent monstrueux terrorisait les habitants de la région de Carrum. Ils demandèrent à Arthur de le tuer, mais il n'y parvint pas ; le serpent à chaque tentative s'engouffrait dans une caverne et devenait inaccessible. Plus tard, Arthur s'empara de l'autel d'un saint personnage, Carannawg, qui avait la propriété magique de flotter sur les mers. Il l'échangea contre la promesse que Carannawg dompterait le serpent. Grâce à ses prières, le serpent devint inoffensif.

RHODES

Ouv. TLJ de début avril à fin août de 10 h à 19 h. En sept. merc., sam. et dim. de 10 h à 19 h. En oct. merc. et sam. de 12 h à 17 h, dim. de 10 h à 19 h. Vac. scol. de Toussaint TLJ de 12 h à 17 h et de 10 h à 19 h dim. et JF.

Adultes 45 F, enfants de 3 à 12 ans 25 F.

Aire de jeux. Aire de pique-nique. Boutique. Cafétéria. Vis. guid. en petit train organisées certains jours avec approche des animaux sauvages. Animations découvertes pendant l'été.

Parc animalier de Sainte-Croix

57810 Rhodes
Tél. 03 87 03 92 05 – Fax 03 87 03 95 36

Le parc de Sainte-Croix est un espace naturel de 100 ha de forêt, d'étang et de plaine où vivent des animaux de Lorraine et d'Europe : loups, lynx, mouflons, cerfs, renards, aurochs, hiboux... Trois sentiers de découverte, des miradors, un observatoire, des panneaux d'information permettent de découvrir, d'observer et de comprendre cette faune.
Le dimanche, le repas de certains animaux (loups, bisons, cerfs...) a lieu en public. Les horaires sont affichés à l'entrée du parc. Il est également possible d'écouter avec un spécialiste le hurlement du loup à la pleine lune (juin, juillet, août sur réservation) ou d'entendre le brame du cerf à l'automne.
Une ferme pour enfants avec des espèces domestiques en voie de disparition : chèvres naines, ânes du Poitou, moutons rouges du Roussillon, complète la visite.

58 - NIÈVRE

SAINT-BRISSON

❢ Ouv. TLJ de 10 h à 12 h et de 13 h 45 à 17 h.

❢ Gratuit.

❢ Arboretum. Herbularium. Aire de jeux. Aire de pique-nique couverte.

Maison du Parc régional du Morvan

58230 Saint-Brisson

Tél. 03 86 78 79 00 - Fax 03 86 78 74 22

Créée en 1975, la Maison du Parc régional du Morvan est abritée dans le château de Saint-Brisson. Cet ensemble, de près de 40 ha, comprend, autour du château, des étangs riches en avifaune : canard colvert, tadorne de belon, sarcelle, foulque macroule, et en poissons. Vous verrez aussi un enclos à daims. C'est également un centre d'exposition et d'informations touristiques.

59 - NORD

DOUAI

❢ Ouv. TLJ sauf mar. de 10 h à 12 h et de 14 h à 17 h. Dim. de 10 h à 12 h et de 15 h à 18 h. Ferm. les JF.

❢ Adultes 6F. Gratuit pour les moins de 18 ans.

❢ Collections de géologie régionale et d'archéologie.

Musée d'Archéologie et des Sciences naturelles

191, rue Saint-Albin
59500 Douai

Tél. 03 27 87 17 82

La section Sciences naturelles de ce musée rassemble des spécimens de la faune locale, des lépidoptères provenant du monde entier ainsi que des aquariums présentant de nombreuses espèces de poissons.

DUNKERQUE

❢ Ouv. TLJ sauf mar. de 10 h à 12 h et de 14 h à 18 h. Ferm. les 1/01 et 25/12.

❢ Adultes 12 F. Gratuit jusqu'à 16 ans.

Aquarium municipal de Dunkerque

45, avenue du Casino
59240 Dunkerque

Tél. 03 28 59 19 18

L'aquarium de Dunkerque rassemble 21 aquariums et aquaterrariums présentant des poissons d'eau douce, d'eau de mer du Nord et d'eau de mer tropicale.

ESTOURMEL

❢ Ouv. TLJ du 1er mai à la rentrée scol. dès 14 h. Avril et sept. merc. et dim. dès 14 h. Oct. dim. dès 14 h. Vac. scol. de Pâques et de la Toussaint, TLJ dès 14 h.

❢ Adultes 28 F, enfants de 3 à 10 ans 22 F.

❢ Aire de jeux. Aire de Pique-nique. Buvette.

Parc d'Estourmel

59440 Estourmel

Tél. 03 27 78 62 61

Plus de 200 animaux, kangourous, chameaux, lamas, chèvres de Rove, daims et bien d'autres sont présentés au parc d'Estourmel. Ils vivent pour la plupart en semi-liberté.

LILLE

❢ Ouv. lun., merc., jeu. et vend. de 9 h à 12 h et de 14 h à 17 h, dim. de 10 h à 17 h. Ferm. les JF.

❢ Grat. la semaine. Dimanche : Adultes 15 F, enfants 10 F.

Musée d'Histoire naturelle

19, rue de Bruxelles
59000 Lille
Tél. 03 20 53 38 46/03 20 85 28 60

Dans la partie zoologie du musée d'Histoire naturelle de Lille, les collections sont très riches : près de 1 000 mammifères et 10 000 oiseaux régionaux et exotiques. On y voit notamment le squelette d'un ichtyosaure et de 2 baleines, des espèces menacées ou disparues : les huias, des oiseaux qui vivaient en Nouvelle-Zélande, le loup marsupial, le pic à bec d'ivoire ou la perruche de Caroline. Un aquarium et un insectarium avec des mygales et des phasmes, ces insectes qui prennent l'apparence de brindilles, complètent la visite. Les présentations sont soignées et didactiques.

VOYAGE AU CENTRE DE LA TERRE

...
« Oui ! le premier de ces monstres a le museau d'un marsouin, la tête d'un lézard, les dents d'un crocodile, et voilà ce qui nous a trompés. C'est le plus redoutable des reptiles antédiluviens, l'ichtyosaurus !
– Et l'autre ?
– L'autre, c'est un serpent caché dans la carapace d'une tortue, le terrible ennemi du premier, le plésiosaurus ! »
...

Jules Verne (1828-1905).

LILLE

❢ Ouv. TLJ en été de 9 h à 17 h 30 (jusqu'à 18 h 30 dim. et JF). Automne et printemps, de 10 h à 16 h 45.

❢ Gratuit

❢ Aire de jeux (toboggan, balançoires...). Buvette.

Bois de Boulogne

Parc zoologique de la Citadelle
59000 Lille
Tél. 03 20 57 38 08

A Lille, le Bois de Boulogne est une forêt de 50 ha où il fait bon flâner. Le parc zoologique avec ses 500 animaux fait le bonheur des enfants.

LILLE

❢ Ouv. TLJ de 9 h à 17 h. Vis. guid.: dim. d'avril à oct. de 14 h à 17 h.

❢ Gratuit.

Ferme miniature Marcel-Dhenin

Parc des Dondaines
14, rue E.-Jacquet
59000 Lille
Tél. 03 20 55 16 12

Au cœur de Lille, la ferme Marcel-Dhenin est aménagée pour les enfants. C'est une ferme traditionnelle avec un poulailler, une bergerie, une étable et une écurie. On y voit des races d'animaux domestiques en voie de disparition et notamment des poules, chevaux, moutons, chèvres, lapins, cochons, oies.

Une nourrice célèbre : La chèvre Amalthée

Zeus (dieu suprême des Grecs) fut caché par sa mère Rhéa sur le mont Ida, en Crète, pour échapper à son père Cronos, qui dévorait tous ses enfants. Là, recueilli par une nymphe, il fut nourri par le miel des abeilles et le lait d'une chèvre, Amalthée. Un jour, celle-ci se brisa une corne. La nymphe la garnit de fleurs et de fruits et l'offrit à Zeus. En remerciement, celui-ci les éleva toutes deux au rang des astres. De là vient le sens de l'expression « corne d'abondance ».

MAUBEUGE

❢ Ouv. TLJ en juil. et août de 10 h à 19 h. De sept. à nov. de 13 h 30 à 17 h 30. Ferm. déc. et janv. De mi-fév. à avril de 13 h 30 à 17 h 30. De mai à juin de 10 h à 18 h. (Caisses ferm. 1 h avant).

❢ Adultes 40 F, enfants 20 F.

Parc zoologique de Maubeuge

Avenue du Parc
59600 Maubeuge
Tél. 03 27 65 15 73 – Fax 03 27 53 75 00

Le parc zoologique de Maubeuge présente, sur plus de 7 ha, 450 animaux en liberté dans des enclos non grillagés. Une des spécificités du parc est l'élevage et la reproduction des hippopotames, ces énormes mammifères amphibies. Le zoo de Maubeuge tente également de réacclimater les cigognes dans cette région où elles étaient très nombreuses autrefois. La ferme du zoo fera la joie des tout-petits.

L'HIPPOPOTAME

...
Je suis comme l'hippopotame :
De ma conviction couvert,
Forte armure que rien n'entame,
Je vais sans peur par le désert.

Théophile Gautier (1811-1872).

CHANTILLY

Ouv. TLJ sauf le mar. d'avril à oct. de 10 h 30 à 17 h 30 (WE et JF 18 h 30). De janv. à mars TLJ sauf le mar. de 14 h à 16 h 30 (WE et JF 17 h 30).

Adultes 50 F, enfants 40 F.

Spectacle « Le Cheval en fête » le 1er dim. du mois, de fév. à nov. à 15 h 15 et 16 h 45. Et le 1er sam. du mois à 20 h 30, « Cheval et Gospel ». Restaurant. Boutique.

Musée vivant du Cheval

Grandes Écuries
60500 Chantilly
Tél. 03 44 57 13 13 ou 03 44 57 40 40 - Fax 03 44 57 29 92

Louis-Henri de Bourbon, arrière-petit-fils du Grand Condé, était persuadé qu'il se réincarnerait en cheval après sa mort et fit construire les Grandes Écuries de Chantilly. Mais c'est seulement au XIXe siècle que Chantilly confirme sa réputation de cité du cheval avec l'inauguration de l'hippodrome en 1834 et la création du prix de Diane, 9 ans plus tard.

Musée vivant du Cheval – 60500 Chantilly

Depuis 1982, Yves Bienaimé a redonné vie aux Grandes Écuries de Chantilly. Gardien des traditions hippiques, le musée vivant du Cheval doit sa renommée à son aspect vivant grâce à ses 40 pensionnaires (chevaux, poneys, ânes, baudets) que l'on peut voir évoluer dans leurs box où à l'entraînement et à ses présentations pédagogiques de dressage quotidiennes. Plus de 30 salles d'exposition traitent de thèmes aussi variés que la maréchalerie, les courses, les haras nationaux, l'hippologie. Le musée du Cheval présente également des spectacles équestres.

La chevalerie : Une caste sacralisée

Apparue au XIe siècle, la chevalerie regroupait les spécialistes du combat cavalier. Progressivement, la chevalerie devint une caste héréditaire. L'adoubement était une cérémonie par laquelle un chevalier plus âgé transmettait le caractère chevaleresque à un jeune écuyer. Le comportement chevaleresque était une attitude de loyauté, de vaillance et de courtoisie.

COMPIÈGNE

Ouv. TLJ sauf dim. de 9 h à 12 h et de 14 h à 17 h. Période conseillée de mi-juil. à fin fév.

Gratuit.

Haras national

1, boulevard Victor-Hugo
60200 Compiègne
Tél. 03 44 40 03 41 - Fax 03 44 40 20 17

Le haras de Compiègne élève 68 chevaux. Il a le plus important effectif d'étalons selles francais après celui de Saint-Lô. Pendant la période de monte (de début mars à la mi-juillet) les étalons nationaux sont répartis dans les stations de monte de la région afin de les rapprocher des éleveurs et de leurs juments.

SACY-LE-GRAND

❢ Ouv. merc., sam. et dim. et vac. scol. de Pâques à oct.

❢ 20 F par personne.

Sacy-Parc et Loisirs

Route de la Bruyère
60700 Sacy-le-Grand
Tél. 03 44 29 94 75

Un petit parc familial d'attractions et animalier où l'on trouve des daims en liberté, des wallabies et des kangourous dans des enclos.

SAINT-LÉGER-EN-BRAY

❢ Ouv. TLJ de 8 h à 19 h. Ferm. du 20/12 au 20/01.

❢ Gratuit.

❢ Restaurant. Bar. Balades à poney. Pêche à la truite. Mini-golf.

Saint-Léger Loisirs

60155 Saint-Léger-en-Bray
Tél. 03 44 84 42 76

Dans le parc boisé de 12 ha d'un restaurant, un parc animalier accueille des daims, kangourous, canards, pélicans, buffles et même un bison.

SENLIS

❢ Ouv. TLJ sauf le mar. et le merc. mat. de 10 h à 12 h et de 14 h à 18 h (17 h de nov. à fév.). Ferm. en janv.

❢ Adultes 14 F, enfants 7 F.

Musée de la Vénerie

Place du Parvis-Notre-Dame
Parc du château royal
60300 Senlis
Tél. 03 44 53 06 40 (OT)

Unique en France, ce musée regroupe des œuvres d'art retraçant l'histoire de la chasse à courre du XVe siècle à nos jours à travers des peintures de Van der Meulen, Oudry ; des dessins de Desportes, Hallo ; des gravures de Dürer, Callot.

Musée vivant du Cheval – 60500 Chantilly

LE PIN-AU-HARAS

Ouv. TLJ de fin mars à mi-oct. de 9 h 30 à 18 h. De mi-oct. à fin mars de 10 h à 12 h et de 14 h à 17 h. Jeudis du Pin : tous les jeu. de début juin à fin sept. à 14 h 30.

Haras : Adultes 25 F, enfants 15 F. Jeudis du Pin : 15 F.

Haras du Pin

61310 Le Pin-au-Haras
Tél. 02 33 36 68 68 – Fax 02 33 35 57 70

Le haras du Pin est avec celui de Pompadour l'un des plus anciens et prestigieux haras français. Fondé en 1715 par Colbert et dessiné par un élève de Le Nôtre, il est considéré comme le Versailles du cheval. Le site inclut également sur le domaine l'Institut du cheval, l'école professionnelle des Haras nationaux et l'hippodrome de la Bergerie. Le haras du Pin fait partie de l'Institution des Haras nationaux, organisme d'État unique au monde qui s'occupe de l'amélioration et de la gestion de la population équine. Il héberge 70 étalons de 10 races différentes. Pendant la période de reproduction de fin février à mi-juillet, les étalons vont dans les stations de reproduction gérées par le haras du Pin afin de se rapprocher des éleveurs et de leurs juments.

Les jeudis du Pin ont un succès qui ne se dément pas. Dans la magnifique cour Colbert du haras, une présentation d'étalons et d'attelages sur la musique baroque de Haendel et sur des symphonies de Beethoven est organisée.

Nausicaa – 62200 Boulogne-sur-Mer

BOULOGNE-SUR-MER

❢ Ouv. TLJ du 1er juin au 14 sept. de 10 h à 20 h. Du 15 sept. au 31 mai de 10 h à 18 h. WE, JF et vac. scol. (Zone B) de 10 h à 19 h.

❢ Adultes 50 F, enfants de 3 à 12 ans 35 F.

❢ Médiathèque. Restaurant. Boutique. Piscine.

Nausicaa

Centre national de la Mer
Boulevard Sainte-Beuve
62200 Boulogne-sur-Mer
Tél. 03 21 30 99 99 - Fax 03 21 30 93 94

Sur 1 500 m^2, Nausicaa est un espace de découverte de la mer. Près de 6 000 poissons sont présentés. Ce lieu vous propose de découvrir les techniques d'élevage grâce à la ferme aux esturgeons, de vivre une campagne de pêche en mer du Nord à bord d'un grand chalutier, de caresser des raies grâce à un bassin tactile, d'observer des requins dans un aquarium panoramique de 600 m^2, des méduses, ces cnidaires qui se reproduisent très difficilement en aquarium, et bien d'autres créatures marines. Des bornes interactives répondent à toutes vos questions.

Nausicaa – 62200 Boulogne-sur-Mer

DIÉVAL

❢ Ouv. TLJ des vac. de printemps à la Toussaint de 9 h à 19 h. Ferm. le lun.

❢ Vis. guid.: gratuit.

Musée de l'Abeille

8, rue Monseigneur-Éloi
62460 Diéval
Tél. 03 21 41 50 11

L'abeille appartient à l'ordre des hyméoptères, insectes présentant 4 ailes membraneuses, et à l'intérieur de celui-ci à la famille des apoïda. Au musée de l'Abeille, vous pourrez

❢ Jardin de plantes mellifères. Vente de produits issus de la ruche.

découvrir d'autres aspects de ce passionnant insecte, le lieu où il vit après avoir été domestiqué, la ruche, et la miellerie, la salle où l'apiculteur produit le miel. Une vidéo présentant la vie de la ruche complète la visite.

La cire : Un support d'écriture

De l'Antiquité jusqu'au Moyen Âge, en Occident, les enfants ont appris à écrire avec une pointe sur des tablettes de bois enduites de cire, qu'ils effaçaient pour les réutiliser.

ÉTAPLES

❢ Accès libre.

❢ Vis. guid. et animations sont proposées. Se rens. auprès de l'OT. Pique-nique interdit.

Réserve naturelle de la Baie de Canche

62630 Étaples

Tél. 03 21 09 56 94 (OT)

La réserve naturelle de la Baie de Canche est un site riche en insectes, poissons, amphibiens, reptiles et mammifères, mais ce sont surtout les oiseaux qui retiennent l'attention, mouettes, goélands, échassiers, canards et le tadorne de Belon, grand canard coloré. Des chemins balisés et des observatoires installés sur le sentier du Tadorne permettent d'approcher ce monde des oiseaux.

LICQUES

❢ 3e WE de déc.

Fête de la Dinde

62850 Licques

Tél. 03 21 35 05 42 (Société Licques volailles) – Fax 03 21 35 02 43

Au XVe siècle, avec la conquête espagnole, la dinde et le dindon arrivèrent du Nouveau Monde. A Licques, on en fit l'élevage : ces volatiles appréciaient les espaces et l'herbe de la vallée de la Hem. Depuis lors, une fête de la Dinde donne lieu à des réjouissances pittoresques, défilés de dindes où les confréries de la dinde évaluent le charme de ces gallinacés.

MERLINONT

❢ Ouv. TLJ d'avril à sept. de 10 h à 18 h 30.

❢ Adultes 92 F, enfants de 3 à 7 ans 68 F. Tarifs comprenant l'accès à volonté aux 40 attractions.

❢ Aire de pique-nique. Restaurant. Boutique.

Parc de Bagatelle

62155 Merlinont

Tél. 03 21 89 09 91 – Fax 03 21 84 43 64

Créé en 1955 et construit sur les dunes, Bagatelle fut le premier parc d'attractions-zoo de France. Son zoo accueille des flamants roses, perroquets, faisans et palmipèdes mais aussi des bisons, kangourous, lamas, émeus. Un Park'Odaims et la ferme des tout-petits feront la joie des enfants.

OYE-PLAGE

❢ Ouv. TLJ. Vis. guid. tous les 1ers dim. du mois à 9 h 30. RV à la maison dans la dune près du parking de la réserve naturelle.

❢ 15 F.

❢ Pique-nique interdit. Paire de jumelles indispensable.

Réserve naturelle du platier d'Oye

62215 Oye-Plage

Tél. 03 21 32 13 74 – Fax 03 21 87 33 07

Le platier d'Oye est un polder naturel formé à la fin du XVIIIe siècle. Soustrait à la mer en 1925 grâce à la construction d'une digue et classé réserve naturelle en 1987, il est devenu un lieu d'accueil pour les oiseaux migrateurs. Un observatoire permet de les admirer. Ce site est particulièrement intéressant pour les familles accompagnées de jeunes enfants. Un sentier balisé vous emmène jusqu'à la plage où ils pourront jouer avec de nombreux coquillages. Vous rencontrerez de nombreux oiseaux ainsi que des vaches et des poneys écossais qui servent de débroussailleuse naturelle.

SAINT-OMER

Ouv. du merc. au dim. de mai à oct. de 10 h à 12 h et de 14 h à 18 h. De nov. à avril de 10 h à 12 h et de 14 h à 17 h.

Adultes 18 F, enfants de 10 à 18 ans 15 F.

Musée Henri-Dupuis

9, rue Henri-Dupuis
62500 Saint-Omer
Tél. 03 21 38 24 13 - Fax 03 21 88 55 74

Dans son hôtel particulier du XVIIIe, Henri Dupuis, un amateur éclairé, a rassemblé des collections très variées d'histoire naturelle. Au rez-de-chaussée sont exposées les collections ornithologiques, aigle royal, faucon pèlerin, héron, mais aussi des espèces rares ou en voie de disparition. Les oiseaux sont placés dans des dioramas reconstituant leur habitat d'origine. A l' étage, une des plus riches collections françaises de coquillages rassemble plus de 20 000 spécimens, bivalves, gastéropodes et céphalopodes, dans une atmosphère qui rappelle celle des cabinets d'histoire naturelle du XVIIIe siècle.

L'aigle : Un allié de Zeus

Attribut de Zeus, le dieu suprême des Grecs, maître de la lumière et des phénomènes célestes, l'aigle lui a été un précieux auxiliaire. Il faisait connaître ses volontés aux hommes et l'aidait dans l'exercice de sa puissance. Ainsi, pour se venger de Prométhée (dont le nom signifie « prévoyant ») qui avait dérobé le feu à la forge d'Héphaïstos, dieu du feu, pour le ramener sur terre, Zeus envoya son aigle lui dévorer le foie, qui repoussait sans cesse, chaque jour.

63 - PUY-DE-DÔME

ARDES-SUR-COUZE

❢ Ouv. TLJ des vac. de printemps à oct. de 10 h à la nuit. De nov. à avril dim. de 14 h à la nuit. Vac. de Toussaint, Noël et hiv. de 14 h à la nuit.

❢ Adultes 36 F, enfants de 3 à 10 ans 22 F.

❢ Aire de jeux (balançoires géantes, pont de singes). Aire de pique-nique. Bar. Boutique.

Parc animalier et de loisirs du Cézallier

63420 Ardes-sur-Couze

Tél. et Fax 04 73 71 82 86

Créé en 1983, dans un site naturel particulièrement agréable, le parc du Cézallier propose un parcours pédestre de 2 km avec des panneaux d'information sur chaque espèce. Orloff et Taïga, un couple de tigres sibériens, et Léo et Milka, un couple de lions de l'Atlas, sont les vedettes du parc. Mais vous verrez également des panthères des neiges, singes, kangourous, loups, bisons, cerfs, bouquetins et chamois. Ce site zoologique participe aux programmes internationaux d'élevage d'espèces en voie de disparition.

BESSE-ET-SAINT-ANASTAISE

❢ Le 1er dim. d'août.

Fête de la Belle des Estives

63610 Besse-et-Saint-Anastaise

Tél. 04 73 79 52 84

Cette fête célèbre l'arrivée des vaches estives dans les pâturages d'été. Vers 10 h, les bêtes arrivent sur le site. On peut alors assister à une messe célébrée en plein air. Un jury auquel il est possible de participer désigne la plus belle des estives. Un repas avec des produits régionaux est prévu.

Vaches grasses, vaches maigres

Dans la Genèse est évoqué le songe d'un pharaon qui vit sortir du Nil sept vaches grasses puis sept vaches maigres qui dévorèrent les premières. Joseph interpréta ce rêve comme l'annonce de sept années d'abondance suivies de sept années de disette.
Les expressions « vaches grasses » et « vaches maigres » signifient prospérité et pénurie.

CHAMPETIÈRES

❢ Ouv. TLJ du 1er mai au 25 sept. de 10 h à la nuit. WE et JF de 14 h à la nuit. Pendant les vac. scol. de 10 h à la nuit.

❢ Adultes 37 F, enfants de 4 à 13 ans 25 F.

Parc zoologique du Bouy

63600 Champetières

Tél. 04 73 82 13 29

Créé en 1975, le parc zoologique du Bouy accueille plus de 400 animaux. Beaucoup d'herbivores, mouflons, daims, lamas et zébus, paissent en semi-liberté. D'autres animaux, singes, tigres, loups, oryx et lions, vivent dans de vastes enclos.

CLERMONT-FERRAND

❢ Ouv. TLJ sauf dim. mat., lun. et JF d'oct. à avril de 10 h à 12 h et de 14 h à 17 h (18 h de mai à sept.).

❢ Gratuit.

❢ Boutique. Merc.: initiation aux sciences naturelles pour les enfants de 7 à 12 ans.

Musée d'Histoire naturelle Lecoq

15, rue Bardoux

63000 Clermont-Ferrand

Tél. 04 73 91 93 78 – Fax 04 73 90 51 84

Ce sont les collections d'Henri Lecoq, professeur d'histoire naturelle à la faculté de Clermont-Ferrand, qui constituent le fonds de ce musée d'histoire naturelle, créé en 1873. Refait dernièrement, il présente un panorama de la faune, la flore, la minéralogie et la géologie de l'Auvergne. Quelques éléments de zoologie mondiale complètent la collection.

MUROL

- Ouv. TLJ de 9 h à 12 h 30 et de 14 h à 18 h 30.
- Gratuit.
- Boutique : miel, pain d'épice, gelée royale.

La Ruche auvergnate

Montaleix. D618
63790 Murol
Tél. 04 73 88 61 14

Le miel est le produit d'une alchimie complexe résultant de la transformation du nectar des fleurs. La Ruche auvergnate est un lieu où vous pouvez observer et comprendre le monde des abeilles et la fabrication du miel.

ORCINES

- Ouv. TLJ de 9 h à 20 h. Hiv., de 10 h à 17 h.
- Adultes 35 F, enfants 30 F.
- Aire de pique-nique couverte. Parc de jeux. Buvette. Snack (en WE).

Parc des Dômes

Route du Puy-de Dôme
63870 Orcines
Tél. 04 73 62 12 19

La plupart des animaux présentés dans ce parc sont nés en captivité. La naissance et l'élevage artificiel des ours bruns sont la grande réussite de ce zoo. Mais des jaguars, lions, panthères, pumas, lynx, singes, bisons, lamas, daims, ratons laveurs, loups sont aussi nés ici au pied du Puy-de-Dôme.

Croc-Blanc : Un loup devenu chien

Écrit par l'Américain Jack London (1876-1916), ce roman a pour héros un loup nommé Croc-Blanc, issu d'un loup pur sang et d'une louve, née d'un loup et d'une chienne. Il raconte l'itinéraire mouvementé et le rude apprentissage de la civilisation de ce loup qui était destiné à vivre dans le « Wild », une région sauvage située au dessus du cercle polaire.

Saint-Nectaire

Ouv. TLJ en juil. et août de 10 h à 12 h et de 14 h à 19 h. HS, rés. oblig.

Adultes 17 F, enfants de 6 à 12 ans 13 F.

Élevage de Castors du Chili et de Kangourous

Boissière
63710 Saint-Nectaire
Tél. 04 73 88 66 81

Le castor du Chili, appelé aussi myocastor, est un petit mammifère rongeur et aquatique. Le kangourou, mammifère australien, a des pattes postérieures très développées, lui permettant de grands sauts. Sa femelle abrite ses petits dans sa poche ventrale. Vous pourrez les observer à votre guise dans cet élevage de Saint-Nectaire.

Un castor célèbre : Simone de Beauvoir

« Castor » était le surnom donné à Simone de Beauvoir (1908-1986) par Jean-Paul Sartre, son compagnon. Agrégée de philosophie, elle s'est aussi beaucoup consacré à la littérature. Elle reste célèbre pour ses propos sur la femme dans « Le Deuxième Sexe » et s'est imposée comme un témoin privilégié de son époque à travers « Les Mandarins », « Les Mémoires d'une jeune fille rangée », « La Force de l'âge », « La Force des choses »...

Saint-Ours-les-Roches

Ouv. TLJ du 15 avril au 15 oct. de 14 h à 19 h (départ des vis. TLH).

Vis. comm. + dégust.: Adultes 20 F, enfants de 5 à 16 ans 15 F.

La Ruche des Puys

Beauloup
63230 Saint-Ours-les-Roches
Tél. 04 73 88 94 31

Une visite guidée vous permet de découvrir tous les secrets de la vie des abeilles de l'extraction du miel à l'observation de la reine. Et pour les gourmands une dégustation de produits de la ruche, pain d'épice et d'hydromel, ce breuvage résultant de la fermentation du miel. Un cocktail est offert à chaque visiteur.

64 - PYRÉNÉES-ATLANTIQUES

ARZACQ

• Ouv. TLJ de mai à oct. à partir de 14 h 30.

• Adultes 20 F, enfants 15 F.

Élevage de Myocastors et de Chinchillas

Musée de la Faune
64410 Arzacq
Tél. 05 59 04 54 03

Le myocastor est un rongeur d'Amérique latine, le chinchilla vient de la Cordillère des Andes. Vous pouvez les caresser. Un musée d'animaux et d'oiseaux naturalisés est aussi présenté.

ASSON

• Ouv. TLJ de 8 h à 20 h.

• Adultes 40 F, enfants 25 F.

• Bar.

Parc aux Kangourous - Zoo d'Asson

64800 Asson
Tél. 05 59 71 03 34 - Fax 05 59 71 01 55

Le zoo d'Asson rassemble plus de 600 kangourous de 3 espèces différentes. Vous pouvez les approcher et même les caresser. Il présente également une collection de plus de 350 oiseaux et mammifères, flamants rouges de Cuba, singes acrobates, lémurs rares de Madagascar et des ouistitis pygmées d'Amérique du Sud, les plus petits singes du monde.

ASTE-BÉON

• Ouv. TLJ d'avril à sept. de 10 h à 13 h et de 14 h à 19 h. Oct., dim. de 15 h à 18 h. Vac. scol. de fév., de Toussaint et de Noël de 15 h à 18 h.

• Adultes 33 F, enfants de 5 à 12 ans 22 F.

• Jeux de piste extérieurs. Aire de pique-nique. Bar-restaurant. Boutique. Location de jumelles.

La Falaise aux Vautours

64260 Aste-Béon
Tél. 05 59 82 65 49 - Fax 05 59 82 65 65

La Falaise aux Vautours est un lieu où l'on peut observer, sans les déranger, les vautours fauves et leurs poussins de la réserve naturelle d'Ossau. Une caméra, installée à proximité des nids, retransmet les images des vautours en direct sur un écran géant. Des guides ornithologues, qui télécommandent les caméras depuis le bas, commentent ces images et chaque mouvement de ces rapaces. Le vautour fauve est l'un des plus grands rapaces de France. C'est un charognard qui se nourrit exclusivement d'animaux morts. L'œuf unique pondu par chaque couple en janvier-février donne naissance, 50 jours après, à un poussin que ses parents élèvent en lui régurgitant leur nourriture jusqu'à son premier envol en juillet-août. Ainsi, suivant la période de votre visite, vous pourrez observer la couvaison, l'éclosion, les premiers battements d'ailes ou l'envol.

La réserve naturelle d'Ossau a été créée en 1974 pour favoriser la reproduction d'une colonie de vautours fauves. Le Parc national des Pyrénées veille à ce qu'ils aient une nourriture suffisante et une tranquillité absolue pour la réussite de la reproduction. A la création de la réserve on comptait 10 couples nicheurs, aujourd'hui c'est plus de 90 couples qui y vivent.

Dans la Falaise aux Vautours, un parcours ludique offre une découverte instructive de ces rapaces majestueux à partir de bornes interactives et de jeux vidéo.

Le vautour : Un oiseau divinatoire

Dans la mythologie gréco-romaine, le vautour est souvent un envoyé des dieux qui donne des présages. Ainsi, quand Remus et Romulus décidèrent de fonder une ville à l'endroit où la louve les avait allaités, ils prirent les augures pour savoir qui la dirigerait. L'oracle fut favorable à Romulus : douze vautours apparurent au-dessus de sa tête alors que Remus n'en vit que six au-dessus de la sienne. Voulant forcer le destin, Remus affronta son frère dans une bagarre sanglante et tomba, frappé à mort.

BAYONNE

❢ Ouv. TLJ de juin à sept. de 9 h à 12 h et de 14 h à 19 h.

❢ Vis. guid.: Adultes 35 F, enfants de 5 à 14 ans 25 F.

Reptilarium

Quai Saint-Bernard
64100 Bayonne
Tél. 05 59 50 11 34

Le reptilarium de Bayonne rassemble 50 espèces et 100 spécimens : varans, dragons d'eau, caïmans, crocodiles du Nil, boas et pythons. Le repas des reptiles a lieu samedi et mercredi entre 14 h et 19 h.
Un film sur les coulisses du reptilarium complète la visite.

Le serpent : Un animal tentateur

Un récit biblique raconte comment le premier homme créé par Dieu, Adam, et sa compagne, Ève, n'ont pu résister à la tentation entraînant toute l'Humanité dans leur chute. Ce premier couple vivait au Paradis terrestre avec pour seul interdit de ne pas manger le fruit d'un arbre placé au milieu du jardin. Un serpent, représentant le diable, convainquit Ève de goûter au fruit défendu. Dieu les priva alors de l'immortalité et de la béatitude, et les jeta hors du jardin d'Éden.

BIARRITZ

❢ Ouv. TLJ de 9 h 30 à 12 h 30 et de 14 h à 18 h. Du 15 juin au 15 sept. de 9 h 30 à 19 h (noct. jusqu'à 24 h du 14 juil. au 31 août). Ferm. ann. 2e semaine de janv.

❢ Adultes 45 F, enfants de 12 à 16 ans 40 F, de 5 à 12 ans 25 F.

❢ Bar. Salon de thé. Boutique.

Musée de la Mer

Esplanade du Rocher de la Vierge
64200 Biarritz
Tél. 05 59 24 02 59 – Fax 05 59 24 41 98

Créé en 1935, le musée de la Mer a été entièrement restauré en 1992. Il témoigne de plus d'un demi-siècle d'histoire dans les domaines de l'océanographie et de la biologie marine. Il présente 24 aquariums où évoluent des poissons du golfe de Gascogne (tacauds, homards, lieus jaunes, tortues de mer, murènes, rascasses, hippocampes...).
Le bassin des phoques réunit 4 phoques : 1 phoque veau marin, pensionnaire du musée depuis 32 ans, et 3 phoques gris. Leur repas, à 10 h 30 et 17 h, est un moment très apprécié des visiteurs. Dans le bassin aux requins, vous verrez des requins-nourrices, requins gris, poissons-scies, raies-guitares.
Une galerie est consacrée aux oiseaux naturalisés, elle rassemble 350 espèces.
Vous y verrez également des squelettes gigantesques de cétacés et des moulages d'animaux échoués : orques, dauphins, baleines.

BIDARRAY

❢ Vis. guid. TLJ en juil. et août de 10 h à 18 h.

❢ Adultes 30 F, enfants de 5 à 12 ans 20 F.

Maison du Pottok

64780 Bidarray
Tél. 05 59 52 21 14

Depuis 1993, un troupeau conservatoire de pottokak vit en semi-liberté dans les landes de Bidarray avec des chèvres des Pyrénées et des vaches écossaises. Ce petit cheval basque mesure entre 1,20 m et 1,30 m. Ceux-ci sont particuliers, ils sont de type originel, descendants directs des chevaux préhistoriques qui peuplaient le sud-ouest de la France. Un sentier de 2 km permet de les découvrir en compagnie d'un guide de l'Association française du Pottok originel. La Maison du Pottok vous propose une exposition permanente et des films.
Il faut compter entre 2 h 30 et 3 h pour visiter la réserve, découvrir l'exposition et assister à la projection.

BIRON

❢ Ouv. TLJ de juin à oct. de 10 h à 19 h. D'oct. à mai, du merc. au dim. de 10 h à 18 h.

❢ Adultes 30 F, enfants de 6 à 12 ans 10 F.

❢ Aire de jeux. Aire de pique-nique.

La Saligue aux Oiseaux

Castétis
64300 Biron
Tél. 05 56 67 14 22 - Fax 05 59 69 19 62

La Saligue aux Oiseaux regroupe deux réalisations, un marais destiné à recevoir les oiseaux migrateurs et un parc. Le marais est inaccessible au public, mais on peut observer les oiseaux grâce à deux caméras placées sur le marais et dont les images sont retransmises en direct sur grand écran dans une ancienne ferme béarnaise aménagée à cet effet. Dans la salle, un guide vous fait découvrir les différentes espèces d'oiseaux. Vous pourrez surprendre le héron cendré qui avale un gardon, un ragondin nageant au milieu des roseaux, des foulques donnant la becquée à leurs oisillons ou encore des cistudes (tortues d'eau douce).
Au rez-de-chaussée, le musée rassemble une importante collection d'animaux naturalisés et d'empreintes d'animaux ainsi que des expositions sur les oiseaux.
Dans le parc, un sentier vous emmène découvrir les cabanes de chasse locale reconstituées en grandeur nature pour mieux comprendre leur fonctionnement. Elles servent également de postes pour observer les oiseaux.

BORCE

❢ Ouv. TLJ pendant les vac. scol. de 14 h à 18 h. Hors vac. scol., merc., sam., dim. de 14 h à 18 h.

❢ Adultes 15 F, enfants 10 F.

Le Clos aux Ours

64490 Borce
Tél. 05 59 34 88 88 - Fax 05 59 34 52 51

Créé, en 1970, pour héberger un ourson sauvage, le Clos aux Ours est un espace de découverte des Ursus Arctos. Actuellement ce sont Antoine et Ségolène, 2 ours bruns des Carpates, ramenés à Borce en novembre 1992, à la suite de la disparition tragique du vieux « Jo-jo », qui occupent les lieux. En janvier 1996, un ourson est né dans l'enclos de Borce ; les enfants de la haute vallée d'Aspe lui ont donné le nom de Myrtille. Les plantigrades naissent aussi en captivité dans les Pyrénées. Une exposition et un documentaire vidéo complètent cette visite.

Des expressions

Être comme un ours en cage : *Aller et venir sans contenir son impatience et sa nervosité.*
Un ours mal léché : *Une personne grossière, rustre.*
Vendre la peau de l'ours avant de l'avoir tué : *Brûler les étapes.*

ESPELETTE

❢ Derniers mar. et merc. de janv.

Foire au Pottok

64250 Espelette
Tél. 05 59 93 91 44 (Mairie)

Le pottok (prononcez potiok) est un petit cheval sauvage de montagne, typiquement pyrénéen. Lors de cette foire, 250 à 300 pottokak (prononcez potiokak, pluriel de pottok) sont mis en vente.

ESTAUT

❢ Ouv. TLJ du 15 avril au 15 sept. de 9 h 30 à 12 h 30 et de 14 h à 18 h 30.

❢ Adultes 12 F, enfants gratuit.

Maison du Parc national des Pyrénées

64490 Etsaut
Tél. 05 59 34 88 30 / 05 59 34 70 87 - Fax 05 59 34 51 10

La Maison du Parc propose une exposition sur l'ours brun, des projections de films, des exposés et des débats. De nombreuses promenades sont organisées pour découvrir des animaux libres et sauvages, marmottes, gyapètes, vautours

• Aire de jeux pour enfants.

fauves et les derniers ours des Pyrénées. Vous y trouverez des publications éditées par le Parc national, ainsi que les informations et les conseils avisés des gardes-moniteurs. Tous les jours, à 15 h, des films sur la nature sont projetés.

GELOS

• Ouv. TLJ de juil. à sept. de 10 h à 12 h et de 14 h à 17 h.

• Adultes 20 F, enfants 15 F.

Haras national de Gelos

Avenue du Général-Leclerc
64110 Gelos
Tél. 05 59 06 60 57 - Fax 05 59 06 03 97

Dans un espace de 13 ha, le haras national de Gelos accueille plus de 80 étalons. Berceau des races de poneys pottok et landais, le haras est aussi connu pour le cheval anglo-arabe. La visite vous fera découvrir les écuries, la forge, la sellerie et même le laboratoire d'insémination.

GOTEIN

• Vis. uniquement pour les groupes mais possibilité de se joindre à eux. Rés. tél. indispensable.

• 20 F par personne.

Cité des Écrevisses

64130 Gotein
Tél. 05 59 28 03 30 - Fax 05 59 28 08 11

A Gotein, dans le Pays basque, vous pourrez voir un site unique en son genre, une cité des écrevisses. Plus qu'un simple élevage, c'est un univers aquatique qui abrite dans ses bassins et ses mini-étangs des milliers de crustacés ainsi que diverses variétés de poissons. Les visiteurs peuvent y découvrir les cycles de vie de l'Astacus Leptodactylus, l'une des espèces d'écrevisses présentées, de la nursery à l'étang, anatomie, nourriture et reproduction. L'écrevisse est un animal d'une fragilité extrême qui ne peut vivre et se reproduire que dans son milieu naturel ; la cité recrée ce milieu dans lequel les écrevisses mettent 5 ans avant d'atteindre leur maturité.
En fin de parcours, le hall d'exposition vous accueillera parmi les aquariums, les fossiles, les minéraux et quelques belles pages de l'astaciculture, l'élevage des écrevisses. Un film vidéo complète la visite.

SAINT-FAUST

• Ouv. TLJ sauf lun. de Pâques au 15 oct. de 14 h à 18 h.

• Adultes 32 F, enfants 19 F.

• Aire de pique-nique à proximité. Buvette. Boutique.

La Cité des Abeilles

Chemin des Crêtes
64110 Saint-Faust
Tél. 05 59 83 10 31

La Cité des Abeilles vous fait découvrir les traditions et les techniques d'élevage des abeilles. Tout d'abord, vous visiterez le musée vivant où une exposition évoque la capture des essaims et l'élevage des abeilles, l'apiculteur au travail, le miel dans l'histoire, la cire et la fabrication des bougies. Puis vous les découvrirez au travail à partir d'un observatoire d'abeilles informatisé qui permet de découvrir, minute par minute, l'évolution d'une colonie d'abeilles ; derrière la vitre de la grande ruche, vous aurez peut-être la chance d'observer la reine pondre ses œufs. Enfin, sur un parcours de 1 ha, vous découvrirez les plantes mellifères, des ruches anciennes et un rucher couvert provenant d'un monastère de Haute-Corrèze.

65 - HAUTES-PYRÉNÉES

BEAUCENS

❢ Ouv. des vac. de Pâques à la Toussaint de 10 h à 12 h et de 14 h 30 à 18 h 30. Démons. à 15 h 30 et 17 h. En août, à 15 h, 16 h 30 et 17 h.

❢ Adultes 45 F, enfants 30 F.

❢ Buvette. Boutique.

Donjon des Aigles

65400 Beaucens
Tél. 05 62 97 19 59

Le Donjon des Aigles présente 40 espèces de rapaces diurnes et nocturnes provenant du monde entier : milan royal, faucon crécerelle, pygargue à tête blanche, vautour percnoptère...
Des panneaux explicatifs vous guident dans la découverte de ces oiseaux. Au cours d'un spectacle, les vautours survolent les spectateurs, l'aigle chasseur de serpent capture une proie et le faucon pique sur un seul geste de son dresseur pour saisir le leurre au vol.

PIERREFITTE-NESTALAS

❢ Ouv. TLJ de 9 h 30 à 12 h et de 14 h à 18 h. Ferm. lun. mat. et dim. mat.

❢ Adultes 38 F, enfants de 3 à 12 ans 25 F.

❢ Bar. Restaurant. Boutique.

Aquarium tropical du Haut-Lavedan

2, avenue Jean-Moulin
65260 Pierrefitte-Nestalas
Tél. 05 62 92 79 56

L'aquarium tropical de Pierrefitte-Nestalas rassemble dans 36 bassins plus de 500 espèces de la faune des récifs et des eaux douces tropicales : poisson-perroquet, poisson-ange, poisson-vache, poisson-lapin. Les noms des poissons de la mer des Caraïbes suffisent à évoquer la richesse de leurs formes et de leurs couleurs. Vous verrez aussi des requins et d'autres poissons qui suscitent des images moins poétiques mais tout aussi fascinantes.
Un film vidéo sur les fonds sous-marins complète la visite.

TARBES

❢ Vis. guid. TLJ en juil. et août de 10 h à 12 h et de 14 h à 17 h. Départ des vis. TLH. Dernière vis. à 16 h 15.

❢ Adultes 20 F, enfants de 5 à 15 ans 10 F.

Haras national

65000 Tarbes
Tél. 05 62 34 44 59 – Fax 05 62 51 20 32

Le haras de Tarbes héberge 70 étalons de races différentes : anglo-arabes, poneys de Mérens, chevaux de trait (bretons et comtois). Avec le cheval de selle français, l'anglo-arabe est l'une des 2 races de chevaux de sport élevées en France. Avec un effectif de 23 étalons, la région Midi-Pyrénées est la première en France pour cette production au même titre que le haras de Pompadour (Corrèze), l'un des plus actifs dans cette production.

Vous visiterez les écuries, la sellerie, vous apprécierez le travail de la forge pour terminer par le laboratoire dans lequel on pratique les techniques les plus modernes d'élevage (insémination artificielle, échographie...).

TRIE-SUR-BAÏSE

2ᵉ dim. d'août mais elle peut être avancée. Rens. à la mairie de Trie-sur-Baïse.

Fête de la Pourcailhade

65220 Trie-sur-Baïse
Tél. 05 62 35 50 21 (Mairie)

Ce village a accueilli l'un des plus grands marchés aux cochons de France. La Pourcailhade est la fête du cochon. Une course de petits cochons a lieu. Les billets sont vendus au préalable chez les commerçants. Le spectateur détenant le billet qui porte la combinaison du tiercé dans l'ordre gagne un lot de charcuterie. Un championnat international du cri de cochon est également organisé.

Le cochon : Quelques expressions

Un tour de cochon : *Un sale tour.*
Une tête de cochon : *Un mauvais caractère.*
Ignorer si c'est du lard ou du cochon : *Ne pas savoir que penser du comportement de quelqu'un.*
Donner de la confiture à des cochons : *Donner quelque chose à quelqu'un qui ne l'appréciera pas à sa juste valeur.*
Cochon qui s'en dédit : *Que soit puni celui qui ne respecte pas sa promesse.*

SAINT-LARY-SOULAN

Ouv. TLJ pendant les vac. scol. de 10 h à 12 h et de 14 h à 19 h.

Adultes 24 F, enfants de 5 à 12 ans 17 F

Maison de l'Ours

Place du Téléphérique
65170 Saint-Lary-Soulan
Tél. 05 62 39 50 83

Une maison thématique sur l'ours, du mythe à la réalité à travers des gravures, photos, lithographies. La chasse à l'ours dans les Pyrénées ainsi que les fêtes de l'ours sont évoquées. Une vidéo « Au bonheur des hommes et des ours » complète la visite.

L'ours : Un animal légendaire

De nombreuses légendes existent sur les ours. Ainsi, on a raconté que cet animal grossissait pendant son sommeil, que les coups le faisaient engraisser et que cette croissance ininterrompue lui permettrait d'atteindre des proportions exceptionnelles. On a dit aussi que la durée de gestation de la femelle était si brève que, quand les oursons naissaient, ils étaient inachevés et qu'elle devait alors les modeler à coups de langue pendant quarante jours. De là proviendrait l'expression « un ours mal léché » qui désigne un individu grossier, dont l'éducation reste à faire.

66 - PYRÉNÉES-ORIENTALES

ANGLES (LES)

- Ouv. TLJ en été de 8 h à 19 h (en hiv. 17 h).
- Adultes 45 F, enfants de 4 à 14 ans 35 F.
- Aire de pique-nique.

Parc animalier de Vision des Angles en Capcir

66210 Les Angles

Tél. 04 68 04 17 20 – Fax 04 68 04 17 21

Le parc animalier des Angles rassemble des animaux sauvages des Pyrénées dans leur espace naturel montagnard : ceux vivant depuis tout temps dans les montagnes pyrénéennes tels l'isard et le sanglier, ceux qui ont fui les versants français comme le bouquetin et le loup, des espèces en voie de raréfaction, voire de disparition, comme le grand tétras et l'ours, et celles disparues du sol pyrénéen tels le bison, le renne.

Divisé en enclos, le milieu naturel a été respecté le plus possible et des sites particuliers ont été mis en valeur comme les éboulis où s'ébattent bouquetins et isards.

Deux itinéraires, un long (3,5 km) et un court (1,5 km), parcourent le parc. Chacun peut prendre son temps, s'arrêter ou pique-niquer sur les zones aménagées, observer les animaux hébergés dans les enclos mais aussi ceux qui vivent là depuis toujours : fouines, gyapètes barbus, aigles royaux...

LE SANGLIER

Les loups fuyaient de peur quand il s'approchait d'eux,
Tant le monstre effaré, s'il grognait dans sa joie,
Semblait effrayant, même à des bêtes de proie.
Il vivait là, pensif. Lorsque venait la nuit,
Terrible, emplissant l'air d'épouvante et de bruit
Et cassant les lauriers au pied des monts sublimes,
Il allait dans le bois déchirer ses victimes ;
...

Théodore de Banville (1823-1891).

BANYULS-SUR-MER

- Ouv. TLJ de 9 h à 12 h et de 14 h à 18 h 30.
- Adultes 22 F, enfants 11 F.

Aquarium – Observatoire océanologique

Université Pierre-et-Marie-Curie (Paris-VI)

66650 Banyuls-sur-Mer

Tél. 04 68 88 73 73 – Fax 04 68 88 16 99

L'aquarium de Banyuls-sur-Mer comprend 41 aquariums présentant la faune et la flore de la Méditerranée : anémones de mer, spirographes, coraux, mérous, rascasses. Vous y verrez aussi des tortues de mer, des poulpes et des oursins.

CANET-EN-ROUSSILLON

- Ouv. TLJ en juil. et août de 10 h à 20 h. De sept. à juin, TLJ sauf mar. de 10 h à 12 h et de 14 h 30 à 18 h 30. Pendant les vac. scol., TLJ.

Aquarium

Boulevard de la Jetée

66140 Canet-en-Roussillon

Tél. 04 68 80 49 64 – Fax 04 68 73 80 78

L'aquariun de Canet rassemble la faune aquatique des 5 continents, plus de 300 espèces dans 53 bassins. Vous y verrez des requins, piranhas, tortues géantes... mais aussi des poissons d'eau douce, perches soleil, goujons, barbeaux et même un cœlacanthe fossile.

❢ Adultes 26 F, enfants 16 F.
❢ Boutique.

Des castors sont également présents. Vous pourrez les observer parfaitement grâce à un bassin vitré. Dans la nature, l'observation de ces animaux est mal aisée car ce sont des animaux craintifs et vivant plutôt la nuit.

CANET-EN-ROUSSILLON

❢ Accès libre.

Sentier ornithologique

Étang de Canet-Saint-Nazaire
66140 Canet-en-Roussillon
Tél. 04 68 73 60 27

Un sentier ornithologique a été aménagé pour observer la faune autour de l'étang de Canet-Saint-Nazaire. Vous y verrez des sarcelles, canards sauvages, colverts et quelque 2 000 flamants roses.
Un ancien village de pêcheurs comprenant 10 cabanes de 20 m^2 chacune (à partager par 2 pêcheurs) a été reconstruit au bord de l'étang selon des procédés ancestraux et avec des matériaux d'origine.

OSSÉJA

❢ Le 2e dim. de mai.

Fête de la Transhumance

66340 Osséja
Tél. 04 68 04 53 86 (OT)

Le matin, vaches, taureaux, moutons sont rassemblés sur la place du village. Les animaux sont bénis avant le repas typique de midi. L'après-midi, quelques animations autour des bêtes ont lieu. Enfin, les bêtes se dirigent vers les pâturages d'altitude.

OSSÉJA

❢ Le 3e dim. de juil.

Concours international de Chiens de berger

66340 Osséja
Tél. 04 68 04 53 86 (OT)

Le Concours international de Chiens de berger détermine le meilleur chien pour « travailler un troupeau ». Des épreuves chronométrées consistent pour les chiens à regrouper un troupeau autour du berger, ou à faire entrer un troupeau dans un enclos. Des animations sont également organisées. Des bergers viennent de toute l'Europe pour faire concourir leur chien.

PRATS-DE-MOLLO-LA-PRESTE

• 1er dim. des vac. scol. de fév. de Montpellier (zone A).

Fête de l'Ours ou « El día de l'os »

66230 Prats-de-Mollo-la-Preste
Tél. 04 68 39 70 83 (OT)

Des jeunes gens sont chargés de jouer les ours, vêtus de peaux de moutons et armés de bâtons. D'autres, les chasseurs, doivent les poursuivre. Les ours arrivent au village où ils deviennent maîtres des lieux. Ils bondissent, grognent, poursuivent les jeunes filles mais aussi les badauds. Ils seront ensuite barbouillés sans pitié. Vêtus de grandes chemises blanches et de bonnets, les ours blancs interviennent. Une dernière lutte s'engage pour capturer, enchaîner et raser les ours bruns. Une farandole occupe le village et la fête se propage dans tous les cafés.

PERPIGNAN

• Ouv. TLJ en été de 9 h 30 à 12 h et de 14 h 30 à 19 h. HS de 9 h à 12 h et de 14 h à 18 h. Ferm. mar.

• Adultes 25 F. Gratuit jusqu'à 12 ans.

• Collections de géologie et d'etnographie.

Muséum d'Histoire naturelle

12, rue Fontaine-Neuve
66000 Perpignan
Tél. 04 68 35 50 87

Le muséum de Perpignan rassemble des oiseaux, essentiellement de la région, des mammifères dont des squelettes de cétacés, des poissons, des reptiles ainsi que des insectes. Un logiciel, Ornitho-66, répertorie les oiseaux du Roussillon.

TOULOUGES

• Ouv. TLJ de 9 h à 12 h et de 14 h à 18 h 30.

• 10 F par pers.

• Aire de pique-nique.

Ferme-conservatoire San Sebastián

Chemin de la Basse
66350 Toulouges
Tél. 04 68 54 38 03

La Ferme San Sebastián rassemble des espèces animales fermières dont certaines en voie de disparition : poneys, ânes, chèvres naines, cochons, moutons, lapins, oies, pintades, vaches, faisans et autres volailles.

Le coq : Quelques expressions

Avoir des jambes de coq : *Avoir des jambes grêles.*
Être comme un coq en pâte : *Être dorloté et choyé.*
Le coq du village : *L'homme le plus admiré et le plus huppé qui pourra par conséquent être fier comme un coq.*
Sauter du coq à l'âne : *Tenir un discours aux propos décousus.*

67 - BAS-RHIN

KINTZHEIM

❢ Ouv. TLJ d'avril à sept. de 10 h à 19 h. HS se rens.

❢ Adultes 35 F, enfants de 3 à 11 ans 25 F.

❢ Parc d'attractions. Buvette. Restauration. Boutique.

Parc des Cigognes et de Loisirs

67600 Kintzheim

Tél. 03 88 92 05 94 – Fax 03 88 82 10 61

En 1947, on dénombrait 177 couples nicheurs en Alsace. En 1974, on ne comptait plus que 9 couples. Des recherches ont été conduites pour la réintroduction de l'espèce. La technique dite des enclos présente la meilleure chance de maintien d'un certain effectif nichant en pleine liberté. Cela consiste à obtenir la reproduction en captivité en vue de la mise en liberté des jeunes au moment de leur maturité, à l'âge de 3 ans. Aujourd'hui, en Alsace, on peut observer une cinquantaine de couples en liberté.
Le Parc des Cigognes enregistre près de 100 naissances par an. Une information sur leur mode de vie vous est donnée. Vous verrez également des daims, kangourous, cygnes, paons, canards d'ornement, grues ainsi qu'un aquarium tropical et régional avec près de 700 poissons et écrevisses.

KINTZHEIM

❢ Ouv. TLJ en juil. et août de 10 h à 18 h, en mai, juin et sept. de 10 h à 12 h et de 13 h à 18 h, en avril et oct. de 10 h à 12 h et de 13 h à 17 h. Du 1er au 11 nov. ouv. uniquement merc., sam. et dim. de 10 h à 12 h et de 13 h à 17 h.

❢ Adultes 40 F, enfants 25 F.

Montagne des Singes

67600 Kintzheim

Tél. 03 88 92 11 09 – Fax 03 88 82 30 02

Dans la forêt vosgienne, plus de 200 singes magots (ou macaques de Barbarie) évoluent dans 20 ha de forêts. Originaires des hauts plateaux marocains et algériens, ils supportent très bien le climat de cette région et, en hiver, on les voit courir sur la neige. Le pelage d'été des magots est court et brun-roux. Le poil d'hiver est long et brun-gris. La

Montagne des Singes – 67600 Kintzheim

spécificité du parc est de présenter des groupes de singes magots vivant en semi-liberté et ayant les mêmes comportements sociaux qu'à l'état sauvage. Cette visite vous permet de découvrir la vie sociale des singes et d'être en contact direct avec l'animal libre.
Le magot est actuellement une espèce menacée. On estime la population sauvage à environ 20 000 individus (Maroc et Algérie).
La Montagne des Singes participe à des programmes de réintroduction.

Des hommes transformés en singes : Les Cercopes

Le mythe grec des Cercopes évoque l'aspect irritant mais désarmant des plaisanteries des singes. Les Cercopes étaient des bandits impressionnants par leur taille et leur force. Ils s'attaquèrent un jour à Hercule endormi qui les neutralisa et les ficela. Les Cercopes, par leurs farces, l'amusèrent tant qu'il consentit à les libérer. Mais Zeus, irrité par leur brigandage, finit par les transformer en singes.

KINTZHEIM

Ouv. d'avril à sept. à partir de 14 h. Démons. à 15 h et 16 h en semaine, de 14 h 30 à 17 h en été, dim. et JF en saison. Du 1er oct. au 11 nov., ouv. uniquement merc., sam. et dim. Ces démons. peuvent être annulées par mauvais temps.

Adultes 45 F, enfants 30 F.

Volerie des Aigles

Château de Kintzheim
67600 Kintzheim
Tél. 03 88 92 84 33 – Fax 03 88 82 11 05

La Volerie des Aigles réunit quelque 70 rapaces (du latin *rapax,* qui « emporte ») : aigle royal, faucon pèlerin, vautour percnoptère, chouette chevêche, harfang des neiges... Les rapaces ne volent que lorsque les besoins l'exigent (recherche de nourriture, parade amoureuse, migration...) et même dans ces cas, ils recherchent des vols nécessitant le moins d'énergie possible : vols planés, vols mixtes battus suivis par des glissades planées.

Volerie des Aigles – 67600 Kintzheim

Dans le château de Kintzheim, vous verrez des démonstrations en vol des plus grands rapaces. Un vautour percnoptère frappe avec un caillou sur un œuf en plâtre rempli de morceaux de viande jusqu'à ce qu'il se brise. Un aigle sur un simple geste de son dresseur descend vers lui. Des vautours se promènent sur les jambes des spectateurs du premier rang.
Ils sont dressés pendant plusieurs années afin de ne pas être effrayés par les spectateurs.
Un centre de reproduction et de recherche sur les rapaces a également été créé.

L'aigle : Un symbole de puissance dans le christianisme

Dans la symbolique chrétienne, l'aigle est associé soit à l'image de Dieu le Père et il symbolise alors la force, la justice et la souveraineté, soit au Christ dont il rappelle l'Ascension et il signifie alors la résurrection, comme le cerf ou le phénix.

STRASBOURG

❢ Musée zoologique : ouv. TLJ de 10 h à 12 h et de 13 h 30 à 18 h. Dim. 10 h à 17 h. Ferm. mar. Cabinet d'histoire naturelle : TLJ de 14 h à 18 h. Merc. et dim. de 10 h à 12 h et de 14 h à 18 h. Ferm. mar.

❢ Adultes 15 F, enfants de 5 à 15 ans 8 F.

Musée zoologique de l'Université Louis-Pasteur

29, boulevard de la Victoire
67000 Strasbourg
Tél. 03 88 35 85 35 – Fax 03 88 24 24 91

Créé par Jean Hermann au XVIIIe siècle, le musée zoologique de Strasbourg est l'un des plus riches de France par la diversité et l'ampleur de ses collections : 1 million d'insectes, 18 000 oiseaux, 1 500 mammifères, 60 000 invertébrés marins, 9 000 squelettes, 11 000 poissons et reptiles. Il permet d'observer des espèces qui ont aujourd'hui disparu. Une partie des collections est stockée dans des réserves. Mais le public peut les découvrir lors d'expositions temporaires.

Dans une ambiance d'époque, le musée zoologique a reconstitué le cabinet d'histoire naturelle de Jean Hermann (1738-1800). Dès 1760, professeur d'histoire naturelle, directeur du jardin botanique, il constitue un cabinet d'histoire naturelle, sorte de cabinet de curiosités, spécialisé dans les choses de la nature. Il réunit plus de 200 mammifères naturalisés, 900 oiseaux, des reptiles, des poissons, des coquillages et des insectes ainsi qu'un herbier de 400 plantes, des minéraux, des roches et des fossiles. Jean Hermann était en relation avec tous les savants de l'époque : Buffon, Cuvier.

Le visiteur peut découvrir des pièces exceptionnelles et rares comme le squelette du phoque moine, exemplaire-type de l'espèce décrite par Hermann en 1779 et un loup tué en forêt de Brumath en 1798.

STRASBOURG

❢ Ouv. TLJ de juil. à sept. de 10 h à 12 h et de 14 h à 16 h 30. D'oct. à juin, de 14 h à 16 h 30 sauf mar.

❢ Gratuit.

Haras national

1, rue Sainte-Élisabeth
67000 Strasbourg
Tél. 03 88 36 10 13 – Fax 03 88 24 22 05

Le haras de Strasbourg fait parti des 23 haras nationaux. Vous visiterez les écuries et la forge. Vous verrez une exposition sur le thème du cheval et des œuvres d'art qui lui sont consacrées ainsi qu'une collection de selles anciennes. Une vidéo sur les chevaux complète la visite.

Musée zoologique – 67000 Strasbourg

68 - HAUT-RHIN

COLMAR

Ouv. TLJ, sauf janv., fév., dim. mat. et mar. de 10 h à 12 h et de 14 h à 17 h, dim. de 14 h à 18 h.

Adultes 20 F. Gratuit jusqu'à 6 ans.

Muséum d'Histoire naturelle

11, rue de Turenne
68000 Colmar
Tél. 03 89 23 84 15

Créé en 1860, le muséum d'Histoire naturelle occupe une belle maison du XVIIe siècle. Une première salle de faune générale rassemble une collection de mammifères et d'oiseaux. Le visiteur peut admirer des pièces remarquables parmi lesquelles des lémuriens de Madagascar, l'aptéryx ou kiwi de Nouvelle-Zélande, l'ornithorynque d'Australie.
La salle de faune locale réunit, sur fond de montagne vosgienne, le grand tétras ou coq de bruyère, devenu le symbole de la faune menacée, la loutre, le castor, le chamois, le lynx, le grand duc et bien d'autres encore.
Des collections etnographiques d'Égypte, d'Océanie et d'Afrique sont exposées au premier étage.

HUNAWIHR

Ouv. d'avril à oct. de 10 h à 12 h et de 14 h à 18 h ou 19 h. Spectacles : 15 h, 16 h (17 h et 18 h en sais.). Du 1er au 11 nov., merc., sam. et dim.

Après-midi : + spectacle d'animaux pêcheurs et aquarium, adultes 45 F, enfants 30 F. Matin : + aquarium, adultes 40 F, enfants 25 F.

Centre de réintroduction des Cigognes Centre de reproduction de la Loutre européenne

68150 Hunawihr
Tél. 03 89 73 72 62 – Fax 03 89 73 81 25

Aujourd'hui la plupart des cigognes d'Alsace proviennent de ce centre de réintroduction. Une centaine d'entre elles vivent et se reproduisent ici. Vous pourrez observer leur mode de vie, la nidification et l'élevage des cigogneaux.
La réintroduction des cigognes en Alsace a consisté à tenter de supprimer leur instinct migratoire. En effet, une cigogne sur cinq revient de sa région d'hibernation, les autres sont victimes des chasseurs africains, des fils à haute tension...
Pour mettre fin à cette disparition irrémédiable, les cigognes du parc bénéficient d'enclos chauffés, d'une nourriture très riche en calories, et évoluent dans une immense volière. A ce régime-là, elles ont perdu leur instinct migratoire à l'âge de 3 ans.
Ce parc est également le premier centre de reproduction français de la loutre, vous pourrez les voir évoluer dans une rivière grâce à un tunnel vitré.
Un spectacle d'animaux pêcheurs est présenté dans un bassin vitré qui permet de voir sous l'eau. Des poissons sont jetés, un cormoran ou des manchots les poursuivent, une loutre, nageant avec sa queue, attrape sa proie et la déchiquette en un clin d'œil.

HUNAWIHR

Ouv. du 1er avril au 11 nov. de 10 h à 12 h et de 13 h 30 à 18 h.

Adultes 35 F, enfants 25 F.

Serre à Papillons exotiques vivants

68150 Hunawihr
Tél. 03 89 73 69 58 – Fax 03 89 73 31 56

La serre à Papillons rassemble des centaines de papillons exotiques en liberté provenant d'Afrique, d'Asie et d'Amérique. Vous découvrirez le cycle complet de la vie d'un papillon (œuf, chenille, chrysalide, insecte parfait) et vous aurez peut-être la chance d'assister en direct au déchirement d'une chrysalide et à la naissance d'un papillon en direct. Une exposition permanente d'orchidées complète la visite.

LAUTENBACH-ZELL

❢ Ouv. TLJ en juil. et août de 10 h à 19 h. De fév. à déc., de 14 h à 18 h sauf lun.

❢ Adultes 25 F, enfants 15 F.

Vivarium du Moulin

6, rue du Moulin
68610 Lautenbach-Zell
Tél. 03 89 74 02 48 – Fax 03 89 76 30 25

Le vivarium du Moulin rassemble des araignées, mygales, scorpions, phasmes, blattes, mantes religieuses ainsi que de nombreuses autres espèces.
Les insectes sont présentés dans des vivariums qui reconstituent leurs milieux naturels. Des fourmilières géantes que l'on visite de l'intérieur vous permettront de découvrir le monde de ces insectes sociaux.
Des panneaux pédagogiques illustrés par des photographies scientifiques et des dessins humoristiques vous informent sur le monde des insectes.

L'ARAIGNÉE

Une petite main noire et poilue crispée sur des cheveux.
Toute la nuit, au nom de la lune, elle appose ses scellés.

Jules Renard (1864-1910).

MULHOUSE

❢ Ouv. TLJ de mai à août de 9 h à 19 h. Avril et sept., de 9 h à 18 h. Oct., nov. et mars, de 9 h à 17 h. De déc. à fév., de 10 h à 16 h.

❢ Adultes 45 F (20 F en basse sais.), enfants de 6 à 16 ans 20 F.

❢ Aire de jeux. Aire de pique-nique. Restauration. Boutique.

Parc zoologique et botanique

51, rue du Jardin zoologique
68100 Mulhouse
Tél. 03 89 44 17 44 – Fax 03 89 44 08 06

Créé en 1868, le Parc zoologique et botanique de Mulhouse est un des plus anciens parcs de France mais aussi l'un des plus beaux. Il s'est fixé aujourd'hui comme mission la sauvegarde, l'élevage et l'étude des espèces rares ou en voie de disparition.
Il s'étend aujourd'hui sur 25 ha et rassemble 1 200 animaux de 220 espèces différentes : manchots du Cap, ours, oryx d'Arabie, tigres de Sibérie, panthères de Perse, tapirs à dos blanc et bien d'autres. Le quart des animaux du zoo fait partie de programmes d'élevage internationaux. Le parc a eu l'initiative de certains programmes européens d'élevage (EEP) notamment pour le cerf du Prince Alfred des Philippines qui ne subsistait que sur quelques îles, les lémuriens de Madagascar, les singes du Brésil...
On peut également souligner l'existence d'une Société des Amis du zoo très active qui apporte son soutien au développement du parc et publie un bulletin d'information *Zoo-Mulhouse* avec des articles particulièrement intéressants sur les coulisses du zoo.

Parc zoologique – 68100 Mulhouse

OTTROTT

• Ouv. TLJ de 9 h 30 à 18 h 30.

• Adultes 39 F, enfants de 3 à 11 ans 29 F.

• Aire de jeux. Aire de pique-nique. Restaurant. Boutique.

Aquarium, Les Naïades

68530 Ottrott

Tél. 03 88 95 90 32 – Fax 03 88 95 99 65

Créé en 1990, l'aquarium d'Ottrott est installé au sein d'une ancienne usine du XIXe siècle. Il rassemble 3 000 poissons exotiques dans des aquariums géants dont les plus étonnants sont peut-être ceux des discus, des piranhas, des anguilles électriques et des crocodiles du Nil.

Un énorme bassin rempli de 100 000 l d'eau a été aménagé avec un tunnel qui permet de se promener, à l'abri derrière les parois, au milieu d'une dizaine de requins (dormeurs, marteaux, à ailerons noirs). Les bassins tactiles ne sont pas recouverts de sorte que l'on peut tremper la main et avoir un contact direct avec l'eau. On peut toucher des carpes chinoises, des tanches ou encore des esturgeons.

Parc zoologique – 68100 Mulhouse

69 - RHÔNE

COURZIEU

❢ Ouv. TLJ du 15 mars au 15 nov. de 10 h à 19 h. Horaires des spectacles : 14 h 30 et 16 h 30. Dim., spectacle suppl. à 15 h 30.

❢ Adultes 47 F, enfants 32 F.

❢ Aire de jeux. Maison des Abeilles. Sentier et jardin botanique. Local d'accueil « La Catiche » avec bar et self.

Vallée des Loups

Parc de Courzieu
69690 Courzieu
Tél. 04 74 70 96 10

A 30 km de Lyon, au cœur des coteaux du Lyonnais, une meute de loups provenant de Yougoslavie vit en semi-liberté. On les observe du haut d'une passerelle, « le passe-loup ». Un parcours de panneaux explicatifs permet de découvrir la famille loup. Mais le parc de Courzieu est surtout réputé pour ses spectacles de rapaces : aigles, faucons, vautours, chouettes et hiboux en plein vol.

Une nourrice célèbre : La louve de Remus et Romulus

Enfants de Rhéa et de Mars, dieu romain de la guerre, les jumeaux Remus et Romulus furent livrés au Tibre. Le berceau s'échoua dans une crique, au pied du mont Palatin. Une louve entendit les cris affamés des nouveau-nés. Elle les recueillit dans sa tanière de la grotte du Lupercal et les allaita, leur sauvant ainsi la vie.

LYON

Fauverie du jardin zoologique : Hiv. de 9 h à 11 h et de 13 h 30 à 16 h 30. Été de 9 h à 11 h et de 14 h à 17 h. Parc : du 1er avril au 30 sept. de 6 h à 22 h. Du 1er oct. au 31 mars de 6 h à 20 h.

❢ Gratuit.

❢ Restaurants. Jardin botanique. Roseraie. Parcours de santé. Mini-golf. Location de vélos Rosalie, pédalos, barques et cannes à pêche. Pêche à la ligne. Petits trains. Manèges. Théâtre de Guignol.

Jardin zoologique

Parc de la Tête-d'Or
69006 Lyon
Tél. 04 78 89 53 52

Le jardin zoologique du parc de la Tête-d'Or compte environ 1 100 animaux. 70 daims mouchetés vivent en semi-liberté. Les îles sont occupées par des oiseaux aquatiques : pélicans, marabouts, cygnes noirs, flamants roses, pingouins, canards. D'autres animaux vivent en enclos, notamment 4 éléphants mais aussi des girafes, buffles, antilopes, lamas, dromadaires, yacks et, plus rares, des bisons. La fauverie est le domaine des lions, tigres, panthères et loups qui vivent dans un cadre naturel de semi-liberté. La rotonde des singes délimite un aquarium-vivarium où somnolent reptiles et poissons. Évitez le dimanche après-midi, il est difficile de profiter des animaux.

LYON

❢ Ouv. du merc. au dim. de 13 h à 18 h.

❢ Adultes 20 F, enfants 10 F.

Muséum d'Histoire naturelle

28, boulevard des Belges
69006 Lyon
Tél. 04 72 69 05 00

Créé en 1879 par Émile Guimet, ce muséum expose une collection de grands animaux disparus ou actuels. La grande salle est consacrée aux grands mammifères. La figure emblématique du muséum, le squelette complet d'un mammouth découvert à Lyon, en 1859, dans les fondations d'un bâtiment, quelques grands squelettes actuels et une soixantaine d'espèces naturalisées sont présentés au centre. Tout autour, des espèces ont été regroupées selon un classement systématique : les cétacés avec une baleine, un narval, un marsouin et un globicéphale ; les cervidés, où l'on trouve des cerfs du Père David et des cerfs communs ; les bovidés avec des bisons d'Europe et d'Amérique et les ursidés qui rassemblent ours brun, noir, polaire, malais et lippu. Trois îlots sont consacrés à la savane africaine. Un jeu de lumière permet de délimiter les différents espaces. A voir également des momies animales de chats et de singes.

Les corbeaux : A l'origine de Lyon ?

Certaines légendes racontent que c'est un vol de corbeaux qui aurait indiqué aux fondateurs de Lyon où bâtir la ville. C'est pourquoi certains interprètent le nom latin de Lyon « Lugdunum » en « colline du corbeau ».

MARCY-L'ÉTOILE

• Ouv. TLJ en été de 6 h à 22 h. En hiv., de 7 h à 20 h.

• Gratuit.

• Restaurant. Petit train touristique.

Parc départemental de Lacroix-Laval

Route de Sain-Bel
69280 Marcy-l'Étoile
Tél. 04 78 44 26 02

A l'ouest de Lyon, entre les monts d'Or et les monts du Lyonnais, ce parc permet de se promener, sur 14 km d'allées, au milieu des jardins, prairies, clairières et forêts, de longer le parc aux biches et de visiter la fermette où vit une multitude d'animaux domestiques.

TUPINS-ET-SEMONS

• Accès libre. Accueil sam. et dim. de 14 h à 18 h pour les expositions temporaires.

Centre d'Observation de la Nature de l'île du Beurre

69420 Tupins-et-Semons
Tél. 04 74 56 62 62

A proximité de Condrieu, ce lieu naturel est constitué de deux îles, l'île du Beurre et l'île de la Chèvre séparées par un lône (bras du Rhône). De nombreux oiseaux : hérons, canards, poules d'eau, piverts, martins-pêcheurs, mésanges et chardonnerets, peuvent être observés dans un abri aménagé. Avec beaucoup de patience, peut-être pourrez-vous également apercevoir des castors qui vivent dans des terriers sur les berges de l'île. Le meilleur moment pour espérer les surprendre est en fin de journée. Le centre d'observation organise régulièrement des soirées « affûts ».

Le pivert : Un symbole de sécurité et de protection

Dans de nombreuses traditions, le pivert apparaît comme un oiseau protecteur. Dans certaines tribus indiennes, il détourne les désastres, il assure la perpétuation de l'espèce. Chez les Grecs et les Romains, il est honoré comme oiseau prophète. C'est lui qui, envoyé par le dieu Mars, guide le berger Faustulus juqu'à la grotte du Lupercal, la tanière de la louve où se trouvent Remus et Romulus.

70 - HAUTE-SAÔNE

FOUGEROLLES

❢ Vis. guid. dim. à 15 h (durée 2 h). De juin à sept., possibilités de vis. plus nombreuses.

❢ Gratuit.

❢ Vis. de l'Ermitage qui comporte une grotte, un musée et une chapelle.

Parc animalier de Saint-Valbert

70300 Fougerolles
Tél. 03 84 49 54 97

Ce parc animalier présente essentiellement des cervidés en pleine liberté et dans leur habitat naturel. Cerfs, chevreuils et chamois sont rassemblés dans ce parc de 60 ha. Un chemin piétonnier de 5 km le contourne et permet de les découvrir au hasard de la promenade. Deux miradors d'observation sont situés sur le pourtour de l'enclos et offrent la possibilité d'observer les animaux en toute quiétude. Afin d'accroître vos chances de vision, il est nécessaire de rester silencieux. Par ailleurs, les animaux étant plus itinérants le matin et le soir, préférez ces moments-là pour visiter le parc. Il faut impérativement être accompagné d'un guide.

71 - SAÔNE-ET-LOIRE

AUTUN

❢ Ouv. TLJ de juil. à sept. de 10 h à 12 h et de 14 h à 18 h. D'oct. à juin, de 14 h à 17 h. Ferm. lun., mar. et JF.

❢ Adultes 17 F, enfants 8,50 F.

Muséum d'Histoire naturelle

14, rue Saint-Antoine
71400 Autun
Tél. 03 85 52 09 15 - Fax 02 85 52 20 28

Destiné à montrer l'évolution de la faune, de la flore et l'histoire géologique du Morvan, ce musée abrite une collection de plus de 800 000 spécimens composée d'insectes, oiseaux, fossiles et minéraux. Les innovations muséographiques de ce musée en font un lieu particulièrement attractif. Vous y verrez des papillons présentés dans l'espace, un système proposant au visiteur de choisir parmi les 30 000 insectes celui qu'il souhaite découvrir et des spécimens paléontologiques animés par un son et lumière. Chaque année, une exposition temporaire complète les collections permanentes.

CLUNY

❢ Ouv. TLJ de 9 h à 19 h.

❢ Gratuit.

Haras national

71250 Cluny
Tél. 03 85 59 85 00 - Fax 03 85 59 24 54

Créé en 1806, le haras de Cluny héberge 64 étalons dont de nombreux étalons pur-sang. Pendant la saison de monte, de début mars à mi-juillet, il n'en reste que 8 à Cluny. De mi-juillet à fin août, le haras accueille des chevaux de la Garde républicaine.

LOUHANS

❢ Tous les lundis.

Marché de la Volaille

71500 Louhans
Tél. 03 85 75 05 02 (OT)

La Bresse, réputée, comme la Saône-et-Loire, pour sa gastronomie, est aussi connue pour un spectaculaire marché

de volailles, d'œufs et de beurre se déroulant à Louhans au bout de la grand-rue festonnée d'arcades médiévales. Des centaines de coqs et de poules se pressent dans des cageots. Les fameux poulets élevés autour de fermes basses, flanquées de larges auvents, sont tâtés, soupesés par les coquetiers puis emmenés en fin de matinée.

Le coq : Un symbole solaire

Parce qu'il annonce le lever du soleil avec son chant, le coq revêt une symbolique solaire dans de nombreuses civilisations. Ainsi, il est souvent l'attribut des divinités solaires : en Inde, il est associé à Skanda ; dans la mythologie grecque, il est consacré à Apollon et à Zeus. Le coq est l'emblème du Christ (comme l'agneau et l'aigle) et il symbolise la lumière et la résurrection.

ROMANÈCHE-THORINS

Ouv. TLJ d'avril à oct. de 9 h à 19 h. De nov. à mars, de 9 h à 12 h et de 13 h 30 à 17 h 30.

Adultes 55 F. Gratuit jusqu'à 10 ans.
Aire de pique-nique. Buvette. Restaurant.

Touroparc – Parc zoologique et d'attractions

RN6. La Maison Blanche
71570 Romanèche-Thorins
Tél. 03 85 35 51 53 – Fax 03 85 35 52 34

Touroparc, deuxième parc animalier de France après le zoo de la Palmyre en Charente-Maritime, nous fait découvrir plus de 1 000 animaux, souvent très rares : éléphants, girafes, rhinocéros, gorilles, hippopotames, tapirs, tigres, lions, jaguars, otaries, reptiles, zèbres, chameaux, antilopes, aras, faisans...
Touroparc propose également un parc d'attractions et une base nautique.

L'éléphant : Un animal souverain en Asie

En Asie, la symbolique de l'éléphant est liée à sa puissance. Il représente la force royale et il est la monture des rois. Il est associé également à la stabilité et à l'immuabilité. Cette symbolique s'oppose à l'image de lourdeur et de maladresse de l'éléphant développée en Occident.

SAGY

Ouv. TLJ d'avril à oct. de 10 h à 18 h 30.

Adultes 25 F, enfants de 3 à 12 ans 15 F.

Les Animaux des Petits Bois

71580 Sagy
Tél. 03 85 74 05 77

Ce lieu abrite une exposition permanente de plus de 50 espèces de volailles ainsi que des chèvres et des moutons de races anciennes.

La chimère : Un monstre hybride

Cet animal fabuleux est composé d'un corps de chèvre, d'une tête de lion et d'une queue de serpent ou de dragon, selon les légendes. La chimère crachait des flammes, décimait les troupeaux et dévorait les hommes. Réputée invincible, Bellérophon aidé de Pégase, le cheval ailé, la vainquit en lui plongeant dans la gorge une lance au bout de laquelle se trouvait un bloc de plomb. Celui-ci fondit au contact de son haleine enflammée et la chimère périt étouffée.

SAINT-CHRISTOPHE-EN-BRIONNAIS

Jeu. mat. de 6 h à 10 h (merc., si le jeu. est férié).

Marché aux Bestiaux

71800 Saint-Christophe-en-Brionnais
Tél. 03 85 25 82 16 (Mairie)

Ce grand marché régional, à l'ambiance typique, est réputé pour la qualité de la race bovine charolaise qu'il présente et son nombre de bovins (jusqu'à 4 000 animaux).

TRUCHÈRE-RATENELLE (LA)

Accès libre.

Vis. guid.: En juil. et août, mar. et sam. mat.

Réserve Naturelle de La Truchère-Ratenelle

Le Bourg
71290 Ratenelle
Tél. 03 85 40 80 27

La réserve naturelle de La Truchère-Ratenelle de 93 ha offre aux visiteurs 3 milieux naturels très différents : l'étang Fouget, la tourbière et les dunes de sable. Tout au long d'un sentier de 5 km, vous chercherez des indices de présence animale : empreintes de chevreuil et de renard, pièges de fourmilion, nids d'oiseaux... Vous découvrirez également une flore inhabituelle : végétaux d'origine glaciaire, dunes recouvertes de lychens, tapis de mousse...
De nombreuses espèces d'oiseaux sont visibles depuis l'observatoire de faune, notamment le rare et discret héron bihoreau.

VARENNES-SOUS-DUN

❢ Ouv. TLJ du 1er avril au 5 nov. de 9 h à 12 h et de 14 h à 18 h.

❢ Adultes 15 F, enfants de 6 à 12 ans 12 F.

❢ Aire de pique-nique. Possibilité de billets groupés avec le musée de la filature.

Élevage de Moutons

Moulin de Champerny
71800 Varennes-sous-Dun
Tél. 03 85 28 00 66 – Fax 03 85 26 80 29

Vous découvrirez ici les moutons sous leurs aspects les plus divers à travers les 20 races présentes de la filature Plassard : le plus petit (Ouessant), le plus gros (Wurtemberg), le moins lainé (Lacaume), le plus lainé (Mérinos), le plus blanc (Textel), le plus sombre (Brune du Jura), le sans corne (Charolais), celui aux 4 cornes (Jacob).

Des expressions

Revenir à ses moutons : *Reprendre son sujet.*
Le mouton à cinq pattes : *Quelqu'un de rare, doué de qualités exceptionnelles.*
Le mouton noir : *Personne jugée indésirable, mise à l'écart.*

72 - SARTHE

FLÈCHE (LA)

❢ Ouv. TLJ en été de 9 h 30 à la tombée de la nuit. En hiv., de 10 h à la tombée de la nuit. Ferm. en janv.

❢ Adultes 60 F, enfants de 3 à 11 ans 35 F.

❢ Aire de pique-nique (couverte). Self grill-bar (de mars à oct.).

Zoo de La Flèche

Route de Tours
72200 La Flèche
Tél. 02 43 94 04 55 - Fax 02 43 45 24 43

Le zoo de la Flèche rassemble 800 animaux de 120 espèces différentes provenant des 5 continents : fauves, singes, otaries, herbivores, oiseaux, reptiles. Par la richesse de sa collection et l'originalité de ses présentations, le zoo de La Flèche se situe parmi les premiers d'Europe.
Chaque enclos du zoo a nécessité une étude du comportement de l'animal pour lui offrir des conditions de vie aussi proches que possible de celles qu'il a dans son milieu naturel. Par exemple, les chimpanzés peuvent être observés cherchant la nourriture à l'aide d'une baguette dans les termitières. Ils passent ainsi, comme dans la nature, les deux tiers de leur temps à la recherche de nourriture. Les loutres, elles, ont une cascade où vivent des poissons pour garder intact leur comportement de chasse.
Le zoo participe aux différents programmes d'élevage européens (EEP) sur des animaux tels que les ouistitis, les loups à crinière, les guépards.

Zoo de La Flèche – 72200 La Flèche

MANS (LE)

❢ Ouv. du mar. au vend. de 9 h à 12 h et de 14 h à 18 h. Sam. et dim. de 14 h à 18 h.

❢ Adultes 14 F, enfants 7 F.

Musée vert

235, avenue Jean-Jaurès
72000 Le Mans
Tél. 02 43 47 38 51 - Fax 02 43 47 49 93

Ouvert en 1995, le Musée vert abrite des collections de zoologie, botanique et géologie. Le département zoologie a mis l'accent sur les spécificités locales et tout particulièrement sur certaines espèces en voie de disparition. Deux salles sont destinées au jeune public, elles se présentent à la fois comme un musée des enfants et comme un atelier éducatif.

SPAY

Ouv. TLJ en été de 10 h à 20 h.
En hiv., de 10 h 30 à 17 h.

Adultes 30 F, enfants de 3 à 12 ans 17 F.

Aire de jeux. Aire de pique-nique. Buvette.

Jardin des Oiseaux

La Martinière
72700 Spay
Tél. 02 43 21 33 02 - Fax 02 43 21 19 46

Sur 6 ha, 200 espèces d'oiseaux exotiques venant d'Amérique, d'Afrique, d'Australie, d'Asie et d'Europe sont présentes : des tadornes de Belon aux garrulax à joues blanches, nandous, touracos, grands ducs, perruches...
Vous apprécierez particulièrement les volières de groupe dans de grandes serres grillagées à l'intérieur desquelles vous entrerez pour observer les comportements et les habitudes des oiseaux.

Des monstres mi-femmes mi-oiseaux : Les Harpies

Représentées comme les sirènes, elles sont pourvues de serres aiguës et ont une odeur nauséabonde. Elles étaient malfaisantes et leur nom signifiait « ravisseuses ». Elles enlevaient les enfants et les âmes. Aujourd'hui, le terme « harpie » est utilisé pour désigner une femme méchante et acariâtre.

VILLAINES-LA-GONAIS

Vis. guid., vend., sam. et dim., à 15 h, 16 h, 17 h.

Adultes 15 F, enfants de 6 à 14 ans 10 F.

Dégustation sur demande. Vente de produits issus de l'élevage

Élevage de Cerfs et de Biches

Ferme de la Haie
72400 Villaines-la-Gonais
Tél. 02 43 93 42 84

On donne le nom de cervidés aux mammifères ongulés dont les mâles portent des bois. C'est le cas des cerfs mais aussi des daims et des chevreuils. A la ferme de la Haie, vous découvrirez un élevage de cerfs et de biches.

Zoo de La Flèche – 72200 La Flèche

73 - SAVOIE

AILLON-LE-JEUNE

- Ouv. TLJ de mai à nov. de 9 h à 19 h.
- Gratuit. Pêche 15 F.
- Dégustation sur place des spécialités locales. Vente à emporter des poissons. Balançoires.

Pisciculture des Aillons

Espace Roger-Baulat
73340 Aillon-le-Jeune
Tél. 04 79 54 60 63

L'Espace Roger-Baulat permet de découvrir des bassins d'élevage de farios, de truites arc-en-ciel, de saumons de fontaine et même quelques ombles chevaliers. Vous pourrez également pêcher et déguster ces délicieux poissons. Le matériel de pêche est prêté.

AIX-LES-BAINS

- Ouv. TLJ en juil. et août de 10 h à 11 h et de 14 h à 18 h. De sept. à avril, sam., dim. et JF, de 14 h à 18 h. Mai et juin, de 14 h à 18 h. Ferm. en déc. et janv.
- Adultes 22 F, enfants de plus de 4 ans 18 F.

Aquarium du Lac du Bourget

Petit Port
73100 Aix-les-bains
Tél. 04 79 61 08 22

L'aquarium du Lac du Bourget est le plus grand aquarium d'eau douce de France. On y trouve tout d'abord les poissons présents dans le lac, truites, goujons, ombles chevaliers, sandres, lottes, perches, brochets, poissons-chats, mais aussi des espèces venant d'ailleurs, comme les esturgeons de Sibérie et un monstre aquatique : le silure. On peut aussi découvrir un espace réservé aux oiseaux d'eau naturalisés et suivre un diaporama sur le lac.

BOURGET-DU-LAC (LE)

- Accès libre.
- Des sorties encadrées sont organisées à date fixe par la FRAPNA.

Marais du Domaine des Buttets

73370 Le Bourget-du-Lac
Tél. 04 79 85 31 79 (FRAPNA)

Sur la rive sud du lac du Bourget, le Domaine des Buttets s'étend sur 133 ha dont 33 d'eau. Deux observatoires permettent de découvrir différents oiseaux, martins-pêcheurs, cormorans, canards, hérons, grèbes, foulques. L'un est en libre accès (à côté du château Thomas II), l'autre est réservé aux sorties encadrées. La cistude d'Europe, tortue aquatique, fait l'objet d'un programme de réintroduction : un bassin d'élevage va être construit et des lâchers auront lieu dans les années à venir.

La tortue : Un corps très symbolique

Les spécificités corporelles de la tortue ont été le prétexte à un développement important de l'imaginaire symbolique. Sa carapace ronde sur le dessus et plate au-dessous en a fait une représentation de l'univers dans beaucoup de civilisations d'Extrême-Orient et d'Afrique noire centrale. Ses quatre courtes pattes évoquent la puissance et la stabilité et lui confèrent une fonction de support : porteur du monde, pilier du ciel, support du trône divin... La rétractation de sa tête dans la carapace est, dans la tradition hindouiste, le symbole de la concentration et de la sagesse.

CHAMBÉRY

Ouv. merc., jeu., sam. et dim. de 10 h à 12 h et de 14 à 18 h.

Gratuit.

Musée d'Histoire naturelle

2, avenue de Lyon
73000 Chambéry
Tél. 04 79 62 18 68

Fondé en 1944, ce musée est géré par la Société d'Histoire naturelle de Savoie. La base des collections actuelles est constituée par les recherches géologiques et minéralogiques de la fin du XIXe siècle. C'est une collection de référence connue de tous les spécialistes des Alpes. On y trouve des spécimens exceptionnels : plantes fossilisées, minéraux, animaux naturalisés et papillons notamment. La rénovation du bâtiment et des salles a été entreprise pour accueillir le public dans de meilleures conditions.

COL-DU-PETIT-SAINT-BERNARD

Un WE d'août.

Fête des Bergers

Col-du-Petit-Saint-Bernard
Près 73700 Bourg-Saint-Maurice
Tél. 04 79 37 56 33

Cette fête est un rassemblement de bergers et d'agriculteurs de la vallée d'Aoste (Italie) et de la Tarentaise. Son objectif est de faire connaître et partager la vie des alpages auprès du grand public. Au cours du week-end vous pourrez assister à différentes manifestations et notamment aux batailles des reines. Ces sont des luttes entre les vaches, organisées par les hommes. Les contrôles d'admissibilité des reines à pouvoir participer aux batailles sont sévères. Les vaches doivent être pleines et productives. Elles sont pesées afin d'être subdivisées en catégories. Les combats se font avec un système d'élimination directe, de façon à réduire progressivement le nombre de vaches encore en lice, jusqu'au combat final. La durée du combat varie de quelques secondes à des dizaines de minutes. La vache qui réussit à soumettre l'adversaire et à le faire fuir est déclarée victorieuse. La gagnante reçoit un beau collier en cuir avec une grosse cloche ainsi qu'un bouquet et un ruban rouge noué autour de son estomac.

Le bœuf : L'animal sacré du Soleil

Chez les Grecs, le bœuf est un animal sacré. Il est consacré à certains dieux, il est souvent immolé en sacrifice. Dans l'île de Thrinacie, le Soleil a ses bœufs sacrés, ils sont d'une blancheur éclatante et ont des cornes dorées. Lors d'une escale, les compagnons d'Ulysse, affamés et profitant de l'absence de leur maître, les égorgèrent puis les rôtirent et les mangèrent. Le Soleil les châtia en frappant leur navire de la foudre lors d'une effroyable tempête. Tous périrent noyés, à l'exception d'Ulysse.

UGINE

Un WE début sept.

Fête de la Démontagneura

73400 Ugine
Tél. 04 79 37 56 33

Depuis plus de 30 ans, cette fête célèbre la descente des troupeaux des alpages et présente plus de 80 métiers d'autrefois (boisselier, tonnelier, fabricant de paniers, de cordes...). En général, le défilé des troupeaux arrivant des alpages a lieu le dimanche matin.

74 - HAUTE-SAVOIE

ANNECY

? Accès libre.

Réserve naturelle du Bout du Lac

74210 Doussard

Vaste roselière de 84 ha, la réserve naturelle du Bout du Lac (d'Annecy) est un lieu privilégié des oiseaux aquatiques qui y trouvent une zone d'hivernage marécageuse composée de prairies humides, phragmitaies, forêts alluviales. Les brochets, les brèmes et les oiseaux nicheurs s'y réfugient pour pondre. La nourriture y est abondante ; la foulque, par exemple, y trouve les 100 g de plantes aquatiques dont elle a besoin quotidiennement. La faune sédentaire est composée de cygnes, cormorans, colverts, hérons, grèbes huppés. Des castors ont été réintroduits. Un sentier de découverte permet de comprendre la vie de cette zone.

ANNECY

? Ouv. du 20 juil. au 30 sept., mar., merc., jeu. à 14 h 45. En dehors de cette période, s/RV.

? Gratuit. Don possible à la caisse du personnel.

Haras national

Boulevard du Lycée
74000 Annecy
Tél. 04 50 33 02 33

Un haras est un établissement destiné à la reproduction de l'espèce chevaline et à l'amélioration des races de chevaux par la sélection des étalons. Les haras nationaux appartiennent à l'État. Ils furent créés par Colbert en 1665, qui fit acheter des étalons et les mit en dépôt chez des particuliers. En 1714 fut créé le haras du Pin en Normandie.
Le haras national d'Annecy dispose d'étalons de race, de selle et de trait. Ils sont utilisés pour la reproduction de l'ensemble de la région. Après la présentation du haras, selon les activités du jour, vous pourrez assister au ferrage des chevaux, visiter les écuries, voir les étalons montés ou attelés.

> ***Bucéphale : Le meilleur ami d'Alexandre le Grand***
>
> *Cheval indompté, fougueux et impétueux, il se cabrait devant son ombre et n'acceptait de s'élancer que face au soleil. Il était entièrement dévoué à son maître, Alexandre le Grand, devant lequel il pliait les genoux et qui, seul, pouvait le monter. Bucéphale fut tué lors d'une bataille et Alexandre fit édifier une ville autour de son tombeau.*

CHAMONIX

? Ouv. du 1er juin au 15 sept. de 9 h 30 à 12 h 30 et de 13 h 30 à 19 h (18 h en sept.).

? Gratuit.

? Départ du chalet de la réserve au col du Montet.

Réserve naturelle des Aiguilles-Rouges

74400 Chamonix-Argentière
Tél. 04 50 54 02 24 (seul. l'été)/04 50 54 00 50 (TLA)

Chalet d'accueil de l'Association des Amis de la Réserve des Aiguilles-Rouges.
Au col des Montets, le chalet d'accueil vous propose expositions, documentation, cartes, audiovisuel et, au sous-sol, un laboratoire avec des microscopes en libre-service.

Sentier de découverte de la réserve naturelle des Aiguilles-Rouges.
3 300 ha sur les communes de Chamonix et Vallorcine, la réserve des Aiguilles-Rouges constitue un belvédère unique sur le massif du mont Blanc qu'on peut découvrir avec ses divers glaciers et aiguilles à mesure que l'on

progresse sur le sentier dit « Grand Balcon ». La végétation et la faune y sont riches. Un sentier de 2 km vous invite à découvrir bouquetins, chamois, marmottes, hermines, lièvres variables et de nombreux oiseaux dont la perdrix des neiges (ou lagopède) et l'aigle royal. En liaison avec le sentier de découverte, 15 stations sont décrites dans le livret-guide.

GRUFFY

❢ Ouv. du merc. au dim. du 15 mars au 15 nov. de 14 h à 18 h. Du 15 nov. au 15 mars, s/RV.

❢ Adultes 20 F, enfants 15 F.

Musée d'Histoire naturelle

Les Choseaux
74540 Gruffy
Tél. 04 50 77 58 60

Aux portes du parc naturel régional des Bauges, situé dans une très belle ferme, le musée d'Histoire naturelle de Gruffy permet, par l'intermédiaire d'un sentier de découverte, une sensibilisation à la nature, d'identifier les feuilles, les arbustes, de connaître l'âge d'un arbre. Il vous fera également découvrir des animaux naturalisés de montagne, de campagne et même domestiques. Une collection de papillons et d'insectes, des aquariums d'eau douce et de mer complètent la visite.

HOUCHES (LES)

❢ Ouv. TLJ en juil. et août de 9 h à 20 h. En mai, juin et sept. de 10 h à 18 h.

❢ Adultes 20 F, enfants jusqu'à 12 ans 15 F.

❢ Restaurant. Buvette. Pique-niques interdits.

Parc Merlet

74310 Les Houches
Tél. 04 50 53 47 89

Belvédère idéal pour admirer le panorama sur le mont Blanc, le parc Merlet accueille en permanence plus de 70 animaux de montagne. Un très beau circuit, long de 3 km, permet de rencontrer des bouquetins. Ces animaux curieux, peu sauvages, se laissent facilement approcher et observer, ils vivent généralement entre 1 800 m et 3 000 m d'altitude. Des chamois, des mouflons, des marmottes y évoluent en semi-liberté.

HOUCHES (LES)

❢ Ouv. TLJ sauf jeu. de 9 h à 12 h et de 14 h à 18 h.

❢ Adultes 15 F, enfants 10 F.

❢ Restauration.

Bar-musée de la Faune

Plaine Saint-Jean
74310 Les Houches
Tél. 04 50 47 21 10

Le bar-musée de la Faune alpine présente un large éventail de la faune animale des montagnes des Alpes. Plus de 150 animaux naturalisés sont exposés. Le décor reproduit le milieu de la montagne.

HOUCHES (LES)

Ouv. TLJ sauf dim. mat. de 10 h à 12 h et de 14 h à 18 h.

Adultes 17 F, enfants de moins de 14 ans 10 F.

Élevage de Saint-Bernard

La Fontaine
74310 Les Houches
Tél. 04 50 47 23 60

C'est au monastère du Grand-Saint-Bernard qu'apparurent ces chiens de taille imposante, il y a 300 ans. Ils furent dressés par les moines pour porter secours aux voyageurs perdus. Le saint-bernard à poil court est devenu rare. L'élevage de cette race est perpétué ici.

Des expressions

Se regarder en chiens de faïence : *Se regarder fixement.*
Vivre comme chien et chat : *Se quereller sans cesse.*
Être reçu comme un chien dans un jeu de quilles : *Être mal reçu.*
Dormir en chien de fusil : *Dormir les jambes repliées.*

HOUCHES (LES)

Ouv. dès la fin des activités hivernales, s/RV.

Adultes 15 F, enfants 10 F.

Élevage de Huskys

Chalet Igloolik. Village du Lac
74310 Les Houches
Tél. 04 50 47 25 29

Le husky est le chien utilisé par une très grande majorité des « mushers » français, les conducteurs d'attelage de chiens. La beauté de sa fourrure et de ses yeux bleus lui a donné une place d'honneur dans le sport de traîneau français. Cet élevage permet d'observer des huskys et de découvrir l'origine, la vie et le travail des chiens attelés à travers les âges.

RUMILLY

Accès libre.

Étangs de Crosagny

74150 Rumilly
Tél. 04 50 64 58 32 (OT)

Au cœur de l'Albanais, sur une surface de 20 ha, les étangs de Crosagny sont un patrimoine naturel sauvegardé. Après la guerre, ils furent laissés à l'abandon et petit à petit se comblèrent. Ces dernières années, le site a été réhabilité. Des sentiers aménagés, des panneaux d'information, un observatoire pour l'avifaune permettent de se promener dans la forêt et de découvrir les étangs sans déranger la faune. Il y a même un ponton prévu pour la pêche. C'est un site magnifique.

Un corps d'oiseau, une tête et un buste de femme : La sirène

Monstres marins redoutables, elles errent sur les mers et séduisent les marins par leur beauté et leurs chants. Elles les entraînent sur des récifs pour les dévorer. Ulysse triompha d'elles en bouchant les oreilles de ses marins avec de la cire et en se faisant attacher au mât de son navire. Les sirènes se jetèrent alors dans la mer et se transformèrent en rochers. Selon des légendes plus tardives, elles sont parfois représentées avec un corps de poisson.

Sallanches

❢ Ouv. du lun. au sam. de 9 h à 12 h et de 14 h à 18 h 30, dim. et JF de 14 h à 18 h 30.

❢ Adultes 20 F, enfants de 6 à 18 ans 8 F.

Centre d'Initiation à la Nature montagnarde

Le Château des Rubins
74700 Sallanches
Tél. 04 50 58 32 13

Le Centre d'Initiation à la Nature montagnarde propose de faire découvrir le milieu montagnard. Des vitrines, panneaux, animaux naturalisés et des outils pédagogiques tels que Minitel, CD interactifs, diaporamas, films, vidéodisques présentent la flore et la faune de la montagne. La visite comporte également des expositions temporaires. Le CINM est aussi la Maison des Réserves naturelles de Haute-Savoie qui informe sur ces espaces protégés. Cette visite peut vous permettre de mieux apprécier vos sorties en montagne.

Semmoz

❢ Ouv. TLJ en juil. et août de 12 h à 18 h 30. Juin et sept., sur rés.

❢ Gratuit.

Maison du Semmoz

74320 Semmoz-Leschaux
Tél. 04 50 67 37 34/04 50 01 19 41 (juil.-août)

Dans la Maison du Semmoz, une exposition retrace la vie de la forêt mais aussi la vie de l'alpage, le travail des bergers. Des maquettes, des animaux naturalisés, lynx, tétras-lyres, renards, cerfs, et un aquarium permettent une bonne initiation à l'environnement alpin. Une promenade dans le jardin vous apprend à reconnaître plus de 100 fleurs et arbustes de montagne.

Sixt-Fer-a-Cheval

❢ A partir du cirque du Fer-à-Cheval, suivre le sentier de découverte.

❢ Ouv. dès la fonte des neiges. Ferm. dès la première chute de neige.

Réserve naturelle de Sixt-Fer-à-Cheval

Sentier d'interprétation
74740 Sixt-Fer-à-Cheval
Tél. 04 50 34 49 36 (OT)

La réserve naturelle de Sixt-Fer-à-Cheval est la plus vaste de Haute-Savoie (9 200 ha). On note la présence d'une faune abondante : bouquetins, chamois, rapaces. Au cirque du Fer-à-Cheval, un sentier d'interprétation a été mis en place. Il est composé de 7 panneaux d'interprétation du milieu naturel sur les sujets de la faune, la flore, la géologie ainsi que le patrimoine humain et ses traditions. Vous pourrez le parcourir à votre gré sur une longueur de 3 km.

Yvoire

❢ Ouv. TLJ de Pâques au 30 sept. de 10 h à 12 h 30 et de 14 h à 20 h. HS, du 1er oct. à Pâques de 14 à 17 h 30. Ferm. lun.

❢ Adultes 25 F, enfants de 7 à 14 ans 18 F.

Vivarium d'Yvoire

Rue de l'Église
74140 Yvoire
Tél. 04 50 72 82 28

Le vivarium d'Yvoire vous permet de découvrir 50 reptiles des 5 continents, crocodiles du Nil, iguanes verts, naja-naja, vipères, couleuvres, mambas verts et autres espèces.

Un serpent meurtrier : L'aspic de Cléopâtre

Une légende raconte que Cléopâtre, reine d'Égypte au Ier siècle av. J.-C., après sa défaite à la bataille d'Actium contre Octave, futur empereur romain connu sous le nom d'Auguste, choisit de se donner la mort. Elle se fit apporter un panier de figues dans lequel était caché un aspic qui la mordit.

5e ARRONDISSEMENT

❢ Ouv. TLJ sauf mar. de 10 h à 18 h. Noct. le jeu. jusqu'à 22 h. Ferm. le 1/05.

❢ Adultes 40 F, enfants de 4 à 16 ans 30 F.

❢ Cafétéria. Boutique.

Muséum d'Histoire naturelle

57, rue Cuvier
75005 Paris
Tél. 01 40 79 30 00

Héritier du jardin royal des plantes médicinales créé, en 1635, sous Louis XIII, le muséum d'Histoire naturelle de Paris fut instauré par un décret de la Convention. Il est, avec le British Museum et la Smithsonian Institution de Washington, l'un des 3 musées les plus riches du monde : 1 400 000 vertébrés naturalisés, 50 000 œufs, 2 millions d'invertébrés marins, 200 millions d'insectes, un herbier de 12 millions d'échantillons. Une partie seulement des collections est exposée. Le muséum de Paris est composé de plusieurs galeries dont les visites sont indépendantes : Grande Galerie de l'évolution, Galerie d'Anatomie comparée et de Paléontologie, Galerie d'Entomologie, Galerie de Minéralogie et Galerie paléobotanique.

La Grande Galerie de l'évolution – 36, rue Geoffroy-Saint-Hilaire, 75005 Paris – qui était fermée depuis 1965 est réouverte. C'est une exposition permanente de 6 000 m^2 consacrée à l'évolution de la vie. La mise en scène des animaux a été réellement pensée en utilisant les éclairages et la musique. Et lorsque vous prendrez les ascenseurs transparents, vous rencontrerez des oiseaux naturalisés suspendus au milieu des étages.
Une salle présente des spécimens d'espèces menacées ou même définitivement disparues.
Vous y verrez des pièces rares comme ce rhinocéros naturalisé offert à Louis XV, un narval muni d'une dent de 2 m et un éléphant tué au Kenya en 1889.
Maquettes, bornes interactives, audiovisuels permettent de comprendre l'évolution des espèces.

Un animal, des animaux

Sorti en 1996, « Un animal, des animaux » est un film de Nicolas Philipert sur le muséum d'Histoire naturelle, lors de la réfection de la grande galerie de l'évolution. Fasciné par cette arche de Noé empaillée, il nous montre les coulisses de cette réalisation. C'est un véritable manuel de zoologie fantastique.

5e ARRONDISSEMENT

Ouv. TLJ sauf mar. de 10 h à 17 h (18 h sam. et dim. d'avril à oct.). Ferm. le 1/05.

Adultes 30 F, enfants de 4 à 16 ans 20 F.

Boutique.

Galeries d'Anatomie comparée et de Paléontologie

2, rue Buffon
75005 Paris

La galerie d'Anatomie réunit près d'un millier de squelettes de vertébrés. La galerie de Paléontologie présente une collection de fossiles, dinosaures, mastodontes, coquilles, oiseaux géants et insectes... avec des spécimens d'une grande importance historique tel le grand animal de Maastricht. Étudié par Cuvier, selon le principe de la corrélation des formes, il découvre un genre inconnu de reptile marin et le baptise, le mosasaurus : le saurien de la Meuse. Vous verrez aussi le paléothérium qui est la première reconstitution scientifique d'un animal disparu. A partir de quelques os d'un animal proche du tapir, retrouvés à Montmartre, Cuvier recrée l'animal, lui donne un nom et le fait dessiner par son collaborateur, Laurillard.

Georges Cuvier (1769-1832) :
Père de l'anatomie comparée et de la paléontologie

Les œuvres de Buffon font naître en lui le goût de l'histoire naturelle. Par ses travaux sur les mollusques, il attire l'attention de Geoffroy Saint-Hilaire, créateur de la ménagerie du Jardin des Plantes qui le fait nommer suppléant du cours d'anatomie. En 1802, il est titulaire de la chaire d'anatomie comparée du muséum. Cuvier a démontré qu'avec une pièce essentielle de l'animal, les dents en particulier, on peut reconstituer l'ensemble du corps. En appliquant systématiquement cette méthode de l'anatomie comparée, Cuvier identifie des espèces disparues et ignorées.

5e ARRONDISSEMENT

Ouv. TLJ sauf mar. de 13 h à 17 h. Sam. et dim. de 10 h à 17 h (18 h sam. et dim. d'avril à oct.). Ferm. le 1/05.

Adultes 30 F, enfants de 4 à 16 ans 20 F.

Galerie d'Entomologie

45, rue Buffon
75005 Paris

La galerie d'Entomologie rassemble une collection de 1 500 spécimens. Vous verrez les plus beaux et les plus étonnants insectes du monde qui vous feront découvrir la diversité des formes, des couleurs et des adaptations que comporte le monde de ces animaux.

5e ARRONDISSEMENT

Ouv. TLJ de 9 h à 17 h.

Adultes 30 F, enfants 20 F.

Ménagerie

57, rue Cuvier
75005 Paris

En 1794, la Convention décide la suppression des forains, montreurs d'animaux. Les bêtes furent saisies et remises au muséum d'Histoire naturelle. Ainsi fut créée la ménagerie du Jardin des Plantes. Un précurseur des zoos d'aujourd'hui car elle avait à la fois comme fonction de satisfaire la curiosité du public et de permettre aux scientifiques d'étudier la zoologie sur des spécimens vivants.

Aujourd'hui vous verrez, sur 5 ha, 350 mammifères : dromadaires, félins, bisons, ours, singes, antilopes... 480 oiseaux dont une partie dans une grande volière de 900 m^2 construite en 1888, peuplée par les oiseaux des marais et des rivages (hérons, aigrettes, cigognes...), et les rapaces, eux, sont présentés dans la vallée des rapaces.

Un vivarium réunit mygales, batraciens, salamandres du Japon, vipères du Gabon...

Dans la ménagerie, des microscopes permettent de découvrir un micro-zoo : le monde des animaux microscopiques, acariens et autres. Les enfants ne sont acceptés au micro-zoo qu'à partir de 11 ans.

5e ARRONDISSEMENT

Ouv. TLJ sauf lun. et JF de 10 h à 12 h 30 et de 13 h 15 à 17 h 30. Sam. et dim., de 10 h à 17 h 30. Projection des films : merc. et vac. scol. à 14 h, 15 h et 16 h ; sam., dim. et JF à 15 h et 16 h.

Adultes 30 F, enfants de 12 à 18 ans 18 F, de 4 à 12 ans 12 F.

Boutique. Centre de documentation spécialisée sur la mer.

Centre de la Mer et des Eaux

195, rue Saint-Jacques
75005 Paris
Tél. 01 44 32 10 90 – Fax 01 40 51 73 16

L'Institut océanographique a été créé en 1906 par Albert Ier, Prince de Monaco ; sa vocation est de promouvoir les océans. Il comprend 2 établissements, le siège à Paris et le musée océanographique à Monaco. Le Centre de la Mer et des Eaux présente 6 aquariums qui abordent chacun un thème particulier : les poissons des récifs coralliens ; le récif de corail ; le langage des couleurs ; les mini-poissons ; la vie en association qui nous montre comment les êtres les plus faibles s'associent afin d'assurer leur survie, comme les poissons-clowns et les anémones de mer ; la vie des côtes françaises atlantiques avec leurs coquillages, anémones, oursins et étoiles de mer...
Un terrarium de tortues de Floride a été constitué avec toutes celles qui ont été confiées au centre. En effet, lorsqu'elles grandissent, ces tortues deviennent énormes et agressives et la plupart des propriétaires les abandonnent dans la nature.
Chaque année, une exposition temporaire présente un aspect du monde maritime.
Des projections ont lieu périodiquement, les films de l'équipe Cousteau alternent avec des documentaires scientifiques dont les thèmes sont fonction des expositions et des manifestations temporaires.
L'approche pédagogique, maquettes, dioramas, audiovisuels, permet de comprendre la mer en s'amusant.

Centre de la Mer et des Eaux – 75005 Paris

12e ARRONDISSEMENT

Ouv. TLJ d'avril à sept. de 9 h 30 à 12 h 30 et de 14 h à 17 h 30. WE et JF de 13 h 30 à 18 h 15. D'oct. à mars, de 9 h 30 à 12 h 30 et de 14 h à 16 h 45. WE de 13 h 30 à 16 h 45.

Gratuit, après acquittement du droit d'entrée au parc floral : adultes 10 F, enfants de 6 à 10 ans 5 F, d'oct. à mars, demi-tarif.

Maison de la Nature de Paris

Pavillon d'information
Parc floral de Paris
Bois de Vincennes
75012 Paris
Tél. 01 43 28 47 63

La Maison de la Nature centralise les informations : programmes d'activités, conférences, expositions et autres événements particuliers concernant la nature à Paris et en Île-de-France. Outre cette mission d'information, le pavillon présente également une exposition permanente sur l'environnement parisien. Le visiteur apprend à reconnaître les oiseaux parisiens, les empreintes des animaux sur le sol, ainsi que les couches géologiques du sous-sol parisien.

12e ARRONDISSEMENT
❢ Ouv. du lun. au vend. du 15 mai au 30 sept. de 13 h 30 à 17 h 30 (18 h WE et JF). Du 1er mai au 15 oct., TLJ de 13 h 30 à 17 h.

❢ Gratuit, après acquittement du droit d'entrée au parc floral : adultes 10 F, enfants de 6 à 10 ans 5 F. D'oct. à mars, demi-tarif.

Jardin des Papillons

Parc floral de Paris
Bois de Vincennes
75012 Paris
Tél. 01 43 28 47 63

Paris-Nature a aménagé un jardin de plantes aux senteurs et aux couleurs variées où des centaines de papillons d'une cinquantaine d'espèces spécifiques à l'Île-de-France évoluent en liberté. Vous découvrirez le bel argus, le machaon, la piéride de la rave, la petite tortue... Du printemps au début de l'automne, vous observerez leurs parades nuptiales, et étudierez leur cycle de développement : de la ponte à la métamorphose (œuf, chenille, chrysalide, insecte parfait). Des panneaux explicatifs vous informent sur leur mode de vie.

12e ARRONDISSEMENT
❢ Ouv. TLJ sauf lun. en juil. et août et pendant les vac. de Pâques de 13 h à 19 h. Hors cette période, WE et JF de 10 h à 17 h d'oct. à mars (19 h avril, mai, juin et sept.).

❢ Adultes 22 F, enfants 11 F.

Ferme Georges-Ville

Route du Pesage
Bois de Vincennes
75012 Paris
Tél. 01 43 28 47 63

Sur 5 ha, la ferme Georges-Ville est une exploitation à vocation pédagogique. Elle permet aux enfants de faire le lien entre leur alimentation et la production agricole. Elle abrite des vaches, chèvres, brebis, ânes et truies ainsi qu'une basse-cour avec des poules, canards, dindes, oies et lapins. Gérée par un couple d'agriculteurs, la ferme fonctionne toute l'année au rythme des saisons. Les visiteurs peuvent assister à la traite des vaches et à certains travaux saisonniers comme la tonte des brebis.

L'âne : Une mâchoire très dure

Samson, juge hébreux, est un personnage biblique et le héros de nombreux récits légendaires. Sa force exceptionnelle résidait dans sa chevelure. Pour lutter contre les Philistins, peuple qui a donné son nom à la Palestine, Samson se serait muni d'une mâchoire d'âne avec laquelle il aurait assommé mille Philistins.

12e ARRONDISSEMENT

❢ Ouv. TLJ sauf mar. et les 1/05 de 10 h à 12 h et de 13 h 30 à 17 h 30. Sam. et dim. de 12 h 30 à 18 h.

❢ Adultes 35 F. Gratuit jusqu'à 18 ans.

Aquarium du musée national des Arts d'Afrique et d'Océanie

293, avenue Daumesnil
75012 Paris
Tél. 01 44 74 84 80 – Fax 01 43 43 27 53

L'aquarium du musée national des Arts d'Afrique a été créé en 1931, à l'occasion de l'Exposition coloniale, pour présenter au public les richesses de la faune aquatique de

Aquarium du M.A.A.O. – 75012 Paris

l'empire colonial. Il rassemble, dans une centaine de bassins, la faune aquatique tropicale : des poissons primitifs dont l'apparition remonte à 300 millions d'années, des poissons électriques et des poissons « marcheurs », des requins, des murènes dont certaines aux couleurs magnifiques, d'étonnants poissons des récifs coralliens : poissons-anges, poissons-chirurgiens, une impressionnante fosse à crocodiles décorée par un paysage africain, une collection de tortues de toutes tailles dont un bassin de tortues de Floride rapportées par des visiteurs.
C'est un magnifique aquarium à vocation pédagogique.

12e ARRONDISSEMENT

Ouv. TLJ de 9 h à 18 h (17 h en hiv.)

Adultes 40 F, enfants à partir de 4 ans 30 F.

Aire de pique-nique. Buvette. Restaurant. Boutique.

Parc zoologique de Paris-Zoo de Vincennes

53, avenue Saint-Maurice
75012 Paris
Tél. 01 44 75 20 00 – Fax 01 43 43 54 73

Créé à l'occasion de l'Exposition coloniale de 1934 et rattaché au muséum d'Histoire naturelle de Paris, le zoo de Vincennes rassemble plus de 1 000 animaux répartis en 110 espèces de mammifères : girafes, babouins, ours, lions, éléphants, lémuriens de Madagascar, et une magnifique collection d'oiseaux (150 espèces).
Il assure la sauvegarde et la reproduction d'espèces qui n'existent plus ou sont menacées de disparition : okapi, oryx, zèbre de Hartmann... Pour cela, il travaille en collaboration avec 3 autres parcs rattachés au muséum d'Histoire naturelle de Paris : la ménagerie du Jardin des Plantes, le parc de Clères, en Seine-Maritime, et le parc de la Haute-Touche, dans l'Indre.

L'éléphant de la Bastille **(Les Misérables)**

... C'était un éléphant de quarante pieds de haut, construit en charpente et en maçonnerie, portant sur son dos sa tour qui ressemblait à une maison, (...). Dans cet angle désert et découvert de la place, le large front du colosse, sa trompe, ses défenses, sa tour, sa croupe énorme, ses quatre pieds pareils à des colonnes faisaient, la nuit, sur le ciel étoilé, une silhouette surprenante et terrible. On ne savait pas ce que cela voulait dire. C'était une sorte de symbole de la force populaire...

Victor Hugo (1802-1885).

Plusieurs chemins sillonnent les 15 ha du parc au milieu des enclos. Des panneaux vous informent sur le mode de vie des animaux.

16e ARRONDISSEMENT

Accès libre.

Réserve ornithologique

Route de la Cascade
Bois de Boulogne
75016 Paris

Dans le Bois de Boulogne, sur 3 ha, une réserve ornithologique a été aménagée pour tenter d'enrayer l'appauvrissement de la flore et de la faune des bois parisiens. 30 000 arbustes ont été plantés et pour permettre aux oiseaux de se cacher dans les buissons et les fourrés, les herbes folles ne sont plus coupées. Aujourd'hui, troglodytes, fauvettes et pouillots reviennent s'installer dans cette réserve expérimentale. L'accès de la réserve est protégé par un grillage et une haie. Mais un observatoire est installé aux abords et on peut regarder les oiseaux en silence.

16e ARRONDISSEMENT

• Ouv. TLJ de 10 h à 18 h.

• 12 F. Gratuit jusqu'à 3 ans.

• Attractions payantes. Buvette. Restauration.

La singerie, les ours et la petite ferme du Jardin d'Acclimatation

Bois de Boulogne
75016 Paris
Tél. 01 40 67 90 82 – Fax 01 40 67 98 73

Le Jardin d'Acclimatation est plutôt un parc d'attractions qu'un parc animalier, mais vous y verrez quelques animaux : ours, singes, daims, oiseaux, ainsi qu'une mini-ferme.

18e ARRONDISSEMENT

• Ouv. lun. en période scol. de 16 h à 18 h et sam. de 14 h à 18 h.

• Gratuit.

Jardin Saint-Vincent

Rue Saint-Vincent
75018 Paris

Le jardin Saint-Vincent, situé sur la butte Montmartre, est un lieu où l'on a laissé volontairement se développer une végétation spontanée, transformant le lieu en véritable paradis pour la faune parisienne. La mare abrite des crevettes d'eau douce et des araignées d'eau. Des animateurs, toujours présents, vous aideront à comprendre le rôle des insectes, du vent, des oiseaux dans la colonisation spontanée d'un milieu. Afin de préserver le fragile équilibre écologique de ce lieu, les horaires de visite sont limités.

76 - SEINE-MARITIME

ALLOUVILLE-BELLEFOSSE

Ouv. TLJ de 9 h à 12 h et de 14 h à 19 h.

8 F par personne.

Musée de la Nature

76190 Allouville-Bellefosse

Tél. 02 35 96 06 54

Le musée de la Nature est à la fois un centre de soins pour les animaux sauvages et un musée de la Faune et de la Flore. Des diaporamas et des décors présentent les principaux milieux naturels et les spécimens naturalisés des animaux de la région normande.

CLÈRES

Ouv. TLJ en été de 9 h à 18 h ou 19 h. Print. et aut., de 9 h à 12 h et de 13 h 30 à 17 h ou 18 h. Ferm. de déc. à début mars.

Adultes 30 F, enfants de 3 à 14 ans 20 F.

Parc zoologique de Clères, Jean-Delacour

76690 Clères

Tél. 02 35 33 23 08 – Fax 02 35 33 56 04

Jean Delacour, ornithologiste et botaniste, a consacré sa vie à l'étude de la nature. C'est en 1920 qu'il achète le château de Clères pour y créer un parc zoologique et botanique privé. En 1930, il ouvre son parc au public et le monde entier découvre un véritable paradis terrestre. Ce jardin zoologique était considéré comme le plus beau parc privé du monde avant la Seconde Guerrre mondiale. En 1967, il lègue son parc au muséum d'Histoire naturelle (Paris). Autour d'un château Renaissance, dans un site exceptionnel, le parc de Clères présente près de 1 500 oiseaux, apparte-

Parc zoologique de Clères – 76690 Clères

nant à plus de 250 espèces différentes : cygnes, dendrocygnes, oies, bernaches, canards et sarcelles, une colonie de flamants (rouges, roses et du Chili), des grues et des paons. Les nandous et émeus vivent dans des enclos tandis que les volières hébergent de nombreux faisans, pigeons, colombes, aras, cacatoès, amazones, perruches, calaos, petits échassiers (avocettes, échasses, barges, pluviers, vanneaux), des touracos, sturnidés (étourneaux, martins et merles métalliques) et autres petits passereaux. Quant aux mammifères, ils sont essentiellement représentés par un grand troupeau d'antilopes, des cerfs axis, des wallabies et des gibbons à favoris blancs d'Indochine.

LE PAON

En faisant la roue, cet oiseau,
Dont le pennage traîne à terre,
Apparaît comme le plus beau,
Mais se découvre le derrière.

Guillaume Apollinaire (1880-1918).

ELBEUF-SUR-SEINE

Ouv. TLJ sauf le dim. de Pâques à la Toussaint de 14 h à 18 h. De la Toussaint à Pâques, pendant les vac. scol. et lun. et merc. de 14 h à 18 h sam. et dim. de 14 h 30 à 17 h 30. Ferm. les JF.

Gratuit.

Collections de géologie, d'archéologie, de sciences et techniques et de paléontologie.

Muséum municipal

Hôtel de ville
76500 Elbeuf-sur-Seine
Tél. 02 32 96 90 15

Installé au rez-de-chaussée de l'hôtel de ville, le musée d'Elbeuf réunit la collection ornithologique de Pierre Noury venu se fixer à Elbeuf, en 1856, après avoir été préparateur au Muséum de Paris. La salle des rapaces est particulièrement intéressante.

HAVRE (LE)

Ouv. lun., jeu., vend. de 14 h 30 à 17 h 30 et merc., sam. et dim. de 10 h à 11 h 30 et de 14 h 30 à 17 h 30.

Gratuit.

Musée d'Histoire naturelle

Place du Vieux-Marché
76600 Le Havre
Tél. 02 35 41 37 28 - Fax 02 35 42 12 40

Le musée d'Histoire naturelle du Havre présente des collections concernant les différentes disciplines des sciences naturelles et notamment des salles d'ornithologie, de zoologie ainsi que les œuvres de Charles Lesueur, peintre naturaliste (expédition Baudin en terres australes, 1800-1804). Des conférences sont organisées, le premier mardi de chaque mois. Excursions, expositions et possibilité de participer à des travaux de recherches sur le terrain ou en laboratoire, telles sont les autres activités proposées par le musée.

OZOIR-LA-FERRIÈRE

❢ Ouv. TLJ de 9 h 30 à 18 h (17 h en hiv.).

❢ Adultes 38 F, enfants de 3 à 10 ans 20 F.

❢ Aire de pique-nique.

Parc zoologique du Bois d'Attilly

77330 Ozoir-la-Ferrière

Tél. 01 60 02 70 80 – Fax 01 64 40 39 27

Sur 15 ha, dans un cadre boisé, le parc zoologique du Bois d'Attilly rassemble dans des enclos en semi-liberté près de 250 mammifères : lions, tigres, pumas, zèbres, girafes, hippopotames, cervidés, chimpanzés, ainsi que 400 oiseaux : autruches, flamants... dont la plupart évoluent au-dessus des pièces d'eau.

Un animal royal : « Le Lion » de Joseph Kessel

Ce roman se déroule au pied du Kilimandjaro où s'étendent la brousse et la savane peuplées d'antilopes, éléphants, buffles, rhinocéros, singes... Il a pour héros une petite fille, Patricia, et un lion, King, qu'elle a recueilli aveugle et faible et qui est devenu puissant et impressionnant. King est renvoyé dans la savane, mais Patricia est autorisée à le rencontrer chaque jour. C'est le début d'une histoire merveilleuse et dramatique...

BRÉVIAIRES

❢ Sur rés. TLA.
Une vis. par sem.
regroupe les individuels.

❢ Adultes 30 F, enfants 20 F. Tarif forfaitaire (– de 5 pers.) 150 F pour l'ensemble.

Haras des Bréviaires

78610 Bréviaires
Tél. 01 34 84 92 07 – Fax 01 34 84 60 57

Créé en 1972, il abrite 16 étalons. Une visite commentée du haras vous fera découvrir les chevaux, les installations, dont la forge, la salle d'insémination et la sellerie. De mars à juillet, pendant la période de monte, vous pourrez rencontrer les juments qui sont confiées au haras pour l'insémination et le poulinage. Pour terminer votre visite, vous assisterez dans le manège à une séance commentée du travail des chevaux.

LE CHEVAL

Il n'est pas beau, mon cheval. Il a trop de nœuds et de salières, les côtes plates, une queue de rat et des incisives d'Anglaise. Mais il m'attendrit. Je n'en reviens pas qu'il reste à mon service et se laisse, sans révolte, tourner et retourner.
Chaque fois que je l'attelle, je m'attends qu'il me dise : « non », d'un signe brusque, et détale.
Point. Il baisse et lève sa grosse tête comme pour remettre un chapeau d'aplomb, recule avec docilité entre les brancards.
Aussi je ne lui ménage ni l'avoine ni le maïs. Je le brosse jusqu'à ce que le poil brille comme une cerise.
...

Jules Renard (1864-1910).

ÉMANCÉ

❢ Ouv. TLJ de 9 h à 17 h (19 h en été).

❢ Adultes 40 F, enfants de 3 à 12 ans 25 F.

❢ Aire de pique-nique.

Réserve zoologique de Sauvage

Château Sauvage
78125 Émancé
Tél. 01 34 94 00 94

Dans la forêt de Rambouillet, la réserve zoologique de Sauvage rassemble des cerfs axis, kangourous, antilopes, grues, flamants roses, émeus, pélicans, cygnes, paons, canards... Dans le château, une volière a été aménagée, vous y verrez des perroquets, des toucans, des calaos..., et au bord du lac, de nombreux flamants roses.

QUEUE-LEZ-YVELINES (LA)

❢ Ouv. TLJ du 21 mars au 16 nov. de 9 h 30 à 12 h 15 et de 14 h 30 à 18 h.

❢ Adultes 35 F, enfants de 3 à 18 ans 25 F.

Serre aux Papillons

Jardinerie Poullain
78940 La Queue-lez-Yvelines
Tél. 01 34 86 42 99 – Fax 01 34 86 52 36

Dans une jungle amazonienne reconstituée, 500 papillons exotiques du Mexique, d'Indonésie, d'Amazonie, du Japon et de Malaisie évoluent en liberté au milieu des fleurs et des plantes rares.
Vous pourrez observer les différents stades du développement de ces insectes : œuf, chenille, chrysalide, papillon. En venant le matin ou en début d'après-midi, vous assisterez à l'éclosion de nombreux adultes déchirant leur chrysalide. A partir de fin avril, une ruche d'observation permet d'apprécier le travail des abeilles. Un film vidéo sur le cycle du papillon et une exposition sur le monde des insectes et la vie des abeilles complètent la visite.

RAMBOUILLET

❢ Ouv. TLJ de mai à oct. de 9 h à 18 h. De nov. à avril de 10 h à 17 h sauf lun. D'avril à oct., prés. de rapaces en vol.

❢ Adultes 45 F, enfants de 3 à 12 ans 35 F.

❢ Aire de jeux. Aire de pique-nique. Restauration rapide. Boutique.

Espace Rambouillet

78514 Rambouillet

Tél. 01 34 83 05 00

En 1994, la parc animalier des Yvelines devient l'Espace Rambouillet. Avec cet espace, l'Office national des Forêts propose un lieu privilégié d'observation et de découverte de la nature des grands animaux de nos forêts, cerfs, biches, sangliers, chevreuils, daims, aurochs, et de nombreux rapaces. Un Centre d'Étude scientifique et de Reproduction des Rapaces a été créé en collaboration avec le Rocher des Aigles de Rocamadour dans le Lot en vue de la réintroduction de ces oiseaux dans leur milieu naturel.

Trois formes de découverte de la nature sont proposées.

• La Forêt des Aigles rassemble 100 rapaces de 30 espèces différentes. Leur vie est expliquée grâce à des panneaux (rôle des rapaces dans la chaîne alimentaire, adaptation à la vie nocturne, reproduction, programme de réintroduction d'espèces menacées dans le monde...). Les démonstrations en vol libre sont thématiques (techniques de chasse chez les faucons et de pêche chez les aigles pêcheurs, adaptation morphologique aux différents types de vol, adaptation à la vie nocturne de certains rapaces...).

Espace Rambouillet

• La Forêt des Cerfs est un espace d'initiation à l'observation. Elle permet d'observer des cerfs, biches, chevreuils, sangliers et aurochs à partir de postes tout au long d'un parcours de 1 800 m agrémenté de panneaux d'information.

Espace Rambouillet – 78514 Rambouillet

• La Forêt Sauvage, sur 180 ha, permet une approche libre des grands animaux de nos forêts. A pied, au détour des chemins, vous pourrez surprendre une harde de cerfs ou être surpris par la fuite d'un sanglier.

Le cerf : Un symbole de résurrection

Dans l'imaginaire symbolique, le cerf est lié à la résurrection. Cela semble être dû au fait que les bois de cet animal repoussent chaque année et à sa réputation de vivre extrêmement longtemps.

RAMBOUILLET

Ouv. du merc. au dim. et JF de 14 h à 17 h. Vis. guid. le dim.

Adultes 25 F, enfants de 6 à 12 ans 15 F.

Bergerie nationale

Parc du Château
78120 Rambouillet
Tél. 01 34 83 68 00

Créée par Louis XVI, la Bergerie nationale rassemble des moutons qui sont les descendants directs du troupeau originel importé d'Espagne en 1786. Le mérinos espagnol avait été choisi pour la qualité de sa laine, d'une grande finesse, permettant la fabrication de draps de qualité.
Aujourd'hui, la Bergerie accueille d'autres races de moutons ainsi que des vaches et des animaux de basse-cour. Si vous voulez voir les agneaux, il faut visiter la Bergerie entre mai et septembre. Vous pourrez visiter également un musée relatant la vie des moutons et celle des bergers.

SAINT-CYR-L'ÉCOLE

Ouv. merc. de 10 h à 12 h 30 et de 14 h à 18 h. Sam., dim. et JF de 10 h à 18 h. Ateliers, merc. de 14 h à 17 h. Sur rés.

15 F par pers. Gratuit jusqu'à 3 ans. Ateliers : 65 F.

Ferme ouverte de Gally

Route de Saint-Cyr à Bailly
78210 Saint-Cyr-L'École
Tél. 01 34 60 63 30

La Ferme de Gally permet de découvrir les animaux et propose des activités aux enfants : traite des vaches, extraction du miel, fabrication du beurre...

Ouv. TLJ d'avril à oct. de 10 h à 18 h. De nov. à mars, de 10 h à 17 h.

Promenade zoologique et botanique : adultes 74 F, enfants 63 F. Réserve africaine + Promenade zoologique et botanique : adultes 99 F, enfants 78 F.

Le château et ses jardins. Aire de jeux. Aire de pique-nique. Salon de thé. Boutique.

Parc zoologique de Thoiry

78770 Thoiry
Tél. 01 34 87 52 25 - Fax 01 34 87 54 12

Dans un cadre où alternent points d'eau, bois et clairières, le parc zoologique de Thoiry rassemble 800 animaux de 21 espèces différentes.

Un circuit de 8 km, en voiture, vous permettra de découvrir en liberté : lions, éléphants, girafes, rhinocéros, hippopotames, zèbres, autruches, oryx, antilopes, élans du Cap, ours, bisons... Pour chacun, des habitats spécifiques ont été créés. L'abri des éléphants, par exemple, est constitué de deux chambres, une pour le mâle et une pour la femelle avec une nursery intégrée et des portes qui résistent à une poussée de 8 tonnes.

Après le safari, vous pourrez découvrir, à pied, d'autres animaux : loups, tigres, singes, tatous, flamants roses, grues Antigone, canards mandarins et oiseaux exotiques...

Dans les caves du château aménagées en vivarium, vous verrez des crocodiles et d'autres reptiles.

Des démonstrations de vols de rapaces : buses, vautours, aigles... sont présentées.

Des expressions

Avoir une mémoire d'éléphant : *Avoir une très bonne mémoire.*
Avoir une peau d'éléphant : *Subir les pires avanies sans protester.*
Être comme un éléphant dans un magasin de porcelaine : *Être très maladroit, faire des gaffes.*

79 - DEUX-SÈVRES

COULON

❢ Ouv. TLJ d'avril à oct. de 9 h à 19 h.

❢ Adultes 20 F, enfants 12 F.

Aquarium Venise Verte

79510 Coulon

Tél. 05 49 35 90 31 – Fax 05 49 35 80 23

Cette exposition de poissons de rivière rassemble sandres, silures, brochets, carpes-miroirs, perches. Un diaporama de 30 mn sur le marais poitevin complète la visite.

MÉNIGOUTE

❢ Vac. de la Toussaint.

Festival international du Film ornithologique

BP 5

79340 Ménigoute

Tél. 05 49 69 90 09 – Fax 05 49 69 97 25

Créé en 1985, le Festival de Ménigoute est devenu un rendez-vous incontournable pour les naturalistes novices et confirmés, les réalisateurs de films animaliers et les responsables d'associations de protection de l'environnement. Une quarantaine de films animaliers en provenance du monde entier sont sélectionnés chaque année et projetés en séances publiques. D'autres animations sont proposées : un salon international d'art animalier, avec des peintres, des photographes et des sculpteurs, des conférences sur des sujets ornithologiques et naturalistes, un forum nature, des sorties naturalistes, ainsi que des rencontres sur le thème des filières de formation et des métiers de l'environnement. Le coin des juniors propose, aux enfants de 6 à 12 ans, un espace où ils peuvent réaliser nichoirs, mobiles d'oiseaux, et même analyser le contenu des pelotes de réjection des rapaces.

Les pelotes de réjection

Les rapaces avalent parfois les petits rongeurs en entier avec poils, plumes et os. Ces éléments indigestes sont régurgités sous forme de pelote : c'est la pelote de réjection. Analyser le contenu de ces pelotes, surtout celles des rapaces nocturnes, permet de définir leur régime alimentaire.

NIORT

❢ Ouv. TLJ sauf mar. de 9 h à 12 h et de 14 h à 18 h (17 h en hiv.).

❢ Adultes 17 F, enfants, gratuit. Gratuit le merc.

❢ Paléontologie et fossiles. Géologie.

Musée d'Histoire naturelle

58, rue de l'Ancien-Oratoire

72000 Niort

Tél. 05 49 28 14 32

Le musée d'Histoire naturelle de Niort abrite une collection d'oiseaux naturalisés de la région ainsi que des squelettes de mammifères, poissons naturalisés, coquillages, insectes.

VASLES

❢ Ouv. TLJ sauf le lun. mat. du 1er juin au 14 sept. de 10 h à 19 h. Du 28 mars au 31 mai et du 15 sept. au 30 nov., mar., sam., dim., JF et vac. scol. (zones A, B, C) de 10 h à 18 h.

Maison du Mouton

Galerie de la Toison-d'Or

Rue de la Burée

79340 Vasles

Tél. 05 49 69 12 12 – Fax 05 49 69 98 48

Un regroupement d'éleveurs, l'équipe municipale et des habitants de Vasles souhaitaient faire revivre leur canton autour du mouton. Quinze éleveurs produisent, sous

❢ Adultes 55 F, enfants de 4 à 16 ans 30 F. Forfait famille 150 F.

❢ Aire de pique-nique. Restaurant (en saison).

l'appellation Mouton-Village, des agneaux de qualité supérieure. Le projet s'est incarné dans la Maison du Mouton qui comprend des équipements professionnels et de loisirs. On y découvre notamment un marché couvert, un« aubergerie », une salle des fêtes, une boutique de produits du terroir, mais aussi des spectacles audiovisuels et une galerie sur l'artisanat de la laine.
Puis on découvre, dans un parc de 6 ha, le jardin des agneaux. Un système de baladeur individuel se déclenchant automatiquement près de chaque borne à infrarouge permet une visite commentée. Vous découvrirez 24 espèces de moutons, parmi lesquels le Jacob à quatre cornes, le mouton nain de l'île d'Ouessant, l'alpaga, le mouton de Somalie. A la maternelle des agneaux, chaque jour, à 17 h 30, c'est l'heure du biberon. Vous aurez peut-être la chance d'assister à la tétée.

VILLIERS-EN-BOIS

❢ Ouv. TLJ de fév. à sept. de 9 h à 19 h (20 h dim. et fêtes). Juil. et août de 9 h à 20 h. Oct., nov., fév., mars de 10 h à 12 h et de 14 h à la nuit. Ferm. le mar. (sauf en mai, juin, juil. et août).

❢ Adultes 41 F, enfants de 4 à 12 ans 18 F.

❢ Visite en calèche (en été). Aire de jeux. Aire de pique-nique.

Zoorama européen de la Forêt de Chizé

79360 Villiers-en-Bois

Tél. 05 49 76 79 56 – Fax 05 49 76 79 37

Le zoorama s'étend sur 25 ha en plein cœur de la forêt domaniale de Chizé. 600 animaux de la faune européenne sont présentés. Différent des zoos traditionnels, c'est en se promenant dans les bois que l'on pourra apercevoir des bisons d'Europe, cerfs, chevreuils, chamois, mouflons, bouquetins, ânes du Poitou. Dans des enclos, des loups, des chats sauvages, des lynx sont visibles. Une paire de jumelles permet de profiter pleinement de la visite. Une ferme pour enfants a été récemment aménagée. Un service éducatif avec un local pédagogique, fiches et panneaux, questionnaire-jeu, animations, permet de mieux comprendre la vie de cette faune européenne.

Zoorama européen de la Forêt de Chizé
79360 Villiers-en-Bois

80 - SOMME

Parc ornithologique – 80120 Marquenterre

ABBEVILLE

❢ Mi-avril

Festival de l'Oiseau

30, rue Lesseur
80101 Abbeville
Tél. 03 22 24 02 02 – Fax 03 22 31 40 47

Au Festival d'Abbeville, près d'une centaine de films, dont le sujet principal est l'oiseau dans son milieu naturel, sont en compétition. Aux projections quotidiennes s'ajoutent des expositions, ateliers pédagogiques, balades pédestres et en barque et des sorties crépusculaires d'observation des oiseaux nocturnes.

AMIENS

❢ Ouv. TLJ sauf lun. d'avril à sept. de 10 h à 18 h (à 19 h les WE et JF). En oct. de 10 h à 12 h et de 14 h à 17 h.

❢ Adultes 18 F, enfants à partir de 6 ans 13 F.

Parc zoologique de la Hotoie

139, rue du Faubourg-de-Hem
80000 Amiens
Tél. 03 22 69 61 00 – Fax 03 22 92 50 58

Situé dans un espace vert de 7 ha, le zoo d'Amiens accueille des animaux de tous les pays. Des panneaux didactiques renseignent sur la faune et la flore. Île et cours d'eau font de ce parc un agréable lieu de promenade pour tous les publics.

CAYEUX-SUR-MER

❢ Ouv. TLJ du 18 fév. au 11 nov. de 10 h à 18 h (en juil. et août 10 h à 19 h).

❢ Adultes 32 F, enfants de 6 à 14 ans 26 F.

❢ Aire de pique-nique couverte. Salon de thé. Boutique. Vidéothèque.

Maison de l'Oiseau

Carrefour du Hourdel. RD204
Lanchères
80410 Cayeux-sur-Mer
Tél. 03 22 26 93 93 – Fax 03 22 26 59 44

La Maison de l'Oiseau propose de découvrir la vie de l'oiseau depuis 200 millions d'années, de l'archéoptrix, cet oiseau fossile du Jurassique, à l'huîtrier-pie. Cette exposition, unique en France, réunissant les meilleures techniques modernes, fresques en trompe-l'œil, sonorisation, vidéo, présente un ensemble de scènes d'ambiance. Des dioramas reconstituent minutieusement les milieux de vie des oiseaux et une véritable hutte de chasse permet d'observer les canards évoluant sur la mare. Une salle sur la mode illustre l'utilisation de l'oiseau et de ses plumes dans les années 1900 à travers la présentation d'objets tels que capelines, chapeaux.

Des expressions

Avoir un appétit d'oiseau : *Avoir un petit appétit.*
Donner à quelqu'un des noms d'oiseaux : *L'insulter, l'injurier.*
A vol d'oiseau : *En ligne droite, sans prendre la route.*
L'oiseau s'est envolé : *La personne s'est échappée.*

MONTDIDIER

Ouv. du lun. au vend. de 10 h à 13 h et de 14 h à 18 h. Sam. de 15 h à 18 h.

En semaine : 5 F. Sam. après-midi : gratuit.

L'Aquarium

80500 Montdidier
Tél. 03 22 78 92 00 (OT)

L'Aquarium de Montdidier présente 33 aquariums avec quelque 200 espèces différentes de poissons exotiques et d'eau de mer, tortues, piranhas qui ont mauvaise réputation et qui pourtant se nourrissent seulement de poissons et de charogne. Pour la plupart, des fiches descriptives et pédagogiques sont établies.

SAINT-QUENTIN-EN-TOURMONT

Ouv. TLJ d'avril à sept. de 9 h 30 à 19 h (ferm. des caisses à 17 h 30). Du 1er oct. au 11 nov. TLJ de 10 h à 17 h (ferm. des caisses à 15 h 30). Du 12 nov. au 30 mars, WE, JF et vac. scol. (toutes zones) de 10 h à 17 h (ferm. des caisses à 15 h 30). Ferm. le 25/12.

Adultes 48 F, enfants à partir de 6 ans 39 F.

Aire de pique-nique. Restauration. Boutique. Location de jumelles.

Parc ornithologique de Marquenterre

80120 Saint-Quentin-en-Tourmont
Tél. 03 22 25 03 06 – Fax 03 22 25 08 79

Le parc ornithologique de Marquenterre forme, avec la réserve de la baie de la Somme, un ensemble de 2 300 ha où les oiseaux sont protégés. Plus de 300 espèces d'oiseaux sauvages ont été observées. Sa situation géographique exceptionnelle en fait un lieu de prédilection pour les oiseaux migrateurs, bécasseaux venus de Sibérie, bernaches-nonnettes des terres arctiques et spatules de retour d'Afrique. Deux zones sont aménagées pour la promenade : un parcours d'initiation de 1,5 km, d'une durée de 1 h 30, permet une première rencontre avec les espèces les plus familières, blessées ou nées en captivité, vivant en semi-liberté près d'étangs clôturés. D'une durée de 2 h, le parcours d'observation conduit au cœur de la réserve. Ici, tout est sauvage. Muni de jumelles et dissimulé dans des postes d'observation, vous verrez la belle et fragile avocette, des tadornes, une espèce située entre l'oie et le canard, qui pondent leurs œufs dans les terriers des lapins de garenne, de petits échassiers comme les chevaliers et les barges. Des panneaux pédagogiques aident à la reconnaissance des oiseaux du parc. Des animateurs sont là pour vous parler de tous ces comportements et pour observer avec vous.

Parc ornithologique – 80120 Marquenterre

GAILLAC

❢ Ouv. TLJ sauf mar. de juin à sept. de 10 h à 12 h et de 14 h à 18 h. HS de 14 h à 18 h.

❢ Vis. guid.: gratuit.

Musée d'Histoire naturelle Philadelphe-Thomas

2, place Philadelphe-Thomas
81600 Gaillac
Tél. 05 63 57 36 31

Depuis la fin du XIXe siècle, le musée d'Histoire naturelle de Gaillac réunit des collections touchant aux différents domaines des sciences naturelles. Une importante collection ornithologique de plus de 800 spécimens est présentée ainsi qu'un fonds intéressant de paléontologie. Au premier étage, vous verrez une vitrine d'ostéologie avec plus de 500 mollusques marins et terrestres, une collection de minéralogie et un ensemble entomologique comprenant de nombreux coléoptères. Une bibliothèque scientifique remarquable propose 1 500 volumes dont certains datent du XVIIe siècle.

82 - TARN-ET-GARONNE

MONTAUBAN

Ouv. du mar. au sam. de 10 h à 12 h et de 14 h à 18 h. Dim. de 14 h à 18 h.

Adultes 12 F. Gratuit pour les enfants.

Musée d'Histoire naturelle Victor-Brun

2, place Bourdelle
82000 Montauban
Tél. 05 63 22 13 85

L'origine des collections du musée d'Histoire naturelle de Montauban remonte au milieu du XIXe siècle, lorsque Victor Brun, le premier conservateur, élargit considérablement le projet initial par des acquisitions et des legs. Le musée possède aujourd'hui une remarquable collection ornithologique comprenant des oiseaux migrateurs et exotiques dont des oiseaux-mouches.

L'oiseau-mouche

De tous les êtres animés, voici le plus élégant pour la forme et le plus brillant pour les couleurs. Les pierres et les métaux polis par notre art ne sont pas comparables à ce bijou de la nature. Elle l'a placé, dans l'ordre des oiseaux, au dernier degré de l'échelle de grandeur ; son chef-d'œuvre est le petit oiseau-mouche ; elle l'a comblé de tous les dons qu'elle n'a fait que partager aux autres oiseaux : légèreté, rapidité, prestesse, grâce et riche parure, tout appartient à ce petit favori.
...

Buffon (1707-1788)

83 - VAR

FRÉJUS

Ouv. TLJ de mai à sept. de 9 h 30 à 18 h. D'oct. à avril, de 10 h à 17 h.

Adultes 59 F, enfants de 3 à 10 ans 35 F.

Parc zoologique de Fréjus

Le Capitou
83600 Fréjus
Tél. 04 94 40 70 65 – Fax 04 94 40 89 92

Dans un parc de 20 ha, le Safari de l'Estérel a été aménagé de façon à permettre une visite à pied et en voiture. Vous y verrez des éléphants, girafes, guépards, kangourous...

GONFARON

Ouv. TLJ de mars à nov. de 9 h à 19 h.

Adultes 40 F, enfants de 6 à 16 ans 25 F.

Village des Tortues

83590 Gonfaron
Tél. 04 94 78 26 41 – Fax 04 94 78 24 27

Le Village des Tortues est un lieu où l'on étudie, recueille et protège les tortues de nos régions, et particulièrement la tortue d'Hermann, reptile le plus menacé de France. Vous y verrez les bassins à tortues d'eau, les différents enclos : les enclos à reproduction et les enclos des tortues étrangères, la clinique des tortues, les écloseries qui accueillent les femelles de mi-mai à mi-juin. Les naissances ont lieu en septembre et les nurseries abritent les jeunes tortues de 1 à 3 ans. De 3 à 6 ans, elles vivent dans des enclos plus grands, toujours protégés par des filets et des grillages.
Pour visiter le village, les meilleures heures sont le matin en été, au moment du nourrissage vers 10 h-11 h et ensuite vers 17-18 h. Le reste de l'année, pendant les heures tièdes en fin de matinée ou en début d'après-midi.
Vous assisterez peut-être aux travaux de sauvegarde et aux études de l'équipe.

Village des Tortues – 83590 Gonfaron

HYÈRES

Ouv. merc., sam., dim. et TLJ pendant les vac. scol. de 14 h à 17 h.

Adultes 24 F, enfants de 3 à 16 ans 14 F.

Espace Autruche-Azur

Domaine de Sauvebonne
83400 Hyères
Tél. 04 94 66 71 82

Au domaine de Sauvebonne, sur 3 ha, vous visiterez un élevage d'autruches dans un magnifique parc planté d'arbres centenaires. Vous verrez 18 trios reproducteurs (un trio étant composé d'un mâle et deux femelles) ainsi que des émeus, nandous, cochons vietnamiens, wallabies...

Des expressions

Avoir un estomac d'autruche : *Être un gros mangeur comme l'autruche capable d'ingérer les objets les plus divers.*
Pratiquer la politique de l'autruche : *S'imaginer qu'un danger est supprimé en évitant de le voir, comme l'autruche qui, selon les légendes, pense échapper au péril en enfouissant sa tête dans le sable.*

LONDE-LES-MAURES (LA)

- Ouv. TLJ de juin à sept. de 9 h 30 à 19 h 30. D'oct. à mai, de 14 h à 18 h.
- Adultes 40 F, enfants de 3 à 14 ans 25 F.
- Aire de pique-nique.

Jardin des Oiseaux tropicaux

83250 La Londe-les-Maures
Tél. 04 94 35 02 15

Le Jardin des Oiseaux tropicaux réunit 450 oiseaux, répartis en 80 espèces tropicales : perruches, perroquets, calaos, jabirus africains, pintades Vulturine qui vivent et se reproduisent en complète liberté dans le parc, ainsi que la plus importante collection au monde de toucans.

SAINT-TROPEZ

- Ouv. TLJ d'avril à sept. de 10 h à 12 h et de 15 h à 19 h. HS, s/RV.
- 15 F par personne.

Maison des Papillons

9, rue Étienne-Berry
83990 Saint-Tropez
Tél. 04 94 97 63 45 – Fax 04 94 97 24 60

La Maison des Papillons rassemble des espèces européennes de papillons diurnes : plus de 4 500 spécimens présentés dans des coffrets sur des fonds paysagers et des herbiers recréant leur milieu naturel. Vous pourrez voir une série de papillons en voie d'extinction ou très rares tels le parnassius, le zerynthia et l'apollon noir du Mercantour.

SANARY-SUR-MER

- Ouv. TLJ en été de 8 h à 12 h et de 14 h à 19 h (en hiv. 18 h).
- Adultes 38 F, enfants à partir de 3 ans 25 F.

Zoo de Sanary

83110 Sanary-sur-Mer
Tél. 04 94 29 40 38

Le zoo de Sanary a acquis, à juste titre, une réputation de petit paradis. Vous pourrez y découvrir des oiseaux rares, des mammifères et des plantes tropicales. Des aras, perroquets, cacatoès, perruches et mainates, paons bleus et albinos, grues des Indes et du Tchad, de nombreux singes, ouistitis, gibbons, makis et coatis, mais aussi des chèvres naines, daims, lamas évoluent dans ce coin de nature au milieu des collines provençales.

SEYNE-SUR-MER (LA)

❢ Ouv. TLJ en été de 10 h à 20 h. En hiv., de 10 h à 17 h.

❢ Adultes 15 F, enfants de 3 à 10 ans 5 F.

Jardin animalier de Janas

83500 La Seyne-sur-Mer
Tél. 04 94 34 41 55

Le Jardin animalier de Janas n'est pas vraiment un zoo, il ressemble plus à une arche de Noé où des animaux de la ferme et des animaux exotiques vivent en liberté.

SIX-FOURS-LES-PLAGES

❢ Ouv. TLJ en été de 10 h à 12 h 30 et de 13 h 30 à 18 h 30 (17 h 45 en hiv.). Ferm. le merc. mat. de nov. à mars et les 1/01, 25/12 et 26/12. Prévoir la traversée pour se rendre sur l'île.

❢ Adultes 16 F, enfants de 4 à 11 ans 10 F.

❢ En juil. et août, cycle de conférences « Les Mercredis de la Mer ».

Aquariums de l'Institut océanographique Paul-Ricard

Île des Embiez
83140 Six-Fours-les-Plages
Tél. 04 94 34 02 49 – Fax 04 94 74 46 45

L'Institut a été fondé, il y a plus de 30 ans, par Paul Ricard. Il a pour vocation d'être à la fois un lieu de recherche, de formation et d'information sur la protection de la mer.
Un aquarium méditerranéen offre au grand public la possibilité d'observer le comportement d'une faune et d'une flore riches et variées, souvent méconnues.
Des paysages sous-marins ont été reconstitués. Vous y verrez les poissons qui vivent dans le sable ou la vase comme les poissons plats ou les roussettes, ces petits requins connus sous le nom de saumonettes. Les fonds rocheux littoraux ont également été reconstitués. On y voit des girelles qui, comme d'autres poissons, changent de sexe au cours de leur vie, des rascasses à la piqûre venimeuse et douloureuse ainsi que des oursins, loups et daurades. Les murènes et les congres se cachent, eux, dans les failles et les grottes, comme le mérou, si familier dans la nature qu'il est devenu une espèce très rare. La faune de pleine eau n'est pas oubliée avec la tortue caouanne et des poissons du large comme les liches ou les sérioles.

Aquarium de l'Institut océanographique Paul-Ricard
83140 Six-Fours-les-Plages

TOULON

❢ Ouv. TLJ sauf JF de 9 h 30 à 12 h et de 14 h à 18 h. Dim. de 13 h à 19 h.

❢ Gratuit.

❢ Collection de minéralogie.

Muséum d'Histoire naturelle

113, boulevard du Maréchal-Leclerc
83000 Toulon
Tél. 04 94 93 15 54

Le muséum de Toulon présente des collections illustrant la faune régionale. Des canards de Hyères, des flamants roses, castors et ragondins de Camargue, des rapaces provenant de l'arrière-pays varois et des hermines, chats sauvages évoquant le Parc national du Mercantour, et bien d'autres encore.

? Ouv. TLJ de mai à août de 10 h à 18 h 30. HS, de 14 h à 18 h.

? Adultes 35 F, enfants de 4 à 10 ans 25 F.

Zoo du Mont-Faron

Mont- Faron
83000 Toulon
Tél. 04 94 88 07 89

Ouvert en 1968, le zoo du Mont-Faron réunit avec ses 70 spécimens l'une des plus belles collection de fauves : panthères des neiges, lions, lycaons, pumas, lynx... Spécialisé dans la reproduction de félins, il participe à des programmes d'élevages européens et mondiaux. Des panneaux vous informent sur leur mode de vie.

Des expressions

L'antre du lion : *Lieu facile d'accès mais d'où il est malaisé de sortir, difficulté qu'on a peine à résoudre.*
Avoir mangé du lion : *Manifester une grande énergie, une agressivité inhabituelle.*
Se tailler la part du lion : *Prendre la plus grosse part.*

Aquarium de l'Institut océanographique Paul-Ricard
83140 Six-Fours-les-Plages

84 - VAUCLUSE

AVIGNON

❢ Ouv. du mar. au sam. de 9 h à 12 h et de 14 h à 18 h. Ferm. les JF.

❢ Gratuit.

❢ Bibliothèque.

Musée Requien

67, rue Joseph-Vernet
84000 Avignon
Tél. 04 90 82 43 51

Esprit Requien (1788-1851), célèbre naturaliste du XIXe siècle, a constitué un herbier de 300 000 échantillons classé parmi les 30 premiers herbiers mondiaux. Il n'est cependant accessible qu'aux spécialistes. Les collections n'ont cessé de s'enrichir depuis lors. Le musée réunit une collection d'animaux naturalisés de la région : castor, blaireau, souris, lézard ocellé, vipère d'Orsini, chouette de Tengmalm, vautour percnoptère, milan noir. Esprit Requien s'intéressa aussi à la paléontologie et à la malacologie. Le musée propose des collections intéressantes dans ces domaines.
De nombreuses expositions thématiques qui permettent de s'initier à la diversité du monde des sciences sont organisées.

La chouette : Un emblème de l'hellénisme

Cette association semble provenir du mythe grec selon lequel la chouette était l'animal préféré d'Athéna, déesse de la guerre, des arts et métiers et de la sagesse. Athéna était souvent représentée avec une chouette sur son épaule ou dans sa main. La chouette symbolise ici la réflexion et la connaissance. Elle était le symbole de la cité d'Athènes dont certaines monnaies portaient d'un côté la tête d'Athéna et de l'autre une chouette.

SÉRIGNAN-DU-COMTAT

❢ Ouv. TLJ sauf mar. et JF de 9 h à 11 h 30 et de 14 h à 18 h (16 h d'oct. à mars).

❢ Vis. guid. : adultes 15 F, enfants 7,50 F.

Harmas Jean-Henri-Fabre

84830 Sérignan-du-Comtat
Tél. 04 90 70 00 44

Jean Henri Fabre s'offre ce domaine grâce à ses droits d'auteurs sur une centaine d'ouvrages (notamment « Souvenirs entomologiques ») et le baptise le « Harmas », qui signifie « territoire en friche » en provençal. Devenue propriété de l'État en 1922, la maison est gérée par le laboratoire d'entomologie du muséum d'Histoire naturelle de Paris et devient un musée où sont rassemblés des collections de coquillages, minéraux, nids d'oiseaux, un important herbier et 300 superbes planches aquarellées de champignons. En 1951, le film d'Henri Diamant-Berger, « Monsieur Fabre », avec Pierre Fresnay, retraça la vie de ce célèbre entomologiste et notamment l'achat et la vie au Harmas.

CHAIZE-LE-VICOMTE (LA)

Ouv. TLJ sauf le WE de 9 h à 12 h et de 14 h à 17 h.

Adultes 10 F, enfants 5 F.

Musée ornithologique Charles-Payraudeau

Mairie
85310 La Chaize-le-Vicomte
Tél. 02 51 05 70 21

Dans une salle de la mairie, 14 vitrines exposent 1 200 oiseaux appartenant à l'avifaune européenne dont le courlis à bec grêlé, faucon crécerelle, râle des genêts, bécassine double et 800 oiseaux exotiques. Une collection de 71 espèces de coquillages est également présentée.

FAUTE-SUR-MER (LA)

Ouv. TLJ de juin à sept. de 9 h à 21 h. Avril et mai, WE et vac. scol.

Adultes 25 F, enfants 15 F.

Aire de jeux. Aire de pique-nique. Bar.

Ferme ornithologique du Parc de Californie

85460 La Faute-sur-Mer
Tél. 02 51 27 10 48

La Ferme ornithologique du Parc de Californie permet de découvrir près de 300 oiseaux : exotiques, échassiers, flamants roses. Une mini-ferme réunit des animaux domestiques.

MACHÉ

Ouv. TLJ en juil. et août de 10 h à 19 h. D'avril à juin, sam., dim. et JF, de 14 h à 18 h.

Adultes 30 F, enfants de 6 à 12 ans 15 F.

Aire de jeux. Aire de pique-nique. Bar. Boutique.

Eurotruche

La Logerie
85190 Maché
Tél. 02 51 55 63 74

Eurotruche rassemble plus de 350 ratites, autruches, émeus, nandous. Suivant la période de votre visite, vous aurez peut-être la chance de voir des autruchons et des émeus venant de naître. Une vidéo sur l'élevage d'autruches complète la visite.
Dans des parcs grillagés, vous pourrez voir également un élevage de cerfs. Et, pour la joie des enfants, une ferme animalière miniature réunit les principaux animaux de la basse-cour.

L'autruche : Un symbole de justice dans l'Égypte ancienne

Cette symbolique affecte la plume de l'autruche. Ainsi, celle-ci était l'emblème de la déesse égyptienne de la justice et de la vérité. Les chasse-mouches des pharaons et des hauts dignitaires étaient confectionnés en plumes d'autruche en rappel de leur mission essentielle : être juste.

MERVENT

Ouv. TLJ en juil. et août de 10 h à 19 h. De mars à juin, de 10 h à 12 h et de 14 h à 18 h.

Adultes 36 F, enfants de 3 à 10 ans 18 F.

Bar. Boutique.

Parc zoologique du Gros-Roc

85200 Mervent
Tél. 02 51 00 22 54

Créé en 1959, ce parc abrite 250 animaux. Lions, singes, lémuriens ainsi qu'une grande variétés d'oiseaux, échassiers, perroquets, sont logés dans de grands enclos ; ainsi les visiteurs ont un contact presque direct avec l'animal. De nombreuses naissances sont enregistrées chaque année. Une signalétique devant chaque enclos permet d'avoir une meilleure connaissance du mode de vie des animaux présentés.

NOIRMOUTIER-EN-L'ÎLE

Ouv. TLJ en juil. et août de 10 h à 20 h. HS, de 10 h à 12 h 30 et de 14 h à 19 h.

Adultes 42 F, enfants de 3 à 12 ans 28 F.

Sealand-Aquarium

Le Vieux Port
85330 Noirmoutier-en-l'Île
Tél. 02 51 39 08 11 – Fax 02 51 39 88 12

L'aquarium présente la galerie des mers froides avec des mammifères marins, principalement des otaries. Une animation est proposée : les otaries et leur dresseur.
Vous verrez également des poissons des tropiques.

NOIRMOUTIER-EN-L'ÎLE

Accès libre.

Réserve naturelle des Marais de Müllembourg

85330 Noirmoutier-en-l'Île
Tél. 02 51 35 81 16

De nombreuses espèces animales sont installées dans ces marais salés qui sont aussi une halte pour les oiseaux migrateurs. Vous pourrez observer, au début de la saison estivale, des bébés d'échasse, d'avocette, des tadornes de Belon...
Cette réserve naturelle abrite aussi une flore très diverse constituée de près de 160 espèces végétales.

ROCHE-SUR-YON (LA)

Vis. guid. TLJ sauf dim. mat. de juil. à sept. (période de monte) de 10 h à 12 h et de 14 h à 17 h. Du 1er oct. au 15 février (hors période de monte), vis. libre TLJ sauf le WE de 14 h 30 à 16 h 30.

Vis. guid.: Adultes 20 F, enfants 10 F. Vis. libre : Gratuit.

Haras national

Rue du Général-Gallieni
85000 La Roche-sur-Yon
Tél. 02 51 37 01 85/02 51 37 73 19 – Fax 02 51 37 86 03

Le haras de La Roche-sur-Yon est l'un des 23 haras nationaux. Vous pourrez découvrir les écuries, la forge ancienne et la sellerie. Une présentation d'étalons complète la visite.

SABLES-D'OLONNE (LES)

Ouv. TLJ du 1er avril au 15 sept. de 9 h 30 à 19 h. Du 16 sept. au 31 oct. et du 16 fév. au 31 mars de 10 h 30 à 12 h et de 14 h à 18 h. Du 1er nov. au 15 fév. de 14 h à 18 h.

Adultes 50 F, enfants de 3 à 10 ans 25 F.

Jardin zoologique des Sables-d'Olonne

Le Puit d'Enfer
Route du Tranchet
85100 Les Sables-d'Olonne
Tél. 02 51 95 14 10

Au sein d'une végétation luxuriante et fleurie, vous pourrez observer des centaines d'animaux : manchots, singes, loutres, lions, tigres et pandas, dans ce zoo, très proche des plages de l'Atlantique.

SABLES-D'OLONNE (LES)

Accès fléché à partir de L'Île-d'Olonne.

Ouv. TLJ en juil. et août de 9 h 30 à 12 h et de 15 h à 19 h. De début avril à fin juin et en sept., dim. de 14 h 30 à 18 h.

Gratuit.

Observatoire d'Oiseaux de L'Île-d'Olonne

Lieu-dit « L'Îleau ». D38
85340 L'Île-d'Olonne
Tél. 02 51 33 12 97 (ADEV)

Le marais d'Olonne abrite une réserve ornithologique où se reproduisent diverses espèces. L'Association de Défense de l'Environnement en Vendée vous propose l'observation de ces oiseaux sauvages, à l'aide de longues-vues, en bordure de la réserve de chasse de Chanteloup. Présents sur une partie du pays des Olonnes, les marais se sont formés après le retrait de la mer, il y a déjà plusieurs millénaires.

Aujourd'hui, ils sont, pour la plupart, des exploitations piscicoles ou ostréicoles privées.
Vous pourrez vous promener sur un sentier balisé et découvrir une faune et une flore très caractéristiques.

LA CAGE SANS OISEAU

Félix ne comprend pas qu'on tienne des oiseaux prisonniers dans une cage.
– De même, dit-il, que c'est un crime de cueillir une fleur, et, personnellement, je ne veux la respirer que sur sa tige, de même les oiseaux sont faits pour voler.
Cependant il achète une cage ; il l'accroche à sa fenêtre. Il y dépose un nid d'ouate, une soucoupe de graines, une tasse d'eau pure et renouvelable. Il y suspend une balançoire et une petite glace.
Et comme on l'interroge avec surprise :
– Je me félicite de ma générosité, dit-il, chaque fois que je regarde cette cage. Je pourrais y mettre un oiseau et je la laisse vide. Si je voulais, telle grive brune, tel bouvreuil pimpant, qui sautille, ou tel autre de nos petits oiseaux variés serait esclave. Mais, grâce à moi, l'un d'eux au moins reste libre. C'est toujours ça.

Jules Renard (1864-1910).

SAINT-DENIS-DU-PAYRÉ

Accès libre.

Réserve naturelle de Saint-Denis-du-Payré

85580 Saint-Denis-du-Payré
Tél. 02 51 27 23 92 (Rens. ADEV)

Plus de 200 espèces d'oiseaux ont été recensées sur les 207 ha de la réserve qui est aussi le refuge de nombreux oiseaux migrateurs : sarcelles d'hiver, canards siffleurs (en hiver), barges à queue noire, courlis corlieu (en mars-avril), guifettes noires, échasses blanches (période estivale).
Des équipements pédagogiques permettent d'approcher les grands rassemblements d'oiseaux migrateurs, un observatoire est aménagé et des permanences ornithologiques sont assurées l'été.

SAINT-MICHEL-LE-CLOUCQ

Ouv. TLJ du 16 mars au 1er nov. de 9 h à la nuit.

Adultes 30 F, enfants de 4 à 10 ans 15 F.

Parc animalier de Pagnolle

85200 Saint-Michel-le-Cloucq
Tél. 02 51 69 02 55

Situé dans un des plus jolis sites touristiques de Vendée, le Parc de Pagnolle présente une collection de plusieurs centaines d'oiseaux : flamants, grues, casoars, émeus, nandous vivant au milieu des fleurs et des pelouses, mais aussi des lamas, kangourous, dromadaires et un âne du Poitou.

86 - VIENNE

L'Île aux Serpents – 86290 La Trimouille

CHAUVIGNY

❢ Spectacles TLJ (sauf le 14/07) d'avril à sept. à 15 h, 16 h 15 et 17 h 30 (juin, juil. et août, spectacle suppl. à 11 h). Oct. et nov., à 15 h et 16 h 15.

❢ Adultes 40 F, enfants de 5 à 16 ans 30 F.

Le Château des Aigles

Cité médiévale
86300 Chauvigny
Tél. 05 49 46 47 48 - Fax 05 49 44 10 45

Le Château des Aigles présente un spectacle de fauconnerie. Une centaine de rapaces : aigles, faucons crécerelles, faucons pèlerins, buses à queue rousse, milans noirs, chimangos, vautours, évoluent dans les ruines du château des Évêques. Situé sur un promontoir rocheux, c'est un lieu idéal pour l'envol des oiseaux et leur observation. Les rapaces planent à plus de 1 000 m d'altitude et reviennent en piqué sur un simple geste des dresseurs.

L'Aigle de Meaux : Un orateur célèbre

On surnomma ainsi Bossuet (1627-1704), prélat, écrivain philosophe et prédicateur. Celui-ci fut nommé évêque de Meaux en 1681. Cette métaphore soulignait la hauteur de sa pensée et la qualité de ses sermons et de ses oraisons funèbres.

LUSIGNAN

❢ Ouv. du lun. au sam. de mars à sept. de 14 h à 19 h (dern. vis. à 18 h). HS, s/RV.

❢ 15 F par pers.

❢ Vente de produits issus de l'élevage.

Élevage de Chèvres

Maison Ricquet
Vaugeton
Celle L'Evescault
86600 Lusignan
Tél. 05 49 43 35 58 - Fax 05 49 43 72 42

La Maison Ricquet rassemble 1 600 chèvres : laitières, angoras et boers. Elle vous permettra de découvrir la filière caprine. Vous dégusterez les produits issus de l'élevage et vous pourrez également assister à la traite qui a lieu vers 16 h.

POITIERS

❢ Ouv. TLJ d'avril à nov. de 10 h à 19 h, le vend. de 13 h 30 à 16 h 30.

Le Bois de Saint-Pierre

86000 Poitiers
Tél. 05 49 52 35 35 - Fax 05 49 88 65 84 (OT)

Ce domaine forestier acheté et aménagé par la ville de Poitiers se trouve à 8 km du centre-ville. Il s'étend sur 200 ha dont 75 ha de zones d'attractions et, notamment, un parc animalier. Vous y verrez des lynx, ours, loups, bisons, ânes du Poitou, des rapaces diurnes et nocturnes et différentes espèces de aras, aruauna, macao, cloroptère.

De nov. à avril, de 13 h 30 à 16 h 30.

Gratuit.

Piscine. Promenade à poney. Jeux.

ROCHES-PRÉMARIE

Ouv. de mi-avril à mi-oct., merc., sam. et dim. de 15 h à 19 h. De mi-oct. à mi-avril, merc., sam. et dim. de 14 h à 17 h.

Gratuit.

Lavoir-Aquarium de Roches-Prémarie

86340 Roches-Prémarie
Tél. 05 49 42 45 21

Installés dans le plus grand lavoir de la Vienne, dix aquariums présentent les poissons et écrevisses des rivières du département. Vous verrez également une collection d'insectes aquatiques conservés dans des tubes de verre.

TRIMOUILLE (LA)

Ouv. TLJ de mai à sept. de 10 h à 19 h. D'oct. à nov., de 14 h à 18 h. De mars à avril, TLJ de 14 h à 18 h. Dim., JF et vac. scol., de 10 h à 19 h.

Adultes 40 F, enfants de 5 à 16 ans 30 F.

L'Île aux Serpents

Route de Montmorillon
86290 La Trimouille
Tél. 05 49 91 50 44 – Fax 05 49 91 58 08

L'Île aux Serpents rassemble plus de 300 espèces de serpents. Les principales de l'Hexagone, vipères, couleuvres, sont présentées dans leur milieu naturel pour comprendre leurs mœurs et apprendre à les reconnaître. Les serpents bijoux multicolores et chatoyants vous sont présentés dans de véritables écrins afin de faire ressortir leurs couleurs. Des spécimens de la faune équatoriale, boas, pythons et autres colosses rampants, vous donneront quelques frissons.

Un serpent monstrueux : L'Hydre de Lerne

Ce monstre, dont le nom signifie « serpent d'eau », avait un corps de chien et neuf têtes et son sang était empoisonné. La deuxième épreuve d'Hercule fut de le tuer. L'une des têtes était immortelle et les autres repoussaient par deux à mesure qu'il les tranchait. Hercule chargea son neveu de cautériser les cous pour éviter les renaissances et il put alors couper la tête immortelle, qu'il enfouit sous un rocher.

L'Île aux Serpents – 86290 La Trimouille

87 - HAUTE-VIENNE

LIMOGES

• Ouv. TLJ de 9 h 30 à 12 h et de 14 h à 19 h.

• Adultes 30 F, enfants 20 F.

Aquarium du Limousin

2, boulevard Gambetta
87000 Limoges
Tél. 05 55 33 57 33 - Fax 05 55 33 75 00

Depuis 1993, l'Aquarium du Limousin est installé dans l'ancien réservoir souterrain de la ville. Il présente dans cette ambiance particulière un patrimoine aquatique intéressant. Des poissons d'eau douce du Limousin et d'Europe (esturgeons, brochets, sandres, carpes, perches), des poissons des régions tropicales de l'Amazonie et des grands lacs africains, en tout près de 300 espèces y sont rassemblées. De nombreux panneaux apportent des informations sur la respiration, la reproduction, la migration et la pollution. Les bassins tactiles permettent de caresser carpes japonaises, esturgeons et piranhas.

NEDDE

• Ouv. TLJ en juil. et août de 10 h 30 à 12 h 30 et de 14 h à 18 h 30. De Pâques à la Toussaint, dim. de 10 h 30 à 12 h 30 et de 14 h à 18 h 30.

• Adultes 22 F, enfants de 6 à 16 ans 16 F.

La Cité des Insectes

87120 Nedde
Tél. 05 55 69 95 22 - Fax 05 55 69 99 02

Dans un jardin qui semble laissé à l'abandon, de nombreux insectes se cachent, des libellules, papillons, coccinelles, mouches, fourmis et bien d'autres insectes. Quand on sait que 80 % du monde animal est composé d'invertébrés, un jardin n'y suffisait pas. Un insectarium a été créé ainsi qu'une ruche transparente et un noctarium qui héberge cafards et cloportes, ces crustacés terrestres qui se nourrissent de matière végétale et de bois pourri. Une fourmilière permet de voir travailler les fourmis en surface mais également sous terre.

SAINT-MARTIAL-SUR-ISOP

• Ouv. le dim. de 14 h à 19 h.

• Gratuit.

• Vente de produits de l'élevage.

Élevage de Bisons

87330 Saint-Martial-sur-Isop
Tél. 05 55 68 30 13 - Fax 05 55 68 39 37

C'est le bison d'Amérique que vous découvrirez à Saint-Martial-sur-Isop, ce bovidé sauvage à la tête ornée d'une épaisse crinière.

88 - VOSGES

ANOULD

Ouv. TLJ pendant les vac. scol. de 10 h à 12 h et de 14 h à 18 h.

Adultes 15 F, enfants de 6 à 12 ans 10 F.

Musée de la Grange aux Oiseaux

Col du Plafond
88650 Anould
Tél. 03 29 57 05 58

Le musée de la Grange aux Oiseaux rassemble 300 oiseaux naturalisés de la région. Il présente également une bergerie et une basse-cour reconstituées. Des panneaux vous informent sur le comportement des espèces ou sur leur origine. Une vidéo sur la taxidermie complète la visite.

La taxidermie

Cette activité désigne l'empaillage et le montage des animaux vertébrés. Elle comporte deux phases :
- la mise en peau : la peau de l'animal est ôtée puis traitée avec un produit de conservation à base d'arsenic ;
- le montage : de la filasse et du coton remplissent la peau et l'animal est fixé sur une carcasse en fil de fer. Des billes en émail ou en verre remplacent les yeux.

SAINT-DIÉ-DES-VOSGES

Ouv. TLJ de juin à sept. de 10 h à 12 h et de 14 h à 19 h. D'oct. à mai, de 10 h à 12 h et de 14 h à 17 h sauf lun. Ferm. les JF.

Adultes 22 F, enfants gratuit jusqu'à 18 ans.

Musée municipal

Place Georges-Trimouille
88107 Saint-Dié-des-Vosges
Tél. 03 29 51 60 35

La collection ornithologique du musée de Saint-Dié-des-Vosges réunit des oiseaux des Vosges et d'Europe. Vous y verrez notamment le grand tétras, oiseau emblématique des Vosges et de la faune menacée, des rapaces diurnes et nocturnes, l'outarde barbue, ainsi que des espèces disparues comme le pigeon migrateur américain.

89 - YONNE

AUXERRE

Ouv. du lun. au vend. de sept. à juin de 10 h à 12 h et de 14 h à 18 h, sam., dim. et JF de 14 h à 18 h. En juil. et août, du lun. au vend., de 10 h à 18 h et sam., dim. et JF, de 14 h à 18 h.

Gratuit.

Musée d'Histoire naturelle

Conservatoire de la Nature Paul-Bert
5, boulevard Vauban
89000 Auxerre
Tél. 03 86 51 51 64 – Fax 03 86 51 17 34

Une grande partie des collections du muséum d'Histoire naturelle d'Auxerre a été rassemblée au XVIIIe siècle par Paul Bert. Une salle lui est consacrée. Des animaux invertébrés et vertébrés naturalisés de l'Yonne sont présentés ainsi que les ossements du dinosaure d'Auxerre et de l'ours des cavernes d'Arcy-sur-Cure.

BOUILLY

Accès libre.

Réserve ornithologique de Bas-Rebourseaux

89600 Bouilly
Tél. 03 86 51 47 31 (LPO)

Ce plan d'eau d'une vingtaine d'hectares est une étape et un lieu d'hivernage pour les oiseaux migrateurs : le balbuzard pêcheur, le harle bièvre, le garrot à oie d'or...
Un observatoire et des panneaux pédagogiques vous permettent d'étudier les principales espèces de la réserve.

SAINT-SAUVEUR

Ouv. TLJ du 1er mai au 15 oct. de 8 h à 19 h. Du 15 oct. au 30 avril, du lever au coucher du soleil.

Adultes 50 F, enfants de 6 à 14 ans 30 F.

Aire de pique-nique. Location de VTT.

Parc naturel de Boutissaint

89520 Saint-Sauveur
Tél. 03 86 74 07 08 – Fax 03 86 74 17 19

Dans ce parc de vision de 400 ha, près de 400 cerfs, biches, daims et chevreuils évoluent à l'état sauvage. Seuls quelques sangliers, mouflons et deux bisons d'Europe se trouvent dans de vastes enclos.
Vous pourrez également assister à un spectacle de vénerie et à une chasse photographique, chaque année à la mi-juillet ainsi que le 15 août.

SAINT-VRAIN

❢ Ouv. TLJ d'avril à sept. de 10 h 30 à 18 h.

❢ Adultes 85 F, enfants de 3 à 10 ans 68 F.

❢ Aire de pique-nique. Bar. Restauration rapide. Boutique.

Parc de Saint-Vrain

91770 Saint-Vrain

Tél. 01 64 56 10 80 – Fax 01 64 56 29 77

Le parc de Saint-Vrain réunit 500 mammifères et 1 000 oiseaux dans 130 ha de prairies, de bois et de plans d'eau. On le parcourt à pied, en voiture, en bateau et en monorail. Le circuit en voiture vous permet de découvrir des bisons, yacks, antilopes, lamas, daims, cerfs, ours, loups, rhinocéros, lions, tigres...

Le safari-bateau, unique en France, permet de voir sous un autre angle tous les animaux que vous connaissez déjà : rhinocéros, hippopotames, gibbons, grues couronnées, cygnes, flamants roses.

Certaines îles présentent des maquettes d'animaux préhistoriques grandeur nature réalisées avec le concours du Muséum de Paris.

Une ferme réunit de nombreux animaux domestiques dont des chèvres naines, moutons, ânes, cochons noirs que l'on peut caresser et nourrir à la main.

L'HIPPOPOTAME

L'hippopotame au large ventre
Habite aux jungles de Java,
Où grondent, au fond de chaque antre,
Plus de monstres qu'on n'en rêva.
...

Théophile Gautier (1811-1872).

92 - HAUTS-DE-SEINE

Villeneuve-la-Garenne

Ouv. TLJ de 8 h à 18 h 30.

Gratuit.

Ferme des Chanteraines

Avenue Charles-de-Gaulle
92390 Villeneuve-la-Garenne
Tél. 01 47 98 47 06

La ferme du Parc départemental des Chanteraines rassemble des animaux domestiques : ânes, volailles, cochons, lapins... Vous pouvez vous promener librement autour des enclos.

Une statue idolâtrée : Le veau d'or

Selon l'Exode, au moment où Moïse s'isola seul sur le mont Sinaï pendant quarante jours pour recevoir la loi de Dieu, les Hébreux, découragés, réclamèrent au frère de Moïse, Aaron, la fabrication d'une statue représentant un dieu visible qu'ils pourraient vénérer. Aaron céda malgré l'interdiction du décalogue et fit exécuter un veau en bois plaqué d'or. A son retour, Moïse, indigné, broya la statuette d'or, répandit la poudre dans de l'eau qu'il fit boire au peuple. Les trois mille idolâtres les plus coupables furent massacrés.
L'expression « adorer le veau d'or » signifie avoir le culte de la richesse.

94 - VAL-DE-MARNE

Choisy-le-Roi

Ferme : de 8 h 30 à 12 h et de 14 h à 18 h (19 h en été).

Gratuit.

Ferme des Gondoles

94600 Choisy-le-Roi
Tél. 01 48 90 77 11

Dans le parc des Gondoles, vous pourrez découvrir une véritable ferme avec des lapins, des chèvres et des chevaux. Et vous promener en toute liberté au milieu des animaux.

MONACO

Ouv. TLJ, sauf dim. du grand prix automobile, d'avril à sept. de 9 h à 19 h (20 h en juil. et août). Oct. et mars, de 9 h 30 à 19 h 30. De nov. à fév., de 10 h à 18 h.

Adultes 60 F, enfants de 6 à 18 ans 30 F.

Salle de conférences : Projections permanentes de films sur les grands sujets de la mer. Restaurant. Salon de thé.

Musée océanographique

Avenue Saint-Martin
Monaco 98000
Tél. 00 377 93 15 36 00

Le musée océanographique présente, sur deux étages, de remarquables collections de faune marine recueillies par le Prince Albert Ier. La Salle de la Baleine réunit de nombreux squelettes des principaux mammifères marins dont celui d'une baleine de 20 m et des animaux naturalisés comme ce crabe géant de 2 m d'envergure ou une tortue de 200 kg. Une collection d'oiseaux de mer et de coquillages ainsi qu'une salle didactique sur les découvertes de l'océan complètent la visite.

En sous-sol, le célèbre aquarium rassemble dans 90 bassins plus de 3 000 animaux rares de 400 espèces différentes et un récif corallien vivant unique au monde.

Les autres étages inférieurs sont réservés aux laboratoires de recherches scientifiques.

Les dauphins : Des pirates repentis ?

Dionysos (dieu de la vigne), au cours d'un voyage en navire, fut menacé d'être enlevé par les marins pour être vendu comme esclave. Il changea alors les avirons du bateau en serpents, et l'immobilisa. Les marins devenus fous se jetèrent à la mer et se transformèrent en dauphins. C'est pourquoi ceux-ci seraient depuis les sauveteurs des naufragés car il s'agirait de pirates repentis.

MONACO

Ouv. TLJ de juin à sept. de 9 h à 12 h et de 14 h à 19 h. D'oct. à fév., de 10 h à 12 h et de 14 h à 17 h. De mars à mai, de 10 h à 12 h et de 14 h à 18 h.

Adultes 20 F, enfants de 8 à 14 ans 10 F.

Jardin animalier

Les Terrasses de Fontvieille
Fontvieille
Tél. 00 377 93 25 18 31 – Fax 00 377 93 50 81 73

Fondé en 1954, ce jardin rassemble de nombreux spécimens de la faune tropicale et africaine : panthères noires, tigres blancs, hippopotames, rhinocéros, reptiles et oiseaux exotiques qui vivent dans des conditions de confort tout à fait exemplaire.

Gosier (Le)

❢ Ouv. TLJ de 9 h à 19 h.

❢ Adultes 38 F, enfants de 5 à 12 ans 20 F.

Aquarium de la Guadeloupe

Place Créole-la-Marina
97190 Le Gosier
Tél. 0590 90 92 38 – Fax 0590 90 79 29

L'Aquarium de la Guadeloupe rassemble, dans une trentaine d'aquariums géants, la faune de la mer des Caraïbes ; des balistes, ces poissons à chair vénéneuse, y côtoient mérous, murènes et tarpons aux magnifiques écailles. Vous aurez l'occasion d'approcher une importante colonie de requins (pointe noire ou le requin gris des récifs).

Sainte-Rose

❢ Ouv. TLJ de 9 h à 17 h.

❢ Adultes 40 F, enfants 25 F.

❢ Musée du rhum.

Galerie des Plus Beaux Insectes du monde

Établissements Bellevue-Reimonenq
97115 Sainte-Rose
Tél. 0590 28 70 04 – Fax 0590 28 79 92

La Galerie réunit plus de 5 000 papillons et coléoptères dont l'un des plus grands du monde, le dynastes hercules, mais aussi le scorpion de l'archipel des Saintes, les charançons de la canne et de la banane, la fourmi manioc ravageuse des cultures ainsi que des phasmes ressemblant à des brindilles.

LES FOURMIS

Chacune d'elles ressemble au chiffre 3.
Et il y en a ! il y en a !
Il y en a 3 3 3 3 3 3 3 3 3 3 3 3... jusqu'à l'infini.

Jules Renard (1864-1910).

972 - MARTINIQUE

AJOUPA-BOUILLON (L')

Ouv. TLJ de 9 h à 16 h.

Adultes 25 F, enfants 12 F.

Jardin des Papillons

97216 L'Ajoupa-Bouillon
Tél. 0596 59 35 46

Sous une serre de 1 200 m², avec une petite rivière et un sentier, vous verrez de nombreuses variétés de papillons.

CARBET

Ouv. TLJ de 9 h à 18 h.

Adultes 20 F, enfants 10 F.

Jardin zoologique Amazona

Le Coin
97221 Carbet
Tél. 0596 78 00 64

Créé, en 1981, sur le territoire de la commune du Carbet (lieu probable du débarquement de Christophe Colomb), le jardin zoologique abrite une soixantaine d'espèces, originaires pour la plupart du bassin amazonien. Quelques spécimens proviennent également du continent africain.

CARBET

Ouv. TLJ de 9 h 30 à 16 h 15.

Adultes 38 F, enfants 28 F.

La Vallée des Papillons

Habitation Anse-Latouche
97221 Carbet
Tél. 0596 78 19 19 – Fax 0596 78 10 94

Dans les ruines d'un domaine du XVIIe siècle, la Vallée des Papillons réunit une collection d'insectes du monde et de papillons et coléoptères de la Martinique.

AWALA-YALIMAPO

Ouv. de mai à août de 9 h à 12 h et de 14 h à 17 h.

Gratuit.

Centre d'Étude et de Protection des Tortues marines

Yalimapo-Les Hattes
97319 Awala-Yalimapo
Tél. 0594 34 15 83

La tortue luth dont les plus gros spécimens peuvent mesurer 1,90 m et peser quelque 800 kg, recherchée pour sa graisse et utilisée notamment comme huile alimentaire ou dans l'élaboration de médicaments, est aujourd'hui une espèce menacée.
En accueillant jusqu'à 1 200 femelles par nuit, la plage des Hattes constituait le plus vaste site de nidification de l'Atlantique et l'endroit idéal pour installer le Centre d'Étude et de Protection des Tortues marines et son écloserie artificielle. Après 70 jours d'incubation, les nouveau-nés sont lâchés sur la plage.
Vous pourrez également admirer un squelette de tortue luth, précieusement conservé. Il n'en existe que 5 ou 6 dans le monde.

Une tortue meurtrière : La tortue d'Eschyle

Une légende raconte qu'Eschyle, poète tragique grec, reçut un oracle lui prédisant qu'il mourrait écrasé par une maison. Il s'en alla dans la campagne, mais un aigle laissa tomber une tortue qu'il avait enlevée sur son crâne chauve, et sa carapace le tua sur le coup.

CAYENNE

Ouv. lun. de 10 h à 13 h. Mar. et vend. de 9 h à 13 h et de 16 h à 18 h 30. WE et merc. de 9 h à 12 h.

10 F par personne.

Collections archéologique et etnographique.

Musée départemental

1, avenue du Général-de-Gaulle
97300 Cayenne
Tél. 0594 30 89 31

Le musée départemental de Cayenne rassemble des collections ornithologiques et entomologiques avec le papillon national (bleu, blanc, rouge) appelé ancyluris formosissimas ainsi que quelques spécimens vivants, des reptiles (boa constrictor...) et des poissons.

974 - ÎLE DE LA RÉUNION

PORT (LE)

⁝ Ouv. merc. et sam. de 13 h 30 à 17 h.

⁝ Adultes : payant. Enfants : gratuit.

Insectarium de la Réunion

Pépinière communale – Service des Espaces verts
97821 Le Port
Tél. 0262 42 87 90 – Fax 0262 42 87 92

L'insectarium de la Réunion réunit un élevage d'insectes avec des arthropodes de la Réunion (insectes, araignées, mille-pattes, scorpions) et leurs prédateurs (reptiles et batraciens, lézards, caméléons) et un jardin à papillons. Vous verrez également un grand vivarium avec des chenilles de sphinx hippotin ou de danaus plexippus. Des panneaux photographiques sur les insectes de la Réunion complètent la visite.

Des expressions et proverbes

Une ruse de serpent : *Adopter de grandes précautions.*
Réchauffer, nourrir un serpent en son sein : *Donner de la bonté à quelqu'un qui en est indigne.*
Serpent de mer : *Histoire qui revient régulièrement, sujet qu'on exploite quand l'actualité est peu dense.*
Ajouter des pieds à un serpent : *Vouloir mieux faire que la nature.*

SAINT-DENIS

⁝ Ouv. TLJ sauf dim. et JF de 10 h à 17 h.

⁝ Adultes 10 F, enfants 5 F.

⁝ Collections minéralogiques.

Muséum d'Histoire naturelle

1, rue Poivre
97400 Saint-Denis
Tél. 0262 20 02 19 – Fax 0262 21 33 93

Le muséum d'Histoire naturelle de Saint-Denis abrite des animaux naturalisés de l'océan Indien occidental, en particulier de Madagascar, de l'île Maurice et de l'île de la Réunion. Vous pourrez admirer les plumages extraordinaires des oiseaux de Madagascar et les formes étonnantes des lémuriens et des espèces disparues, comme la huppe de Bourbon, le dodo de l'île Maurice ou le perroquet mascarin.

NOUVELLE-CALÉDONIE

NOUMÉA

Ouv. TLJ sauf lun. de 9 h 30 à 11 h 30 et de 13 h à 16 h 45. WE et JF de 13 h 30 à 16 h 45.

Adultes : payant. Enfants : gratuit jusqu'à 4 ans.

Musée-aquarium

Route de l'Aquarium
Nouméa
Tél. 0687 26 27 31 – Fax 0687 26 17 93

Le Musée-aquarium de Nouméa, véritable vitrine du lagon calédonien, abrite des coraux fluorescents et de nombreuses espèces de la faune marine des tropiques, comme le nautilus macromphalus.

POLYNÉSIE FRANÇAISE

PAPARA (MOOREA)

Ouv. TLJ de 8 h à 17 h. WE de 9 h à 17 h.

Adultes : payant. Enfants : gratuit jusqu'à 4 ans.

Musée du Coquillage de Papara

Mairie de Papara
Papara
Tél. 0689 57 45 22 – Fax 0689 57 37 78

Une collection unique de 2 500 pièces de coquillages de Polynésie est rassemblée au musée de Papara ainsi qu'une collection de 2 800 pièces venant du monde entier.

UTUROA (RAIATEA)

Ouv. TLJ sauf dim. de 9 h à 12 h et de 14 h à 17 h 30.

Adultes : payant. Enfants : gratuit jusqu'à 4 ans.

Musée du Coquillage Na Te Ara

PK5 Marina d'Apoiti
Uturoa
Tél. 0689 66 27 00 – Fax 0689 66 20 94

Le musée Na Te Ara recèle une collection de 20 000 coquillages appartenant à 9 000 espèces. Vous verrez aussi 16 aquariums avec des crustacés, poissons et coraux.

INDEX THÉMATIQUE

(ordre alphabétique des communes)

Aquariums

Parcs animaliers

Parcs animaliers thématiques

Parcs ornithologiques

Spectacles de rapaces

Papillonneraies

Insectariums/Reptilariums

Divers

Réserves naturelles, conservatoires d'espèces, points d'observation, sentiers de découverte

Élevages d'animaux

Haras nationaux

Fêtes, Foires, Manifestations

Musées

Musées d'histoire naturelle

Musées animaliers

INDEX DES ANIMAUX

LES GRANDES FAMILLES CITÉES

LES ESPÈCES CITÉES

LES ANIMAUX DANS LA MYTHOLOGIE ET LES LÉGENDES

LES ANIMAUX DANS LE LANGAGE ET LES PROVERBES

LES ANIMAUX DANS LA LITTÉRATURE ET LA POÉSIE

LES ANIMAUX DANS L'HISTOIRE

CRÉDITS PHOTOGRAPHIQUES

P. 5 : Ville de Mulhouse – pp. 12 et 14 : C. Krass – pp. 20-21 : J. Foudraz – p. 29 : Musée des Dinosaures – p. 48 : Yves Lanceau/Aquarium La Rochelle – p. 53 : J. N. Benier – p. 68 : J. Y. Robert – pp. 72-73 : Cl. Fougeirol – pp. 79 et 81 : T. Joyeux – pp. 85 et 87 : Michel Viard – pp. 93 et 95 : A. Pigno – pp. 101 et 102 : D. Meunier – p. 120 : A.P.A. – p. 127 : X. Reiniche – p. 133 : C. Watier – pp. 146 et 148 : A. Devez/CNRS – pp. 153 et 154 : Cl. Laroussinie – pp. 156 et 157 : Lestrade/MSM – p. 173 : C. Schohn – pp. 175-176 : Ville de Mulhouse – p. 184 : G. Charnier – p. 125 : M. Hignette – p. 202 haut : ONF/P. Belchi – p. 202 bas : ONF/D. Chagot – p. 206 : J. P. Martin – pp. 207-208 : © Marquenterre – p. 211 : SOPTOM – pp. 213-214 : © last. oc. P. Ricard – pp. 219-220 : A. Gouillardon.

TABLE

AU CHERCHE MIDI ÉDITEUR

COLLECTION « GUIDES »

GUY LE VAVASSEUR
ALAIN MORLEY
Guide Renault des 8 000 musées et collections en France

COLLECTION « DOCUMENTS »

MARTIN MONESTIER
Les animaux-soldats
Histoire militaire des animaux des origines à nos jours

JEAN-FRANÇOIS LAGROT et ISABELLE PROUTEAU
À la recherche des animaux insolites en voie de disparition

COLLECTION « LA BIBLIOTHÈQUE DU DESSINATEUR »

JEAN HIN
Ti Mimite le petit chat

SINÉ
Les chats

REVUE POÉSIE 1 / VAGABONDAGES N° 8

Les animaux et leurs poètes

Impression et reliure :
Pollina s.a., 85400 Luçon
N° d'édition : 500 – N° d'impression : 72216
Dépôt légal : juin 1997
ISBN 2-8674-506-5
Imprimé en France

PARTICIPATION
A L'INVENTAIRE NATIONAL

A retourner au :

CHERCHE MIDI ÉDITEUR
GUIDE DES ZOOS
et parcs animaliers en France
23, rue du Cherche-Midi 75006 Paris

Nous vous remercions par avance de votre précieuse collaboration

A remplir en capitales S.V.P.

Nom : Prénom :

Adresse :

Code postal : Ville :

Téléphone :

(cochez la case)

❑ Modification *(précisez le numéro de la page de ce guide)* . . . .

❑ Complément d'information *(précisez le numéro de la page de ce guide)* . . . .

. . . .

❑ Nouveau . . . .

❑ Autre *(fermeture - transfert - horaires - droit d'entrée, etc.)* . . . . . .

. . . .

❑ Projet (ou préfiguration) . . . .

. . . .

. . . .

. . . .

. . . .

. . . .

. . . .

Les insertions dans ce guide sont gratuites.